Reinhard Falter

Warum ist Bayern anders?

Reinhard Falter

Warum ist Bayern anders?

via verbis *bavarica*

Die Deutsche Bibliothek – CIP-Einheitsaufnahme

Falter, Reinhard:
Warum ist Bayern anders? / Reinhard Falter. –
Wambach : Via Verbis Bavarica, 2001
ISBN 3-935115-21-0

Druck: druckhaus köthen, Köthen

Verlagsanschrift:

via verbis *bavarica*
wambach 23
84416 taufkirchen

www.viaverbisverlag.de

ISBN 3-935115-21-0

Inhalt

 - 7

Warum ist Bayern anders?

Das setzt schon voraus, daß Bayern anders ist.

Und eigentlich bezweifelt das keiner.

„Hier gehen die Uhren anders", heißt es meist.

Aber was das eigentlich ausmacht - jenseits von Folklore, die sich auch anderswo mehr oder weniger gehalten hat, jenseits von Klischee und Feindbild - das ist die Frage.

Es ist hier mehr vom Volksgeist als vom Volkscharakter die Rede[1], mehr von dem, was sich aus der Geschichte ablesen läßt, als von einem Typus von Menschen oder einer Mentalität, die angeblich für ein Land bestimmend sein sollen. Wir werden die Antwort nicht in biologischen Kategorien finden, aber auch kaum in Ereignisgeschichte, wir müssen die Ereignisse auf ihre Bedeutung hin befragen lernen. Also keine Angst vor Daten-, Zahlen- und Faktenfluten, mit denen man so vielen Menschen in der Schule Geschichte vergällt hat. Es sind nicht die Ereignisse, die ein Land wirklich prägen, sondern Strukturen oder Konstellationen, die höchstens in Ereignissen als Symptomen faßbar werden.

Man muß in sich selbst Verwandtschaft zu dem haben, was man beschreibt. Was dieses Buch darstellen möchte, ist, daß Bayer sein wesentlich nicht heißt, ein bestimmtes Blut in seinen Adern rollen zu haben - da spielen eher noch die

7

anderen Säfte der alteuropäischen Medizin eine Rolle, einen gewissen Schleim und eine gewisse Galle[2], sondern daß Bayer sein heißt: ein bestimmtes Verhältnis zur Tradition haben; und diese Tradition ist genau besehen gar keine so spezifisch bayrische, sondern ein Verhältnis zu dem, was Menschsein überhaupt ausmacht, oder vielmehr in 99 Prozent der bisherigen Menschheitsgeschichte ausgemacht hat. Kurz, hier wird behauptet, daß die Bayern die wahren Menschen sind - wenn auch vielleicht nicht die einzigen.

Vielleicht liegt das Geheimnis des Bayrischen ja darin, daß wir nicht anders sind als andere, aber uns mehr zugestehen, wie wir sind oder wie eigentlich Menschsein ist. Das heißt freilich, daß wir ein Wissen um das haben, was Menschsein ausmacht, ein unthematisches freilich, deshalb können wir dem preußischen Gscheithaferl (übersetzt: „Gefäß für Geist") kaum Paroli bieten, der eifrig darüber doziert. Wir merken nur ganz sicher, daß er eigentlich nichts kapiert hat. Der Bayer ahnt, daß die besseren Argumente nicht immer auch Recht haben, deshalb ist er skeptisch gegenüber allem sokratischen Gerede.[3] Es gehört schon seit dem 18. Jahrhundert zu den Stereotypen des Bayernbildes, daß die Grobheit des Bayern hauptsächlich darin besteht, eine abschlägige Antwort nicht in einem Strom von Ausflüchten zu ersäufen (wie der Schwabe oder Pfälzer), sondern nur ein „I mog ned" zu knurren, daß er eher persönlich argumentiert, als sich hinter scheinbaren Sachaussagen versteckt.[4] Das ist unhöflich im wahrsten Sinne des Wortes, insofern bei Hofe niemand (außer vielleicht der König) sich unverstellte Haltung leisten kann.

Nicht nur wegen äußerer Indizien wie Lederhosen und

Gamsbart ist der Bayer der prägnanteste Deutsche, sondern weil er etwas darstellt. Jedes Ding symbolisiert zunächst sich selbst, sagt Goethe. Das Kennzeichen des modernen Menschen und seiner Machenschaften und Machwerke ist die sich darstellende Nichtigkeit. Das findet man in Bayern ein bißchen weniger häufig.

Die Bayern sind die markantesten Deutschen. Aus amerikanischer Perspektive sind Lederhose und Gamsbart ja kennzeichnend für den Deutschen. Daran, daß Bayern den größten Teil der amerikanischen Besatzungszone ausmachte, kann es zumindest nicht allein liegen. Vielleicht liegt es daran, daß sie die traditionsbewußtesten sind, obwohl oder weil sie gar keine richtigen Germanen waren. Ja, ein französischer Historiker hat einmal provokant behauptet, daß die Süddeutschen vielleicht mehr keltisches Blut in ihren Adern hätten als die Franzosen.[5] Über weite Strecken handelt es sich um Annäherungsversuche an ein Wesen, das, wie der größte griechische Naturphilosoph, Heraklit, von der Natur sagt, „es liebt, sich zu verbergen".

Das Buch richtet sich, wie die Kurse, aus denen es entstanden ist, einerseits an Bayern: Es soll Hilfe geben, die eigene Identität, die zerrieben zu werden droht zwischen politischer Instrumentalisierung und McDonald's-Multikulturalität, bewußter zu ergreifen; andererseits wendet es sich auch an Zuagroaste und Bayernfans, die verstehen wollen, was sie mit der seltsamen Mischung aus Sehnsucht und Ablehnung erfüllt, die allseits zu vernehmen ist. Es kann doch zu denken geben, wie viele, die einerseits auf den schwarzen Sumpf schimpfen und in ihm das Produkt bayrischer Rückständigkeit, Gedankenfaulheit und Fremdenfeindlichkeit sehen, doch nicht wieder wegziehen möchten. Zu vordergründig ist sicher der Hinweis auf Kriminalitäts- und Arbeitslosenstatistik, mit denen sich die CSU gern den Erfolg ans Revers heftet. Es wird aus der bayrischen Geschichte deutlich werden, daß es kein Zufall ist, daß es die CSU wie keine andere Partei in einem anderen Bundesland seit 40 Jahren geschafft hat, sich als politischer Ausdruck des in Bayern Gewachsenen darzustellen. Wie immer man dazu steht, an diesem Faktum kann man nicht vorbei. Und gerade wenn man in der CSU nicht den echten bayrischen Konservativismus sieht - und damit verbunden die Gefahr, daß sie einen Großteil der konservativen Traditionen, die sie instrumentalisiert und ausgesaugt hat, mit in ihre schleichende Anpassung an den individualitätsvernichtenden Weltmarkt reißen wird - muß man sich mit ihrem Erfolgsrezept auseinandersetzen. Bayern ist anders.

Im Buch wird manchmal „bayrisch", manchmal „bairisch" geschrieben. „Bairisch", die alte Schreibung vor 1800, bezieht sich auf altbairisch, während „bayrisch" das Bayern der letzten 200 Jahre meint. „Bajuwarisch" nenne ich dagegen Groß-Altbaiern, den Siedlungsraum der Bajuwaren von Ingolstadt bis Innichen. Das Bayern, das hier gemeint ist, hatte durch die Jahrhunderte recht verschiedene Grenzen. Es ist kein Staat, sondern ein Lebensgefühl, wenn auch ein territorial gebundenes und von seinem Erdenfleck nicht ablösbares.

1.

Die These: Eine Geschichte abgemilderter Brüche

Es wird schon schwierig, wenn wir angeben sollen, worüber wir reden, wenn wir von Bayern sprechen. Dieses heutige Bayern (von kleinen Verschiebungen wie dem ehemals sächsischen Herzogtum Coburg abgesehen) ist erst 200 Jahre alt. Und nicht ganz wenige der damaligen Beutebayern wehren sich noch heute, wenn sie als Bayern angesprochen werden. Das heutige Bayern ist also ein Produkt der Zentralisierung der Epoche der bürgerlichen, meist französisch genannten Revolution.

Altbayern zusammen mit Teilen des heutigen Österreichs ist bereits 1200 Jahre vorher als Einheit faßbar. Der Unterschied von Altbayern und Österreich läßt neben dem Unterschied von Binnen- und Grenzland vor allem die Prägekraft der Herrscherhäuser Habsburg und Wittelsbach spüren und seit 1918 erfolgreiches beziehungsweise politisch nicht erfolgreiches Sonderbewußtsein, wenngleich es nach 1918 zunächst die Siegermächte waren, die einen Anschluß Österreichs ans Reich verhinderten. Freilich ist heute immer noch zwischen dem Österreicher und dem Altbayern mehr Ge-

11

meinsamkeit als zwischen dem Nürnberger und Würzburger Franken.

Zum Unterschied schreibt Friedrich Nicolai: „Der Baier ist im Ganzen nicht so flüchtig in seinem Wesen als der Österreicher; er ist mehr gesetzt; hat nicht soviel Bewegung in den äußeren Gliedmaßen, einen langsamern Gang, einen festern Tritt."[6]

Die Landschaft und ihr Mensch

Von Würzburg nach Nürnberg wechselt die Landschaft und mit ihr die Religion. Im dionysischen Land des windungsreichen Maines ist das Leben Geschenk, im Sand des Reichswaldes ist alles menschengeschaffen.[7] Es ist kein Zufall, daß dort der Protestantismus siegte, während für die größere Einheit des bairischen Stammes der Katholizismus prägend ist. Das Nürnberger Land war politisch gesehen einmal bairisch wie die angrenzende Oberpfalz. Doch schon im Sagengut drückt sich der Charakter der Landschaft aus. So ist es aufschlußreich, daß in Mittelfranken die Riesensagen fast völlig fehlen und die Wasserwesen freundlicher sind als andernorts.[8] Darum ist es auch gar nicht nur ein Ergebnis von Machtpolitik, daß im Nürnberger Land sich das Bajuwarentum nicht halten konnte, vielmehr sich die Nürnberger Burggrafen nach Preußen wandten.

Auf den ersten Blick ist das Siedlungsgebiet der Bajuwaren landschaftlich alles andere als einheitlich.

Die meisten Beschreibungen des Zusammenhangs von Landschaft und Seele bleiben im Vagen oder bei wenigen Einzelarchetypen hängen. Er ist wohl auch nur poetisch einzufangen, da es sich nicht um Eins-zu-eins-Beziehungen handelt. Ein solcher poetischer Versuch kann dann so klingen: „Schau dir die weithin schwingenden Hügel unserer Moränenlandschaft an, das gezackte Band der hohen Berge, spüre die Erregung durch Föhn, die Freuden des Lichts und der zartgefärbten Wolken. Horche auf das gewalttätig Ausbrechende unserer Natur, schmecke das fette Grün der Wiesen, den Duft der Zirbeln und das herbstliche Modern der Hochmoore. Denke an das schwere Leben unserer Bergbauern, die durch Blitz, Lawine, Steinschlag und Sturm immer gefährdet waren und darum ein Leben in harmonischer Ruhe weder kannten noch wollten. Höre auf den silbernen Klang unserer Seen und Flüsse, die die Strenge der Hochebene auflockern, wenn Du alles in dich aufnimmst, so wirst du sehen, daß uns diese Naturerscheinungen zum Barock führen mußten ... [9] Und Ernst Maria Lang schreibt über die Kunst der Brüder Asam: „Oberbayern mit seinen ausschwingenden Landschaftskonturen, von lebhaften Gebirgsflüssen gegliedert, einem weiten Himmel darüber und im Süden die imposanten Bergwände, vor denen im wohlgemessenen Abstand stimmungsvolle Seen glänzen - das hat den Brüdern Asam wohl für ihr ganzes Künstlerleben Grundton und Grundfarbe gegeben."[10]

Man kann das nachspüren, aber eine kausale Erklärung ist das natürlich nicht. Barock freilich ist nicht nur eine Kunstform, die landschaftlich geprägt ist, sondern die auch Landschaft schafft, indem sie sie akzentuiert. So manches Kirchlein ist gar nicht für sich sondern als i-Tüpfelchen der Landschaft ein wirkliches Kunstwerk

Auch frühere Autoren brachten Landschaft und Kultur

in Zusammenhang: „Neben den Wundern seiner Natur will es auch nicht der Wunder der Kirche entbehren"[11], oder: „Ihre Religion ist, wie ihre Berge, einfältig und groß! Ihre Gottesfurcht ist daher ungeheuchelt und kömmt aus Überzeugung!"[12] Schon etwas anspruchsvoller ist Josef Maria Lutz' Beschreibung: „Mögen Völker wechseln und Menschen. Der Boden bleibt und formt seine Bewohner und Bebauer. Der Boden Bayerns ist ein schwerer Boden, der das Gewicht seiner Gebirge von den Alpen bis zum Fichtelgebirge, dem Frankenwald, der Röhn und dem Spessart trägt mit ihrem Urgrund, dem Granit. Wie das Schiff den schweren Kiel braucht, um nicht bei jedem Wind, woher er auch wehe, zu kentern, so braucht die Erde auch den Granit und die Granitvölker. Wir Bayern dürfen uns zu ihnen zählen. Es wird uns vorgeworfen, daß wir mehr zur Substanzerhaltung als zum Fortschritt neigen. Freilich, es gibt auch Sandvölker, die den umgekehrten Weg vorziehen. Sand ist immer in Bewegung. Sandvölker sind meist kriegerisch und eroberungssüchtig. Sie sind ohne ruhenden Pol."[13] Kurz nach dem 2. Weltkrieg geschrieben, ist die Bemerkung mit den Sandvölkern natürlich auf die Preußen gemünzt, die Bewohner von „des heiligen römischen Reiches Sandstreubüchse", wie Brandenburg schon viel früher genannt wurde.

Immer wieder findet man in der diesbezüglichen Literatur gute Einfälle, so etwa auch die Rede vom föhnigen Wesen der Bayern: „Der Föhn hat sie beweglich gehalten. Launig sind sie, aber launisch nicht, lebenslustig und melancholisch, vertrauensseelig und mißtrauisch, derb und zartfühlend, aufbrausend und schnell versöhnt, bockig und vespielt, triebhaft stumpf und voll gestalterischer Phantasie. Und alles heftig und in unberechenbarem Wechsel, ein föhniges Volk."[14] Bernhard Ücker sah das etwas melancholischer: „Der Föhn ist viel öfter gegen uns als für uns (...) Da entführt uns ein seifenblauer Himmel in die höchsten Traumreviere, beschwingt uns zu Plänen, läßt Vorsätze reifen - und mittendrin überfällt uns ein Gähnen, über Nacht von einer Stunde zur anderen, ertrinkt unsere Sinne im Regen (...) nicht nur Gartenparties fallen immer wieder ins Wasser, auch die großen politischen Ambitionen. Und hat ein Volk sowas erst etliche hundert Jahre erfahren müssen, dann kann ihm der Satz ‚Es hat ja eh' alles keinen Sinn' schon zur Lebensregel werden."[15]

Auch der Vergleich der Baiern mit dem Fichtenholz, der Schwaben mit Leder und der Niedersachsen mit Granit[16] hat manche Plausibilität. Aber eine wirkliche Analyse des Verhältnisses von Landschaft und Mensch fehlt im Bezug auf Bayern. Sie fehlt eigentlich generell, und sie ist trotz des weitläufigen Streits um regionale Identität und Regionalbewußtsein von der heutigen akademischen Geographie auch nicht zu erwarten, da diese völlig am Tropf soziologischer Methoden hängt.

Man müßte einmal genauer dem nachgehen, wie sich landschaftliche Prägung durchsetzt. Es gibt Landschaften, die stärker von natürlichen Prozessen, und solche, die stärker von menschlicher Hand geprägt sind. Bayern mit seinen starken Geländeformationen, insbesondere die alpine Landschaft, ist nicht nur schwerer technisch zu überformen, sie hat auch eine stärkere Widerstandskraft gegen eine funktionale Deutung.

Bayern ist zwar genauso wie ganz Mitteleuropa fast

durchgehend Kulturland, und trotzdem: Hier gibt es noch Natur zu erleben, im Hochgebirge, in manchen Flußauen. Es kommt nicht darauf an, daß die Natur vom Menschen unberührt („jungfräulich") ist, sondern darauf, daß der Mensch nicht der Hauptgestalter ist.

Das prägt grundsätzlich das menschliche Weltbild. In der symbiotischen Wahrnehmung erlebt der Mensch Natur als Grundlage, aber doch auch als ihm verwandt. Sie ist nicht das kalte Gegenüber, das keine Seele hat und technisch beherrscht werden muß. Wenn es der Durchschnittsmensch im Alltag fast nur noch mit einer menschengemachten Umwelt zu tun hat, ergibt sich daraus ein Weltbild universeller Machbarkeit und der völlige Verlust des Gefühls für die Unumkehrbarkeit von Lebens- und Todesprozessen, darauf hat bereits Konrad Lorenz aufmerksam gemacht.[17] Die Versuchung dazu ist in Bayern weniger stark.

Insgesamt scheint der Bedeutungsgehalt (neudeutsch die Semiotisierbarkeit) der räumlichen Umwelt und damit ihre Eignung zur Identifikation im Gebirge besonders groß. Nicht nur das unvergleichlich Individuelle der Formen, sondern auch ihre Dauerhaftigkeit (im Gegensatz etwa zur wolken- und himmeldominierten Küstenlandschaft), ihre wenn auch veränderte Betrachtbarkeit von verschiedenen Blickpunkten aus, ihr Wert als Orientierungspunkt lassen eine starke emotionale Beziehung zur Landschaft entstehen.[18] Die bayrische Mentalität weiß um das Größere, aber sie ist nicht existentiell von ihm bedroht.

Wer zum Beispiel in den Isarauen aufwächst, der bekommt ein Vertrauen darauf, daß Kiefern und Weiden an den Plätzen stehen, an die sie gehören, und daß, wenn sie unterspült werden und ins Wasser krachen, es seine Richtigkeit hat und ebenso, wenn der Grundwasserspiegel sinkt und sie absterben und ihre schwarzen Arme in den Himmel recken. Wer hier aufwächst, der hat ein Gefühl für die Zusammengehörigkeit von Leben und Tod und bildet ein dementsprechendes ästhetisches Empfinden aus. Nur Landschaften, in denen man Vertrauen auf die Naturprozesse lernen kann, die einem aber auch dieses Vertrauen zumuten, vermitteln ein Gefühl für das Leben. Anders ist das in den Flachlandschaften, die der Bayer als typisch preußisch (norddeutsch einschließlich Hollands) empfindet. Der Holländer hat mit einem gewissen Recht das Gefühl, daß sogar der Boden, auf dem er steht, menschengemacht ist und ständiger menschlicher Pflege bedarf, um zu bestehen

Durch den Sonnenlauf sind die Qualitäten der Himmelsrichtungen grundlegend bestimmt. Doch weitere Bestimmungen ergeben sich aus der geographischen Lage zu Meer und Gebirge, den Hauptwindrichtungen, die bis in die Form der Bäume ablesbar sein können und der Richtung der Flüsse und wichtigen Verkehrsverbindungen.

Die geographische Struktur Bayerns zeigt alle Elemente des Siedlungsraums der bajuwarischen Stammesbildung von den Alpen über die kosmischen Landschaften der großen Moore (Erdinger Moos, Donaumoos, Gäuboden) bis zum Tertiären Hügelland und dem fruchtbaren Schwemmland des Gäubodens. Die geographische Betrachtung macht dabei nur etwas bewußt, was selbst auf der Ebene des gespürten Tonus, der spezifischen Gespanntheit seiner Atmosphäre, spürbar ist. Auf der einen Seite wird Blick und Sehnsucht immer nach Süden zu den Alpen gezogen. Auf der anderen

Seite ziehen die Flüsse und der Weg des geringsten Widerstands zur Donau hin. Die natürlichen Handelswege weisen nach Osten. Nichts reizt an der Alp, die die Schwaben durch ihre Kargheit so arbeitssam gemacht hat.[19] Was sollte der Bayer im Norden suchen? Von Westen kommt das Wetter, das man nicht beeinflussen kann, aber auch nicht lieben muß. (Vielleicht ist das, übrigens, die Verbindung zu den Franzosen.)

Ganz ähnlich wie Emil Egli[20] dies für die Schweiz tut, könnte man aus der Zweigliederung des Landes in ein weiches Vorland und eine harte Alpenkrone auch eine seelische Dualität (Wille zur Güte bei gleichzeitiger Fähigkeit zur Härte) ableiten. Die Berge repräsentieren dabei zugleich die unveränderlichen ewigen Werte. Anders als der Schweizer sieht der Bayer freilich die Berge mehr als Grenze denn als Kern seiner Heimat. Und während man in der Schweiz in der Polarität von Individualität der Formen der großen Berge und annähernd gleicher Höhe des Stocks der Zentralalpen einen Keim demokratischen Denkens erkennen kann, stellt sich dem Bayern das Gebirge als sich immer weiter steigernde Kette dar. Die Schneeberge sind nicht Teil des Landes, sondern entrückt, sie repräsentieren viel mehr das ewig Unzugängliche, dem nur der Märchenkönig nahekommt. Auch ist, anders als in der Schweiz, das Gebirge mit seinen abgeschlossenen, gut verteidigbaren Talschaften, deren Bewohner in Abwehr der Naturgewalten aufeinander angewiesen sind, nicht Kernland der Staatsbildung. Dies sind vielmehr die Flüsse Inn, Isar und Lech. Die Berge wirken in Bayern nicht in der praktischen Auseinandersetzung gemeinschaftsbildend, sondern in der Betrachtung aus dem Alltäglichen

herausziehend. Auch hier ist freilich die „ursprüngliche Verwandtschaft zwischen den Alpen und der Freiheit" (Egli) in
der Möglichkeit der Zuflucht erfahrbar, und die „hoffnungs-
volle Verbündung schwacher menschlicher Kräfte mit Ele-
mentargewalt" ist in jeder schutzbietenden Felsenfestung
erfahrbar. Bergindividualitäten mit charakteristischer Gestalt
und Gebärde sind die Zugspitze, das Ettaler Mandl, die
Benediktenwand, der Wallberg, der Wendelstein, die Kam-
penwand, der Untersberg und der Watzmann.

Heimat ist nicht Gegensatz, sondern polare Entsprechung
zur Weite, in die die Sehnsucht zieht. Berge verbergen und
regen damit den Geist gerade zu einer Gegenbewegung des
Übersteigens an. Die Phantasie schweift viel mehr in ihre
Richtung. Die dominierende Himmelsrichtung in Bayern ist
der Süden. Hierher kommt der Föhn als Wettermacher, und
hier erscheint die Gebirgslinie als Transzendenzverheißung.

Die bayrische Kernlandschaft, in der, zumindest bei Föhn,
Gesamtbayern sichtbar ist, ist Oberbayern, wo der blaue
Saum der Alpen beständig an das Traumland erinnert. Man
könnte von Oberbayern sprechen als Kleinbayern, das geo-
graphisch ganz Bayern abbildet. Und in gewisser Weise ist,
wie Raoul Heinrich France festgestellt hat, München noch
einmal Kleinstbayern gewesen. Er spricht von vier Einflüs-
sen, die sich in der Bevölkerung niederschlagen: der romanisch beeinflußte Schlag des Oberlandlers, der behäbige
Moosbauer, der knochige Lehmmensch und der agile
Schottermensch, dazu der Schwabinger. Deshalb ist Oberbayern prädestiniert dazu, das bayrischste Bayern zu sein,
was es ja auch in der Außenwahrnehmung ist.

Auch die Erweiterung Bayerns in den napoleonischen

Kriegen war in gewisser Weise eine organische, sie hat die Grundstruktur des Landes nicht verändert, sondern nur ein sehr weites nördliches Vorland geschaffen. Das, was nur dynastische Zufälligkeit war, zum Beispiel die Verbindung mit der Pfalz, ist wieder abgefallen.

Daß die bayrische Landschaft als schön empfunden wird, ist vornehmlich Wirkung von zwei Gegebenheiten:

1. die Strukturvielfalt; ja man kann sagen, diese Landschaft hat auf recht engen Räumen eine gewisse „Vollständigkeit", in der die Grundpolaritäten Berg und See, Wald und offenes Feld zusammenwirken, und zwar in einer sich laufend wiederholenden Grundkonstellation.

2. eine weitgehende Übereinstimmung mit den Standards der Kulturlandschaft des 19. Jahrhunderts oder der „romantischen" Landschaft.

Das Grundverhältnis einer Landschaft ist das jeweilige Verhältnis von Himmel und Erde, die ja auch in den meisten Mythologien die Urwesen sind, von denen alles abstammt. Ihre Heilige Hochzeit, die überhaupt erst Landschaft bildet, kann sehr unterschiedlich aussehen. Die Flachlandschaft wird erst durch den Himmel gebildet, im Gebirge am extremsten, in Schluchten dominiert die Erde. Erddominierte Landschaften bilden auch erdbezogene Religionen aus, hier überwiegt die Statik, das Materielle, und übertragen das Mutterprinzip.

Auch der Himmel kann sehr unterschiedlich sein. Der nordische Himmel ist farbenfroh, der südliche mildert alle Gegensätze. Der bayrische Himmel ist eine merkwürdige Synthese.

Die Grundpolarität von Himmel und erdbetonter Landschaft ist sehr allgemein. Der Individualitätsgrad einer Landschaft wirkt vermittelt über die Kultur, nämlich in der Ortsgebundenheit oder Übertragbarkeit von traditionellem Wissen. Traditionsbruch führt in stark individualisierten Landschaften dazu, sich in Gegensatz zu den Bedingungen vor Ort zu setzen. Je stärker eine Landschaft individualisiert ist, desto höher ist die Prämie auf Beibehaltung traditioneller, regionalspezifischer Anpassungsformen.

Für die bayrische Landschaft typisch ist eine gemäßigte Erddominanz, ausgeglichen durch die blaue Horizontlinie der geahnten Berge. Der dadurch gegebenen Weite tritt polar gegenüber eine kulturelle Zentrierung, wie sie im Zwiebelturm zum Ausdruck kommt. Er weist weniger nach oben, als daß er erdet, er spiegelt die Formbildungen von Wolken und Hügeln. Das eigentlich bayrische Land ist das Voralpenland, nicht die Hochalpen selbst. Der Hochalpenbayer ist eben der Tiroler. Das bayrische Bauernhaus hat ein relativ flaches Dach. Hier wie andernorts entspricht die Dachneigung in etwa der durchschnittlichen Neigung der Hänge.

Der Historiker Arno Borst nimmt an, daß genossenschaftliche Organisation und harte Zucht, wie sie für den Freiheitsdrang, aber auch den Protestantismus der Schweizer bestimmend sind, durch die Lebensnotwendigkeiten der Alpen besonders gefördert wurden.[21] Im Voralpenland hat die Eigenbrötelei und Prachtentfaltung mehr Spielraum.

Die eigentlich bayrischen Landschaften weisen, bis auf die ausgesprochen fetten Böden[22], eine charakteristische Siedlungsstruktur mit Vorherrschaft des Einzelhofes auf. Der Einzelhof ist die Siedlungsform der Bajuwaren, nicht weil sie sie als Stamm mitgebracht hätten, sondern weil sie von der Landschaft da hingewiesen und vielleicht erst dadurch zu Bajuwaren wurden. Darin sind das Voralpenland, das Moränengebiet, die südlichen Flußtäler Niederbayerns, wo der burgartig oft auf einer Kuppe stehende Einödhof am ausgeprägtesten ist, verbunden, während die Oberpfalz als Burgenland näher an der fränkisch-dörflichen Struktur steht[23] und Schwaben ursprünglich ganz in Dorfschaften besiedelt war und dort die „Vereinödung" erst im Zeitalter rationeller Milchwirtschaft begann.[24]

Diese Siedlungsstrukturen prägen die Menschen in einer besonderen Weise. Der Einödbauer ist sehr stark auf die kleinste soziale Einheit, die Familie (einschließlich des Gesindes) bezogen. Die soziale Reglementierung ist weitgehend durch eine am Herkommen ersetzt. Gerade der Einödbauer hält besonders zäh am Brauch fest. Die Gemeinschaft, in der er lebt, ist mehr eine der Ahnen als eine des Dorfes. Daher kommt das, was Josef Dünninger als das Monologische des Bayern im Unterschied zum Dialogischen und Rechtenden des Franken beschrieben hat.[25] Darin wurzelt auch das spezifisch bayrische Freiheitsverständnis, das widerborstig und zugleich traditionshörig ist.

Traditionsstrom durch die Zeiten

Der tschechische Historiker J. Sabata sagte in einem Vortrag zum 20. Jahrestag der Niederschlagung des Prager Frühlings, die Geschichte Polens sei eine Geschichte heroischer Untergänge, die Geschichte der Tschechen eine Geschichte verfrühter Kapitulationen. Wollte man die bayrische Geschichte so auf einen Satz bringen, müßte man sagen: Sie ist die Geschichte der nichtvollzogenen oder abgemilderten Brüche. Zu nennen sind Völkerwanderung und Christianisierung, Reformation und Industrialisierung. Die ersten beiden trennen das Mittelalter von der Antike ab, die letzteren die Moderne von den traditionalen Gesellschaften.

Völkerwanderung

Während andere spätere Stammesherzogtümer, wie das der Franken, durch Landnahme ehemals jenseits des Limes sitzender germanischer Völkerschaften entstanden sind, scheint der Vorgang bezüglich der Bajuwaren anders abgelaufen zu sein. Deshalb hat man so lange vergeblich den germanischen Stamm gesucht, der in Bayern eingedrungen sein könnte. Der aussichtsreichste Kandidat dafür und damit der Garant, daß die Bayern, wie alle anderen auch, ein germanischer Stamm sein sollten, worauf vor allem das Dritte Reich größten Wert legen mußte, waren die Markomannen, ein germanischer Stamm, der im heutigen Böhmen saß und den Römern im 2. Jahrhundert arg zu schaffen machte. Daran glaubt heute niemand mehr.

Die Bayern sind - flapsig gesagt - die Fußkranken der Völkerwanderung, diejenigen, die sich mehr am Land als am Stamm orientierten, diejenigen, die auch nicht dem Rückzugsgebot des Odoaker folgten, als dieser germanischstämmige Heermeister, der sich als Nachfolger des letzten weströmischen Kaisers verstand, Ende des 5. Jahrhunderts seine große Frontbegradigung vornahm. Er hatte angesichts der politischen Lage allen, die sich als Römer verstehen

wollten, geboten, nach Süden aufzubrechen und das Alpenvorland denen zu überlassen, die es haben wollten. Die mitzogen, waren wohl fast ausschließlich Soldaten und Mönche. Diejenigen aber, die weder mit den Römern abzogen
noch ihnen nachrückten (wie die germanischen Langobarden), das wurden die zukünftigen Bayern.

Das gilt auch für große Teile Österreichs. Der Geopsy-
chologe Willy Hellpach beschreibt das Stammesgebiet als einen Zirkel, dessen Mittelpunkt Traunstein und dessen Radi-
us der Abstand zur Lechmündung ist. Unter Umständen freilich muß dem bayrischen Teil des Stammesgebiets sogar ein
noch glimpflicheres Überstehen der Völkerwanderung zu-
gebilligt werden: Es hatte sowohl unter dem Awarensturm
als später auch unter den Ungarn weniger zu leiden; auch
die großen Bewegungen des 5. Jahrhunderts gingen eher
vorbei.[26] Und die Türken kamen nur bis Tarvis und in die
Steiermark, die Schweden zwar bis Garmisch, ihre größten
Verheerungen aber richteten sie im heutigen Nordbayern an.

So sind die Baiern erst durch ihr Land aus einer Bevölkerung mit unterschiedlichen Traditionen zu einem Volk geworden.

Christianisierung

Bedeutete nun schon diese Randlage in der Völkerwanderungszeit einen kaum vollzogenen Bruch, so erlebt Bayern die Christianisierung als einen weiteren, abgemilderten
Bruch. Die Christianisierung vollzog sich in Bayern in mehreren Wellen. Zunächst einer römischen, die aber, abgeschnitten von der Verbindung mit Rom, wieder in eine Art natura-

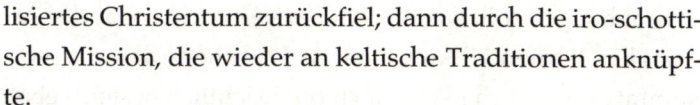

lisiertes Christentum zurückfiel; dann durch die iro-schottische Mission, die wieder an keltische Traditionen anknüpfte.

Reformation

Jahrhunderte später prägt eine dritte Zäsur – oder vielmehr ihr hierzulande weitgehender Ausfall – die bayrische
Geschichte: die Reformation. Daß sie sich nicht durchsetzte,
ist einerseits Wirkung und andererseits Bestärkung der
Traditionsverbundenheit. Der Reformation in Bayern standen keineswegs nur politische Rücksichten der Herzöge im
Weg, sondern insbesondere der Hang des Volkes zur Konkretheit und Bildlichkeit. Politische Überlegungen öffnen
zwar der Gegenreformation die Tore, langfristig erfolgreich
ist sie aber, weil sie an Vorstellungen anknüpfen kann, die
in Bayern ohnehin noch tiefer verankert waren als anderswo. Die Jesuiten als der die Gegenreformation tragende Or-
den waren überall auf Erfahrbarkeit und Konkretheit bedacht, so propagierten sie zum Beispiel auch häufigere Kom-
munion.[27] Es sind die Mächte der Erfahrungsreligion, zwar
christlich umgeformt und nach gut und böse polarisiert als
Heilige, Engel und Teufel, die die Jesuiten neu aufgreifen
und den Menschen als Schauplatz und Zankapfel des Kampfes dieser Mächte darstellen. Der Protestantismus hat gerade diese Mächte aus den Kirchen verbannt, doch dem Bauern ist die Vorstellung, daß ein Stoßgebet zum richtigen
Nothelfer lebensentscheidend sein kann, plausibler, als daß
die Rettung von der richtigen Meinung über Ereignisse, die
1500 Jahre früher in exotischen Ländern stattgefunden ha-

ben, abhängen soll. Demgegenüber verraucht sogar der Ärger über Pfaffenwillkür. Hier ist Wahrheit (daß das vorkommt, aus was die Welt doch offensichtlich besteht) eben wichtiger als Gerechtigkeit (daß alle Wein kriegen). Mit menschlichen Schwächen kann man leben, mit menschlicher Anmaßung nicht.

Protestantismus ist Rückfall in wörtliches Fürwahrhalten von etwas, was längst Gestalt und damit modellierbar geworden ist. Egon Friedell hat das scharfsinnig analysiert:

„Und doch erkennen wir auch in diesem starren Wortaberglauben bereits den modernen Einschlag, der für Luther ebenfalls charakteristisch ist. Denn er ersetzt die bisherige oberste Instanz, den Papst, der eine lebendige Autorität von Fleisch und Blut war, durch die tote Autorität der Schrift, die aus Druckerschwärze und Papier besteht; an die Stelle des menschlichen Irrens und Rechtbehaltenwollens eines einzelnen tritt eine ganz unmenschliche Form der Irrlehre und Rechthaberei: die wissenschaftliche, an die Stelle der Theologie die Philosophie (und schließlich sogar der Mikrologie), an die Stelle der heiligen Kirche das Unheiligste: die Schule (...). Von hier führt eine gerade Linie zur reinen Verstandeskultur und Verstandesreligion, zur Aufklärung."[28]

Zwar bewahrt der Süden, dem der Bildersturm erspart geblieben ist, mehr an Substanz, doch verzögert kommt mit Aufklärung und Säkularisierung auch hier die Zerschlagung der Urbilder zum Durchbruch, die im Geist der alttestamentarischen Bildlosigkeit wurzelt. Im Bund mit dem Wissenschaftsgeist der Neuzeit zerstört sie die Grundlage des Erlebens numinoser Mächte im Volksglauben und begründet die Spaltung der „Zwei Kulturen" (Snow): Die antike Tradi-

26

tion muß sich in Reservate der Kunst und Literatur flüchten und wird gerade aus der Sphäre des bäuerlichen Alltags verdrängt, in der sie das Mittelalter überlebt hatte. Die katholischen Gebiete gelten in einer auf die Moderne fixierten Geschichtsschreibung gern als rückständig. Doch gerade hier entstanden Ansätze einer „Alternative des Denkens" zum neuzeitlichen Reduktionismus. Man denke an die Münchner Romantik mit Schelling und Bader oder an die Münchner Kosmiker um 1900.

Der Katholizismus ist eine mentale Reserve gegenüber der Welt und ihrem je neuesten Schrei. Der Protestant mag die Welt radikaler ablehnen, er verfällt gerade darin dem, was er bekämpft.

Industrialisierung

Man könnte als den vierten wichtigen Bruch die Industrialisierung nennen, die mangels Bodenschätzen verzögert ausfiel. Auch hier war, wie bei der Reformation, der politische Wille eines „Kulturkönigtums" Unterstützung einer ohnehin bestehenden Tendenz.

Diese Geschichte der abgemilderten Brüche ließe sich freilich auch schon viel früher, bei den Kelten, ansetzen. Ihre Kultur hat bereits in einer erstaunlichen Weise das Erbe archaischer Kulturen, wie zum Beispiel der Hügelgräberleute der Bronzezeit, fortleben lassen, ohne sich deshalb zivilisatorischen Neuerungen wie dem Münzgeld zu verschließen.

Die Folge dieser abgemilderten Brüche ist ein gegenüber anderen Gebieten schier unglaublich ungebrochener Traditionsstrom, denn an allen Staustufen und Überfällen der Geschichte bleibt, wie bei einem Fluß, das Geschiebe liegen.

Tief in seinem Herzen ein Wilderer

Vieles von dem, was Bayern ausmacht, ist nicht eigentlich regionalspezifisch, sondern es ist etwas, was hier bewahrt wurde, anderswo aber der Vergangenheit angehört. Und dennoch ist Bayern nicht ein Feilichtmuseum des 19. Jahrhunderts oder der Zeit vor 50 Jahren (wie das zum Beispiel Polen aufgrund äußerer Entwicklungshemmung lange war), sondern die Verlangsamung der Wandlung legt andere Möglichkeiten der Synthese frei. Präzise ist vielleicht zu sagen: In Bayern ist die Verschiebung zwischen den drei Dimensionen des Menschseins nicht so kraß.

Damit ist folgendes gemeint: Die drei Merkmale des Menschseins (Anthropina) sind Werkzeug, Bild und Grab.[29] Aus ihnen entstehen die drei Bereiche jeder Kultur: Wirtschaft, Kunst und Religion. Zu jeder Kultur gehören alle drei Bereiche in je spezifischem Aufeinanderbezogensein. In jedem Menschen finden sie sich als Dominanten, als homo faber, homo sapiens und homo religiosus. Der homo sapiens ist der Ichpunkt der Identifikation und Reflexion. Ihm steht in allen vormodernen Kulturen der homo religiosus als Spiegel und der homo faber als Quälgeist gegenüber. In der Moderne wird der homo faber bestimmend, verdrängt den homo religiosus und träufelt dem sich aufblähenden Subjekt den Wahn ein, autonom zu sein.

Ausdruck der drei Elemente des Menschseins ist auch die Trinität der Landschaft als Stadt, Land und Wildnis. Ihr entsprechen Handwerker/Kaufmann, Bauer und Jäger/Hirte als archetypische Berufe der Menschheit, wovon letztere heute schon eher in Formen der Freizeitbeschäftigung erscheinen. Insofern ist bedeutsam, welchen Beruf die jeweilige Gesellschaft als den eigentlichen Beruf des Menschseins betrachtet: die heutige Gesellschaft den Verkäufer seiner selbst auf dem freien Arbeits- und Dienstleistungsmarkt, die mittelalterliche Gesellschaft den Kultivierer, die antiken erfahrungsreligiösen Kulturen aber den Jäger und Hirten.

Alle Hauptfiguren des modernen bayrischen Mythos entstammen dem Jäger- und Hirten-Leben: vom Wolpertinger über den Wilderer und bayrischen Hiasl[30] bis zum Haberfeldtreiben. In all diesen Figuren lebt sich auch das Anarchische aus, das nur in einer Landschaft möglich ist, die Naturräume hat. Der Wilderer vertritt das Prinzip, daß das Wild nicht nur den reichen Herren gehört, sondern Gottes freier Natur.

Reicht unser Traditionsstrom vielleicht wirklich bis zur Wildbeuterkultur vor der neolithischen Revolution zurück?

Der Wolpertinger – das eigentliche Wappen Bayerns?

Nun sollten wir nach der Substanz dessen fragen, was da weitergeschoben wird.

Das Wort, das ich dafür verwenden möchte, ist „Erfahrungsreligion". Man könnte auch sagen: mythisches Denken, aber das ist weniger präzis. Erfahrungsreligion ist nicht Glauben, nicht Konfession, sondern ein Grundverhältnis zum Leben, das sich schon in der Steinzeit zeigt.

Wir müssen unterscheiden zwischen dem Kern religiösen Erlebens und den Religionen im Plural, die vielfache kulturelle und auch von Machtansprüchen geprägte Sonderformen aufweisen.

Die Kontinuität des Traditionsstromes können wir uns an einer Symbolfigur deutlich machen: dem Wolpertinger. Den Wolpertinger gibt es natürlich. Nur für borniete Aufklärer ist er ein Fabelwesen. Er spielt eine wichtige Rolle in der bayrischen Geschichte, wenn auch eine fabelhafte. Ob der Name freilich alt und richtig ist, darüber läßt sich streiten.

Verfolgen wir die Gestalt einmal in der Geschichte zurück.

Dieses Bild zeigt eine Comic-Figur des mittleren 20. Jahrhunderts, ein Mischtier, fast könnte man meinen: das Goethesche Urtier. Aber es handelt sich um eine Witzfigur, deren wichtigstes Merkmal ist, daß man in der Schwebe hält, ob es sie gibt, und damit „die Preißn" verunsichert.

Und nun betrachten wir diese Perchtenmaske, die zum Winteraustreiben getragen wurde:

Die Perchten stellen das Gefolge der großen Göttin, der segenspendenden, aber auch das Leben in ihren Schoß zurücknehmenden Göttermutter Bertha, Berchta oder Percht[31] dar. Sie ist vermutlich identisch[32] mit Holda oder Holla (Frau Holle), die in Seen oder Bergen (Hörselberg) wohnt, und wohl auch mit der kleinasiatischen Kybele, die, wie die Percht von den Perchten, von krachmachenden Maskenträgern begleitet wird.[33] Diese Perchten sind Totengeister beziehungsweise die Ureinwohner des Landes und Garanten seiner Fruchtbarkeit, sind keineswegs böse, wohl aber unheimlich, und man muß sich hüten, daß sie einen nicht mitnehmen.[34]

31

Als nächstes sehen wir eine altsteinzeitliche Höhlenmalerei. Sie stammt nicht aus Bayern (hier haben sich nur im
Altmühltal einige Kunstwerke der Altsteinzeit erhalten. Doch
die Altsteinzeit ist gerade wegen der hohen Mobilität einer
geringen Bevölkerung eine Zeit großer kultureller Homoge-
nität von Spanien bis Rußland, der gemeinsame Ausgangspunkt späterer innereuropäischer Differenzierung.[35])

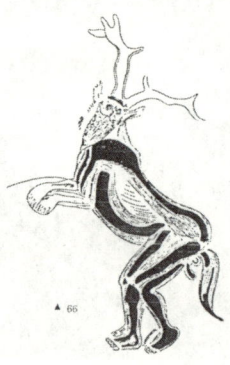

▲ 66

Als ältestes Kunstwerk bayrischen Bodens gilt die Gra-
vierung eines Mammuts auf Elfenbein, das heißt auf einen
Stoßzahn eines solchen Tieres.[36] Aber unsere Höhlenmalerei
stammt aus einer Kulturformation, die in der letzen Eiszeit
auch hier herrschte. Überwiegend zeigen die Malereien dieser Epoche die Tiere, die die Lebensgrundlage der Großwild-
jäger waren. Hier aber handelt es sich um einen als Mischtier verkleideten Menschen. Manche interpretieren ihn als
tanzenden Schamanen, andere als einen Gott, den Herrn der
Tiere. Wenn wir berücksichtigen, daß Kulthandlungen dieser Art das Sein des Gottes nachvollziehen, dann ist es un-
wesentlich, ob das Bild einen Schamanen zeigt, der im Tanz

den Herrn der Tiere darstellt, oder diesen selbst. Jedenfalls zeigt sich, daß der Wolpertinger auf einen Gott zurückgeht, der in der Perchtenmaske die Jahrtausende überdauert hat.

Was sich bei allen Mischtiergestalten durchhält, ist das Hirschgeweih. Es ist diejenige tierische Form, die pflanzlichem Sprossen am verwandtesten ist und so am unmittelbarsten das zeigt, was der Begriff Natur eigentlich meint: das Aufsprießen. Der Hirsch ist immer in ausgezeichneter Weise das Symboltier der Gottheit der wilden Tiere gewesen. Im griechisch-römischen Bereich erscheint Artemis-Diana mit dem Hirsch.

Jetzt vergleichen wir mit diesen drei Bildern noch den Cernunnos auf dem Kessel von Gundestrup, dessen Herkunft an der mittleren Donau oder im südlichen Gallien angenommen wird.[37] Cernunnos ist ein keltischer Gott.

Die Schlußfolgerung lautet demnach: Der Wolpertinger ist ein zur Witzfigur heruntergekommener Nachfahr eines alteuropäischen Gottes. Aber wir verstehen heute kaum mehr, was ein Gott der Erfahrungsreligion ist, wir haben gar kein Wort dafür, denn das Wort Gott ist zu stark eingefärbt durch das christliche oder, allgemeiner gesagt, erlösungsreligiöse Verständnis. Das Wort Dämon, das im Griechischen die dem lateinischen Wort Genius entsprechende allgemeine Bezeichnung für Wesen ist, ist durch die christliche Verteufelung negativ besetzt. Numen klingt dunkel und ist nie in die Alltagssprache eingegangen. Wir könnten Grund-Charaktere, Grund-Qualitäten von Wirklichkeit sagen oder Mächte und Atmosphären.

Die Götter der Erfahrungsreligion sind keine Sache des Glaubens. Die Frage „Glaubst du an Flußgötter?" ist falsch gestellt, es muß heißen: „Bist du bereit, was du am Fluß siehst, als Ausdruck eines Göttlichen anzuerkennen?" Statt „Hast du schon einmal einen Flußgott gesehen?" muß es heißen: „Hast du ein Erlebnis gehabt, das dich vom Sinn solcher Anerkennung überzeugt hat?", und statt: „Gibt es Flußgötter wirklich?" muß es heißen: „Gibt es Erlebnisse, die sich als Erscheinung eines Flußgotts sinnvoll begreifen lassen?"

Was ein Gott ist, läßt sich zunächst an einem uns auch als Planetenqualität bekannten römischen Gott erklären, Mars. Seine Bezeichnung als Kriegsgott macht ihn uns nicht sehr verständlich. Soll der Krieg etwa ein Gott sein? Und die Fruchtbarkeit eine Göttin? Lebendig ist älteres, unverstelltes Empfinden oft noch in der Sprache. Ich kann sagen: „Ich werde zornig." Dann schreibe ich mir den Zorn als meine Regung selbst zu. Ich kann aber auch sagen: „Zorn steigt in mir auf." Dann ist es immer noch etwas, was in mir geschieht, aber doch eine autonome Kraft hat. Damit spreche ich die Erfahrung aus, daß ich vielleicht nachher, wenn ich wieder

„ganz bei mir bin", gar nicht mehr recht begreifen kann, „was
mich da geritten hat". Und ich kann sagen: „Zorn ergreift
mich." Dann ist da eine Macht bezeichnet, die über mich
und meinen Innenraum hineingreift.

Erfahrungsreligiöse Auffassung sieht nun diese ergrei-
fende Atmosphäre als eine, die nicht nur in mir und anderen Menschen, sondern ebenso in der Natur anwesend ist.
Im zähnefletschenden Wolf, im angeschwollen (wütend)
daherbrausenden Hochwasser zeigt sich die selbe Grund-
qualität, die ich im aufsteigenden Zorn von innen her erfah-
re. Diese Erfahrung von innen her, die mir zeigt, wie sich
das von Innen anfühlt, läßt mich überhaupt erst den Wolf
und auch den Wildbach „verstehen". Ich weiß von mir her,
wie es ist, wenn einem die Adern anschwellen.

Das Wesen wird vom erfahrungsreligiösen Menschen
nicht hinter, sondern in den Wirkungen gesucht. Goethe, der
in vielen Äußerungen seine große Nähe zu erfahrungs-
religösem Empfinden zeigte, bemerkt: „Denn eigentlich unternehmen wir umsonst, das Wesen eines Dinges auszudrük-
ken. Wirkungen werden wir gewahr und die Geschichte der
Wirkungen umfaßte wohl allenfalls das Wesen jenes Dinges. Vergebens bemühen wir uns, den Charakter eines Menschen zu schildern, man stelle dagegen seine Handlungen,
seine Taten zusammen und ein Bild des Charakters wird uns
entgegentreten." Mythische Rede über Natur heißt nichts
anders als Rede in Handlungen. Der Charakter eines Gottes
läßt sich statt in Adjektiven eben treffender in Handlungen
(Mythen) wiedergegeben.

Der ursprungsnahe Mensch erlebt die Welt als ein Gefü-
ge von Charakteren, die sowohl Mächte als auch Erschei-

nungsformen und Atmosphären sind. Die Welt wird weniger in Dinge auseinandergelegt (es blieben sonst zuviele „Undinge" und „Halbdinge" übrig), sondern in Charaktere. Eine Blume mag ein Ding sein, eine Blumenwiese, ein Fluß, ein Windhauch ist es nicht. Der Lufthauch oder Wind ist ähnlich wie Fluß, Berg und Baum ein Grundwesen der Natur.

„Menschliches Leben, diesseitiges und jenseitiges, spielt sich zwischen Strömungen ab, die es fördern und gefährden."[38] Das, was einen anweht, ist ja auch die naheliegendste Beschreibung für Atmosphären, und Atmosphären sind die Götter alle. Angeweht wird man aber auch von jeder Art von Seelen, oder anders gesagt, Seele ist das, was einen anweht, und alles, was einen anweht, ist Seele.

Für die alten Griechen und Römer haben vor allem zwei Winde die Konkretheit von wirklichen Charakteren. Das eine ist der Boreas, der nordöstliche Kontinentalwind. Es ist die vorherrschende Windrichtung, deshalb ist er in der griechischen Mythologie der Herrscher der Winde. Er bringt trockene Luft und wolkenarmes Wetter.[39] Er hat aber auch noch eine andere Seite: Als Wintersturm bringt er auch Unwetter. Sein Sitz wird in Thrakien[40] verortet. In der Schlacht von Salamis wurde der griechische Seesieg durch Wind von der Landseite her begünstigt, das war ein Eingreifen des Boreas, in dessen Gefolge sein Kult in Athen Staatskult wurde. Der zweite Wind, der eine bestimmte Individualität besitzt, ist der Zephyros, der feuchte Westwind, der den Frühling verkündet und Fruchtbarkeit bringt. Er ist Eröffner der Seefahrt, kann aber als schnellster der Winde Not und Verderben mit sich führen. In den Darstellungen trägt er jünglingshafte, fast weibliche Züge, in manchen Erzählungen ist er der Gemahl der Iris (der Göttin der Morgenröte) und Vater des Eros.[41] Gegenüber dem Nord- und dem Westwind sind in Griechenland die beiden anderen Winde nur relativ blasse mythische Gestalten, die nur im Geviert der Winde eine Rolle spielen.

Im bayrischen Mythos haben wir keine so ausgefeilte Mythologie der Winde. Aventinus spricht lediglich vom Oberwind, der Regen, und vom Niederwind, der schönes, beständiges Wetter bringt. Übertragen auf unsere Bedingungen wäre der Westwind der König der Winde und der Föhn hätte im Alpenvorland am ehesten Zephyroscharakter.

Es gibt in der Erfahrungsreligion nicht die Trennung von heilig und profan und damit auch nicht von instrumentellem und religiösem Weltverhältnis. Wenn zum Beispiel unter Jägern ein Tier erlegt, zerlegt, zubereitet und verteilt wird, dann ist das einerseits überlebensnotwendig, andererseits wird damit ein Mysterium vollzogen: wie aus dem Tod des Tieres Leben entstehen kann. Dies kommt zusammen mit der religionsstiftenden Grunderfahrung der Sterblichkeit. Ausgangspunkt der Religion ist das Erlebnis des Todes und damit die Reflexion auf eine unumkehrbare Richtung der eigenen Biographie. Die Richtung des Lebens als Altwerden kann in traditionalen Gesellschaften mit lediglich mündlicher Wissensweitergabe positiv besetzt werden. Dazu kommt, daß in Wildbeuterkulturen das Erleben der lebensspendenden Tötung von Tieren sehr stark ist. Die Neigung, den Prozeß als positiv zu sehen, und die Erfahrung einer Dialektik von Tod und Leben wirken zusammen und bilden den Kern der Erfahrungsreligion, der auch in der Pflanzenwelt seine Bilder findet: „Wenn das Weizenkorn nicht in die

Erde fällt und stirbt, dann bringt es keine Frucht", heißt es noch im Christentum.

Der Mensch denkt damit etwas über ihn als Person Hinausgehendes, in das hinein er sich überschreitet. Die Fähigkeit des Menschen zur Transzendenz, zu einer seinen subjektiven Standpunkt überschreitenden Betrachtung des Lebens wurzelt in der Erkenntnis der eigenen Sterblichkeit und in dem Wissen, daß das Leben auch nach dem eigenen Tod weitergeht und daß es gut ist, daß es weitergeht, weil sonst auch das eigene Leben in die Sinnlosigkeit gerissen würde. Das Totenmahl, dessen besonders ausufernde Gestaltung von Kelten und den bayrischen Zeitgenossen Aventins überliefert ist, inszeniert dies in besonderer Weise. Der Todesfall wird zum Anlaß, einen nicht unerheblichen Teil seines Besitzes zu verteilen. Auch hier entsteht aus dem Tod neues, reiches Leben. Das, was im Individuum bei Lebzeiten an Reichtum gebunden war, wird freigesetzt und verflüssigt, unter die Leute gebracht. Ähnlich sichtbar wird dieser Kern der Erfahrungsreligionen auch in seinem wichtigsten Ritus, dem blutigen Opfer. Der Sinn des blutigen Opfers ist gerade die Rückerstattung des Einzellebens an das Alleben! „Was die äußere Gewalttätigkeit der Opferhandlung aufdeckte, war die innere Gewaltsamkeit des Seins, gesehen im Licht des ausströmenden Blutes und der hervorquellenden Organe. Dieses Blut, diese Organe voller Leben, waren nicht das, was die Anatomie in ihnen sieht. Nur eine innere Erfahrung, nicht die Wissenschaft, könnte uns das Gefühl der Alten vermitteln. Wir können annehmen, daß sich damals die Plethora der blutgeschwellten Organe, die unpersönliche Blutfülle des Lebens enthüllte. Auf das individuelle, diskontinuierliche

Sein des Tieres war mit dem Tod des Tieres die organische Kontinuität des Lebens gefolgt, die mit dem heiligen Opfermahl in das Gemeindeleben der Teilnehmer überging (...) Es ist überhaupt das Wesen des Opfers, Leben und Tod in Übereinstimmung zu bringen: Dem Tod verleiht es den Aspekt aufquellenden Lebens, dem Leben die Schwere, den Taumel und das Offenwerden gegenüber dem Tod."[42] Die Erfahrung des sogenannten Toten als des Lebengebenden und von daher die Aufösung des Gegensatzes von Alleben und Einzelleben ist der religiöse Kern aller Erfahrungsreligionen. Beim Trankopfer tritt an die Stelle der zu sprengenden Leiblichkeit des Einzellebewesens das Gefäß, dessen Inhalt seine von außen gegebene Formung verliert und in den Kreis des Allebens zurückkehrt, sei es, daß der Inhalt im Opfer für die Unterirdischen auf die Erde gegossen wird oder durch Feuer sich verflüchtigt.

Alle Erfahrungsreligionen bleiben nah an diesem Kern der Transzendenz im Wissen um die Sterblichkeit. Die Erlösungsreligionen entfernen sich teilweise weit davon und verkehren mit ihrer Unsterblichkeitsphantasie den Kern sogar in sein Gegenteil. Sie legen den Grund für ein prinzipielles Nichteinverstandensein mit der Welt, das in der Moderne in agressiver Weise praktisch wird und die Ordnung der Natur, die die Sterblichkeit mitenthält, von Grund aus stürzen will.

Auch in den erfahrungsreligiösen Mysterien geht es nicht um Erlangung personaler Unsterblichkeit, sondern gerade um Einverstandensein mit der Auflösung des Einzellebens in das All-Leben hinein. Indem der Mensch etwas denkt, was ihn als Person transzendiert, kann er sich auch mit der Erfahrung von Ohnmacht aussöhnen. Er realisiert, daß er nicht das ist, worauf die Welt hinausläuft, und fängt an, nach seinem Platz in der ihn übergreifenden Ordnung zu suchen. Das vollzieht jedes Kind nach. Das Einfügenwollen und das Staunen muß dem Bemächtigungswillen die Waage halten. Diese Balance wird gestört durch die Erlösungsreligionen, die dem Menschen das Bild vorgaukeln, als könnte er aus seinem Organcharakter entwachsen. Sie entstehen zugleich mit einem Schub von Subjektbewußtsein.

Wenn das Christentum von Erlösung, Befreiung und dergleichen spricht und der Mensch damit an persönliche Unsterblichkeit oder wenigstens individuelle Reinkarnation glaubt, sind das aus der Sicht der Erfahrungsreligion Formen der Ich-Aufblähung und Auflehnung des ichgestaltigen Geistes gegen die kindschaftliche Zugehörigkeit auch des Menschen zum Reich der großen Mutter. Im Tod wird die Erde erneut zur Mutter, indem sie ihn in ihren Schoß aufnimmt. Goethes Wort, der Tod sei das Mittel der Natur, viel Leben zu haben, bezeichnet in noch heute verständlicher Sprache den Kern der Erfahrungsreligion.

Wir können nun die grundlegenden bayrischen Eigenarten aus den Kennzeichen der Erfahrungsreligion verstehen.

Die Liberalitas Bavariae

Erfahrungsreligion ist tolerant. Alle Erfahrungsreligionen gehen davon aus, daß andere Völker unter anderem Namen im Grunde dieselben Mächte erfahren und verehren. Das spiegelt sich wider in den Berichten des griechischen Geschichtsschreibers Herodot über Ägypter, Skythen und diverse Völker, ebenso wie in Caesars Beschreibung der Kelten, die wir noch kennenlernen werden. Höchstens kann man sich vorstellen, daß die Wichtigkeiten in anderen Ländern andere sind. In Ägypten etwa tritt der Flußgott Nil in seiner Bedeutsamkeit an eine Stelle, die bei uns der Himmelsgott als Regenspender hat. Damit ist dort ein erdverbundener Gott für die Befruchtung des Landes verantwortlich, während dies sonst ein Himmelsgott ist.

Von dieser Art ist die spezifisch bayrische Liberalität, sie ist weder mit moralischer Gleichgültigkeit zu verwechseln noch mit positionsloser Toleranz. Liberalitas, das lateinische Wort, das weniger Freiheit als Freigiebigkeit bedeutet, ist am besten mit „Leutseligkeit" zu übersetzen. Viele Norddeutsche verstehen nicht, wie Liberalität mit harter Ablehnung der Multikulturalität genannten Kulturlosigkeit einhergehen kann. Aber eigentlich gibt es kaum schärfere Gegensätze, denn die McDonald's-Unkultur ist völliges Überhandnehmen eines rein instrumentellen Verhältnisses zu allen Dingen und Menschen.

Ambivalenz von Gut und Böse

Erfahrungsreligion unterscheidet die Charaktere der Welt nicht in gute und böse. Ja, es erscheint geradezu als menschliche Anmaßung, die Götter zu beurteilen. Der Mensch ist immer zwischen diese Mächte hineingestellt. Er muß sich mit ihnen arrangieren. Er darf gerade nicht nur einem Gott dienen, das würde die Mißgunst der anderen hervorrufen. Der Mensch muß in sich die Grundqualitäten des Seins zum Ausgleich bringen. Gerade dadurch spiegelt er die Welt im

Kleinen, einen Mikrokosmos. Einerseits hat er dadurch dem Tier etwas voraus, in anderer Hinsicht ist es aber umgekehrt. Der frühzeitliche Mensch wertet das Tier noch nicht ab. Es hat in seinem Recht zur Einseitigkeit dem Menschen auch etwas voraus. Es stellt Einzelqualitäten dar, die der Mensch in sich zum Ausgleich bringen muß, und die er auch in der Welt als im Kampf und in Balance befindlich erlebt: Der Hirsch darf ganz das leben, was die Römer Diana-Charakter nennen würden, der Fuchs das, was sie Merkur-Charakter nennen. Das Tier drückt unmittelbar einen Charakter aus, der für den Menschen Einseitigkeit bedeuten würde, deshalb geht Karikatur einer physiognomischen Einseitigkeit unwillkürlich in Richtung einer Tierphysiognomik. Es scheint in der Geschichte der Götter-Darstellungen am Anfang meist die tiergestaltige zu stehen. In Tiercharakteren drücken sich Atmosphären besonders prägnant aus. Nicht nur bildlich dargestellt, sondern auch kultisch nachgeahmt werden diese Charaktere. Verschiedentlich ist darauf hingewiesen worden, daß der Schuhplattler dem Balztanz des Spielhahns nachgeahmt sei.[43] Das Tier ist hier Ausdruck eines prägnanten Naturcharakters. Ähnliche „Ahmung" findet sich auch im in der Ilias erwähnten Kranichtanz. Auch hier geht es um den Nachfahren eines Fruchtbarkeitsritus.

Erfahrungsreligion ist antidualistisch, sie teilt nicht die Götter in gut und böse, sondern menschliches Verhalten in angemessenes und unangemessenes. Aufgabe des Menschen ist es nicht, die Götter - und das heißt: die Welt - zu beurteilen, sondern mit ihr zurechtzukommen. Nicht im Sinn bloßen Überlebens, man könnte sagen, um es sich in ihr gemütlich zu machen.

Deutsche Krebshilfe

HELFEN. FORSCHEN. INFORMIEREN.

Deutsche Krebshilfe, Buschstraße 32, 53113 Bonn. Tel: +49 (0) 228 / 7 29 90·0, www.krebshilfe.de

Dies kann aus der neuzeitlich aufklärerischen Sicht, die den christlichen Dualismus säkularisiert hat, als moralische Unentschiedenheit erscheinen. Wenn man in Bayern von jemand sagt: „Der is a Hund", dann hat dies nicht eindeutig beleidigenden Charakter, sondern drückt auch ein Stück Bewunderung aus.

Denken in Qualitäten statt Substanzen

Erfahrungsreligion wird erst dann zum Aberglauben, wenn der Sinn für den Unterschied zwischen Qualitäten und Dingen verlorengegangen ist. Wenn ich meine, die gefühlte Schwermut müsse sich auf der Waage objektivieren lassen, wenn ich mir konkretistisch vorstelle, wie Mars in mich hineinkriecht, dann kommt es zu Vorstellungen wie dem vom Geschlechtsverkehr mit Dämonen.

Nicht, daß die Sonne aufgeht (anstatt daß die Erde sich dreht), ist Aberglaube, wohl aber die Konstruktion von Epizyklen in der ptolemäischen Astronomie, die daran hängt, daß das urbildlich Wahre auch in der mathematisch bestimmbaren Realität erscheinen müsse. Aber die mathematisch bestimmbare Realität ist eben nicht die Wirklichkeit, sie ist eine Idealisierung der Wirklichkeit nach der Form einer Maschine. Die Auffassung der Welt als Satz von Qualitäten steht quer zu der von einem Ensemble von Gegenständen. Beide Sichtweisen können sich ergänzen; wenn sie vermischt werden, wenn Bedeutungswissen und Kausalwissen durcheinandergebracht wird, entsteht Aberglaube.

Symbolisches Denken ist immer schon „seherisch". Es sieht sinnvolle Zusammenhänge, die dem gegenständlichen

Denken irrelevant scheinen. Es vollzieht eine tendenziell unendliche Pendelbewegung zwischen Selbstauslegung in Bildern der Natur und Naturdeutung in Bildern der Seelenlandschaft. Dies geht jeder Theoriebildung, wonach Zusammentreffen bedeutungshaltig und nicht zufällig sei, voraus. Alle solche Theorie tendiert zum Aberglauben, ist aber ihrerseits bereits Reaktion auf einen Reduktionismus.

Ursprünglich ist es gar keine Frage, daß die vom Leben gegebenen Zusammenhänge einen Sinn haben. In dem Augenblick, wo das thematisiert wird, entsteht die Gefahr einer Auslegung nach dem Muster von Kausalität oder Dinglichkeit. So besteht zum Beispiel ein Großteil der Geomantie in der Suche nach technischen Lösungen für atmosphärische Probleme. Dahinter steht nicht zuletzt mangelnde Liebe zur Tätigkeit. Es soll alles möglichst schnell lehrbar sein.

Eine lebendigere Tradition des Mythischen bedeutet also nicht mangelndes Weltverständnis, sondern eine zusätzliche Dimension des Weltverständnisses. Eine solche Dimension, eine solche Erfahrung trägt der Bayer aus jenen fernen Zeiten noch in sich. Darum sieht er die Welt auch gelegentlich mit anderen Augen, das verleiht ihm den etwas anderen Schlag.

Der Bayern Zungenschlag

Zu den seelischen Kennzeichen der Traditionsverbundenheit gehört der Unglaube an den Fortschritt und eine gewisse Traurigkeit über das Verblassende. Mit jedem Toten verblaßt ein Stück Erinnerung. Stolz richtet sich auf das Bewahrte, zwar erlebt man sich selten als Sieger, aber hat

man nicht in tausend Niederlagen doch mehr gehalten als
andere in ebensovielen Siegen?

Was ein Volk im Seelischen ausmacht, lebt in der Sprache, und zwar in ihrer Melodie und in ihrer Grammatik. Was
wir Heimat nennen, ist zuallererst die Sprache. Zuhause bin
ich, wo ich verstanden werde, auch in Nuancen. Daß überhaupt Dialekt gesprochen wird - und das ist in Bayern sicher weitaus häufiger der Fall als in Mitteldeutschland - prägt
freilich die Menschen bereits wesentlich, denn es bedeutet
eine Selbständigkeit des Überkommenen (Unausgesproche-
nen) gegenüber dem nach Regeln Angelernten. Wer Dialekt
spricht, hat mit ihm den Vorrang der Tradition vor der Norm
eingelernt. Das ist völlig unabhängig von der konkreten Eigenart der Mundart oder der Klangfärbung.

Die Sprache prägt den in sie hineinwachsenden Menschen
aber auch durch die ihr innewohnenden Bilder und durch
den seelischen Ton ihres Klanges. Hier spielen Dialekt und
Klangfärbung eine Rolle. Hellpach orientiert sich mehr an
dem Seelischen, das in der Sprachfärbung zum Ausdruck
kommt, nicht an den Einzeldialekten, von denen R.H. France
um 1900 allein in München vier zählte, den Altstadtdialekt,
den Oberlandlerdialekt vorwiegend im Süden, den Vorstadt-
dialekt besonders im Osten und den Dachauer Dialekt im
Norden.[44] Während es in Oberfranken auch heute noch in
jeder kleinen Stadt Dialektunterschiede zu den benachbarten gibt, ist Niederbayern zwischen Gäuboden und Isartal
ein einheitliches Dialektgebiet.[45] Darin spiegelt sich ein en-
geres oder weiträumigeres Regionalbewußtsein. Freilich geht
die Tendenz zu größeren Regionen, in denen dann nicht einer der früheren Lokaldialekte herrschend wird, sondern eine

Umgangssprache, wie sie sich um überregionale Zentren als „Ausgleichssprachen" verschiedener Lokaldialekte bilden.[46]

Das Bayrische ist ursprünglich eine Sprache, die nie Gebildetensprache geworden ist und deren Wortschatz deshalb die hohe Kultur nicht erfaßt. Der bayrische Monarchist Georg Lohmeier schreibt 1967: „Das Altbayrische wäre allein noch lebendig genug, um den Sprechbedarf eines wortkargen Stammes wenigstens werktags befriedigen zu können. Für den Feiertag, will sagen: für all das Höhere, das in die erhabenere Region aufsteigt, für die große Dichtung, für die Wissenschaft, für Predigt, Gebet und Politik, da benützen auch wir schon seit nun bald zwei Jahrhunderten das Schrift- oder Hochdeutsche. In diesem Schriftdeutsch ist ja von Haus aus schon genug Bairisches enthalten - Oberdeutsches."[47] Ja, mehr noch, die bayrische Sprache ist Grundlage für das Deutsche geworden, weil in ihr sich als erster ostgermanische und westgermanische Ausdrücke mischten.[48]

Schon der Altmeister der bayrischen Mundartkunde A. Schmeller hat auf den Unterschied zum Schwyzerdütsch hingewiesen[49], der zum einen darin besteht, daß der Schweizer sich auch national abgrenzen wollte, der Bayer dagegen gerade nach 1813 sich als Deutscher fühlte; zum anderen darin, daß in der Schweiz die Standesunterschiede relativ geringer waren und damit die Volkssprache nicht als so unfein gilt. Je weniger ständisch-hierarchisch die Verhältnisse, desto stärker der mundartliche Einschlag in der Oberschicht. Auch die Biergartengleichheit schlägt sich in mundartlicher Färbung der Hochsprache nieder. Das hat freilich als Kehrseite eine gewisse Nivellierung zur Folge. Der Schweizer ist auch in seinen oberen Schichten verbürgerlicht, geprägt vom

Häuslebauergeist, Sauberkeitsfimmel und Freundlichtun.

Das Schriftdeutsche ist erst seit 200 Jahren kodifiziert. Kodifizierung aber ist nie schöpferisch, und wo sie es sein will, vergewaltigt sie das Empfinden. Allenfalls konservativ kann sie mit gewissem Recht sein, mit dem Recht, das daraus erwächst, daß ohnehin der Wandel so schnell geht, daß „die Seele nicht nachkommt", wie die Indianer sagen, und deshalb das Neue meist seelenlos ist. Lohmeier findet das schöne Bild von den Mundarten als Quellen der Schriftsprache. Nun bemerkt er: „Wenn wir es genau besehen, dann fließen dreiviertel all jener Quellen, aus denen der Fluß unserer deutschen Sprache enstanden ist, im heutigen Bayern."[50] Man merke die Analogie zu den natürlichen Quellen: „Die Quellen sind der Mund des Landes, die Ströme ihre Rede", schreibt Guardini in seinem Hölderlinbuch.[51]

Noch 1816 konnte Schmeller erwägen, das Bayrische als eigenständige Sprache kodifizieren zu lassen mit grammatischen Regeln, Wörterbuch etc. Er machte sich jedoch selbst den Einwand: „Solch eine gänzliche Abtrünnigkeit und Selbständigmachung der bairischen Sprache tritt aber andererseits dem Streben nach Einheit der Deutschen in den Weg."[52]

Es zeigt sich darin im Kleinen das Grundproblem, daß die Staatlichkeit des 19. Jahrhunderts, die aus dem Absolutismus hervorgegangen war, aus grundsätzlichen Gründen nicht in der Lage war, bewahrend oder wirklich „konservativ" zu wirken. Das Einzige, was geholfen hätte, wäre gerade die Rücknahme des Staates gewesen. Überhaupt keine Rechtschreibung mehr für verbindlich zu erklären, hätte der Wirklichkeit der fließenden Übergänge entsprochen. Aber der Nationalstaat ist Protagonist nicht nur der militärischen, sondern auch der kulturellen Uniformierung. Er ist Produkt machtpolitischer Konzentrationsprozesse und nicht eine Organisation der partikularistischen Gegenkräfte.

Partikularismus und Parteien sind Reaktionen auf eine übermächtige Uniformierung; sie vernichten, was sie erhalten wollen, weil sie formieren, was seinem Wesen nach fließend ist. Dieses Grundproblem des Konservativismus wird uns noch öfter begegnen.

Aus der überflüssigen und nicht mehr ohne weiteres hingenommenen Rechtschreibreform des Jahrs 2000 ergibt sich die Chance, den Unfug erzwungener Einheitsschreibung überhaupt wieder aufzugeben, vielmehr als nicht zwingende, aber doch Zugehörigkeit oder Nichtzugehörigkeit zur Bildungsgemeinschaft anzeigende Norm einzig und allein die Fähigkeit zu schulen, die Sprache der Klassiker (der Tradition) zu verstehen, die ja auch noch keine staatlich normierte Schreibung kannten. Es ist ja bezeichnend, daß mit der Reform noch mehr Verlage zur Schreibweise des jeweiligen Erstdrucks zurückkehren, statt jetzt Goethe wie vor 100 Jahren nochmal irgendwelchen Schulmeistern anzupassen.

Genau genommen gibt es aber eben deshalb, weil es nie Bayrisch als Staatssprache gegeben hat, gar nicht ein Bayrisch, sondern es gibt diverse Dorf- und Regionalsprachen. Solche Sprachen fließen, vermischen, ändern sich notwendigerweise in Zeiten großen sozialen Wandels. Es ist Unsinn, von „fehlerfreiem" Bayrisch zu reden, wie es selbst Lohmeier tut, denn es handelt sich eben nicht um eine festgehaltene Schulsprache. Und das Aussterben alter Bilder und Begriffe ist nur durch Assimilierung zu verhindern. Wenn diese Assimilationskraft dahin ist, dann ist eine Sprache notwendig zum Sterben verurteilt.

W. Feldhütter meint als wesentlichen Unterschied zum Norddeutschen ein Vorwiegen des Seins gegenüber dem Haben ausmachen zu können, das im Gebrauch des Hilfszeitwortes zum Ausdruck kommt: „Ich bin gestanden" statt „Ich habe gestanden".[53] Grammatisch auffällig sind im Bayrischen die Betonung des Passivs und des „Es". Das „Es" ist der sprachliche Rest eines göttlichen Subjekts. Das unpersönliche „Es regnet" stammt von „Jupiter oder Taranis regnet" ab, „Es geht" stammt von: „das Fatum (Schicksal) geht seinen Gang".[54]

Gemütlicher Klang

Die heutige Dialektforschung trägt freilich zu dem von uns Gesuchten wenig bei, sie ist Teil einer Wissenschaft, die nur Gegenständliches erfaßt. Es gibt zwar eine Fülle von Büchern, die Lokaldialekte aufzeichnen, auch solche, die sie nach den Schubladen einer Grammatik ordnen, aber kaum Versuche, zu beschreiben, was in der Sprache an Seelischem lebt. Das lebt nämlich mehr in der Melodie als in einzelnen Wendungen. Wichtiger für das Wesen des Bayrischen ist wohl sogar die Klangfärbung als der eigentliche Dialekt. Franz Marc schreibt 1914 aus dem Felde: „Das Bayerische (...) hat etwas Würdiges, Bedächtiges und ungeheuer Sicheres. Wenn man einen Bayern zwischen all diesen Mundarten hört, imponiert es, es liegt etwas Ruhendes darin."[55]

Gemütlichkeit kommt von Gemüt. Gemütlich ist, wo nicht nur Rationalität und Rechenwesen zählt, wo Sinn nicht mit

Zweck verwechselt wird. Über den Sinn läßt sich auf merkwürdige Weise nicht sprechen. Sinn wird erlebbar in Mo-
menten der Zweckfreiheit. Das Wesen der Zweckfreiheit aber
ist Bejahung. Was der Argumente bedarf, ist nie wirklich
bejaht. Die Sinnfrage ist immer schon Symptom der Sinnlosigkeit. Nicht Antwort ist eigentlich gewünscht, sondern
Verstummen der Fragen. Wie vor dem Anblick der Geliebt-
ten die Frage nach nennbaren Vorzügen nicht aufkommt und
ihre Unbeantwortbarkeit, wenn sie von außen gestellt wird,
nicht stört. Sinn kann weder thematisiert noch gesucht werden.

Was dem Bayern oft als Maulfaulheit ausgelegt wird, ist
oft einfach die Weigerung, etwas zu beschreiben, was sich
nur wortlos verstehen läßt.

Bayern und Franken

Da nach 1945 im deutschen Sprachraum kaum noch dazu
geforscht wurde, ist der wichtigste Autor dazu immer noch
der Psychologe und Politiker Willy Hellpach, dessen Lebens-
thema der Zusammenhang von Landschaft und Seele war.
Ganz allgemein meint Hellpach eine Nord-Südverteilung bei
verschiedenen Völkern ausmachen zu können: „Der Unterschied ist gekennzeichnet durch ein psychologisches Vorwiegen der Verstandes- und Willensseite bei den Nordteilen
und der Phantasie- und Gemütsseite bei den Südteilen der
Völker. Die Südteile der Völker leben ein stärker und unbe-
wußter kreatürliches Dasein, die Nordteile ein bewußter pla-
nendes; jene sind mehr instinktiv und leidenschaftlich, diese mehr nüchtern und vorberechnend."

In seinem Buch „Deutsche Physiognomik" von 1942 wandte sich Hellpach jedoch gegen vorschnelle Wenn-dann-Erklärungen und nahm ein Geflecht von „Erbgut-Landschafts-bündisch-sozialer" Prägung des Menschen an. Für die landschaftlich-klimatische Beeinflussung macht er u.a. das „biogeographische Gesetz" geltend, nach dem sich Pflanzen, Tiere und Menschen in Nord-Südrichtung gravierender verändern als in Ost-West-Richtung.[56]

Er unterscheidet Naturgesicht, Trachtgesicht und Erlebnisgesicht. Naturgesicht sei nicht mit Erbgesicht gleichzusetzen, vielmehr werde dieses durch die umgebende Natur, Radioaktivität, Ernährung usw. überformt. Ob nun allerdings bei der Verwandtschaft von Franken und Bayern in ihrem „böhigen" Temperament der römische Einfluß, der Katholizismus, als prägend oder geprägt zu verstehen ist, bleibt unklar.

Selbst bei der Ausbildung des Gesichts spielt nach Hellpach die Mundart eine große Rolle: Sie bilde die Mundpartie.[57] Ihr entspreche aber auch ein das angeborene Temperament überprägendes Konventionstemperament[58], das auch entscheidenden Anteil an der Ausprägung von Berufsgesichtern habe.[59] Hellpach greift zur Erklärung auf den Carpenter-Effekt zurück: „Auch der Stille taut in temperamentvoller Umwelt auf (...). Umgekehrt erlahmt ein lebhaftes Temperament auf die Dauer, wenn es ohne Widerhall bleibt. Heftigkeit stößt an einer gelassenen Umgebung sich die Hörner ab."[60] Eine solche Wirkung gehe nicht nur von der menschlichen Umwelt aus, sondern, wenn sich ein Mensch etwa bei der Feldarbeit hauptsächlich allein auf weiter Flur bewege, auch von der Natur. Hellpach weist darauf hin, daß der Anpassungsprozeß in der Stadt meist schneller geht[61], da die Rückzugsmöglichkeit des Einzelnen geringer sei, man könnte aber auch betonen, daß in ländlicher Umgebung und bei vermehrter einsamer und stiller Beschäftigung nicht einfach nur Eigenbrötelei gefördert wird, sondern der (Natur)Raum seine Prägewirkung deutlicher entfaltet.

Auch bei der Beschreibung der für eine Region typischen Physiognomien versuchte Hellpach experimentelle Bestätigung einzubeziehen, so empfiehlt er etwa den Spiegelversuch, um den Ausdruckscharakter des Gesichts als gestaltende Dynamik von innen zu erfahren. Zum Beispiel forme man, um den Ausdruck des fränkischen Gesichts zu verstehen, die Lippen zum „ü" und „ö", oder, um den Unterschied von sächsischer und bayrischer Art zu verstehen, ziehe man weichen und gespannten Flunsch...

Für besonders charakteristisch hält Hellpach die Sprechweise. „Wollte man Apothekenvergleiche zu Hilfe nehmen, so möchte man die saxothüringische Redeweise einem Salben, die bairische einem Stoßen vergleichen. Für die niedersächsische würde dann das Reiben wohl ein naheliegendes Bild sein."[62] Als weitere Kennzeichen des Bayern führt er eine leicht gebeugte Kopfhaltung an (die er besonders der fränkischen entgegenstellt), weiter den raschen Wechsel gegensätzlicher Stimmungsäußerung in der Mimik und eine Verschiebung von der (unterentwickelten) Sprechmimik in die Blickmimik (letztere wieder besonders im Gegensatz zur fränkischen Tendenz deutlicher Sprechmimik).[63]

Bayrische Art sieht Hellpach überall im Vordringen gegenüber der Fränkischen und erkennt darin eine Überlegenheit des Ruhigeren, Lässigeren gegenüber dem Beweglicheren. Fränkische Art ist mehr gemeinschaftsorientiert, stellt sich nicht einfach so ungehobelt selbst dar, sondern paßt sich an das von außen Vorgeschriebene an.[64] Die fränkischen Landschaften Bayerns haben sich trotz des starken Durchsetzungsvermögens einzelner fränkischer Persönlichkeiten im neuen Staatsverbund stärker bajuwarisiert als umgekehrt.[65] Der Prozeß wurde durch ihre die vierzigjährige Abschottung nach Nord-Osten hin noch beschleunigt.[66]

Baiern und Franken oder Bayern und Pfälzer werden gern als Gegensätze dargestellt. Die Pfälzer hatten die höchste, die Baiern die niedrigste Auswanderungsquote, was freilich nicht so sehr mit Wanderlust als mit dem Erbrecht zusammenhing.[67] Tatsächlich ist „für die fränkische Art besonders kennzeichnend, daß viel Brauchtum, das wir in andern deutschen Landschaften noch finden, in Franken früh schon ausgestorben ist"[68]. Was sich am ehesten erhalten hat, sind Sagen von Hausgeistern, was die starke Bildung ans Gebaute, weniger an die Natur ausdrückt.

Das, was wir heute Franken nennen, hat ohnehin wenig mit den Franken als Völkerwanderungsstamm zu tun, es ist deren östlichstes Verbreitungsgebiet, wo sie nur eine dünne Oberschicht auf alemannischer und thüringischer Grundlage darstellten. In anderer Hinsicht erscheinen die Franken auch wieder den Bayern relativ nah. Der Franke macht aus seinem Herzen keine Mördergrube, der Niedersachse oder auch der Schwabe, der das eher tut, erscheint ihm deshalb als falsch und tückisch, während diese umgekehrt den Franken als „unbeständig" bezeichnen, weil seine Stimmung schnell wechselt.[69]

Was aber sind nun die besonderen Kennzeichen bayrischer Eigenart?

Schreit und singt, tanzt und kartelt...?

Zumindest von fern betrachtet, scheint der Bayer als das, was er angeblich immer war: Die klassische Beschreibung des Aventinus vom Bayern um 1500 scheint zutreffend und wird ausschnittweise immer wieder zitiert, ohne freilich den historischen Kontext zu berücksichtigen:

> „Das baierisch Volk (gemainiglich davon zu reden)
> ist geistlich schlecht und gerecht, get und läuft gern
> kirchferten, hat auch vil kirchfart, legt sich mer auf
> den ackerpau und das viech dan auf die kirieg, de
> nen es nit vast nachläuft; pleibt gern dahaim, reist
> nit vast auß in fremde land; trinkt ser, macht vil
> kinder; ist etwas unfreundlicher und ainmüetiger als
> die nit auß kommen, gern dahaims erhalten, wenig
> hantierung treiben, fremde lender und gegent haim
> suechen; achten nit der kaufmannschaft, kummen
> auch die kaufleut nit vast zu inen. Und im ganzen
> baierland sein dreierlei ständ, die da zu eren und
> verwaltung gebraucht werden. Der gemain man, so
> auf dem gä und land sitzt, gibt sich auf den ackerpau
> und das viech, ligt demselbigen allain ob, darf sich
> nichts on geschaft der obrikait understen, wird auch
> in kainen rat genomen oder landschaft ervordert;
> doch ist er sunst frei, mag auch frei ledig eigen guet
> haben dient seinem herrn, der sunst kain gewalt über
> in hat, jerliche güld, zins und scharwerk, tuet sunst

was er will, sitzt tag und nacht bei dem wein, schreit singt tanzt kart spilt; mag wer tragen schweinspieß und lange messer. Große und überflüssige hochzeit, totenmahl und kirchtag haben ist erlich und unsträftlich, raicht kainem zu nachttail kumpt kainem zu übel."[70]

Ähnlich, aber etwas drastischer und unfreundlicher äußert sich der Schwabe Sebastian Franck 1534:

„Das Bayernland hat grob Leut an Red und Person, gesund was männlich Geschlecht ist. Weibsbilder hat es fürbündig schöne, doch etwas braun und gemeiniglich von schwarzen Augen. Es ist auch nit seer ein höflich Volck, sundern von groben Sitten und grober Sprach. Zwey Laster werden diesem Volck vor andern Nationen als angeboren zugeschrieben, daß es karg und unwillig gegen die Gäste, grappisch und nachgriffig gegen ander Leute Gut sei."[71]

Es ist schwierig, Klischee und Wahrnehmung voneinander zu unterscheiden. Aber wir können die Signatur eines Landes auch noch anderswo ablesen. Als Historiker suche ich sie in der Geschichte.

Um in der Gegenwart anzukommen, werden wir dabei weit zurückgehen – und die Antwort finden: Warum Bayern anders ist.

2.

Das Land entsteht

Drei Gruppen sind es, die das Land spürbar formen: Kelten, Römer und Bajuwaren. Zunächst wollen wir uns anschauen, was es in Bayern gab, bevor es Bayern gab: die Zeit vor der Völkerwanderung. Und hier stoßen wir bereits auf das Phänomen besonderer Kulturkontinuität zu den bronzezeitlichen, ja steinzeitlichen Vorgängern.

Die Kelten

Die erste namentlich faßbare Gruppe in Bayern sind die Kelten. In unsere Breiten dürften sie ebenso aus dem Osten eingewandert sein wie 700 Jahre vor ihnen, also um 1200 v. Chr., jene Leute, die wir als Urnenfelderleute bezeichnen, weil sie um 1200 die Feuerbestattung mit sich brachten.[72] Bereits aus der Bronzezeit ist jüngst in der Nähe von Freising bei Bernstorf im Ampertal eine Stadt von der Größenordnung des gleichzeitigen Troja VI ausgegraben worden. Bernstein und Schriftzeichen in Linear B, einem Vorläufer der griechischen Schrift, zeigen die Handelsverbindungen von der Ostsee bis Griechenland.[73] Bayern war auch damals

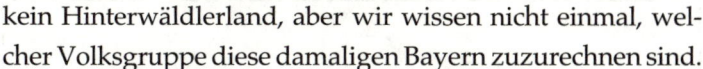

kein Hinterwäldlerland, aber wir wissen nicht einmal, welcher Volksgruppe diese damaligen Bayern zuzurechnen sind.

Ab dem 5. Jahrhundert v. Chr. sind Kelten im Gebiet der heutigen Tschechei und Altbayerns faßbar. Als Boier geben sie dem Land den Namen Böhmen.[74] Die Kelten gründeten keine dauerhaften Reiche. Das Verbindende war die religiös-kultische Organisation, die wir als Druiden kennen. Diese auch politische Macht ihrer Priesterschaft unterscheidet sie am stärksten von Römern und Griechen. Auch sind die Kelten wohl weniger ein Volk als eine Kulturgruppe, die wiederum an ältere Kulttraditionen ihrer Siedlungsräume anknüpft.

Immer wieder finden sich keltische Spuren in der Nähe von Hügelgräberfeldern, die aus der Zeit zwischen 1800 und 1200 v. Chr. stammen, und in der Volkssage hat sich die Kontinuität oft bis in die Neuzeit erhalten, so am Durling, wo kopflose Pferde und Reiter umgehen sollen.[75] Die Kelten haben auch Relikte der Megalithkultur weitergepflegt, daher die Keltensteine, Teufelssteine etc.[76], die oft weit älter als keltenzeitlich sind.

Vieles von dem, was sonst heute als typisch bayrisch gilt, geht auf dieses rätselhafte Volk zurück.[77] So ist zum Beispiel in der römischen Welt der keltische Käse berühmt gewesen, wie bei uns der Emmentaler. Die Kelten betrieben bereits Almwirtschaft, und Wörter wie Alm, Alp sollen aus dem Keltischen kommen[78], Senn dagegen stammt wohl vom römischen senior (der Ältere, in der Bedeutung von Chef) ab, Kaser von casa (das Haus).

Die „bayrischen" Kelten bestehen aus diversen Stämmen, den Vindelikern[79], Norikern, Tauriskern, etc. Während letz-

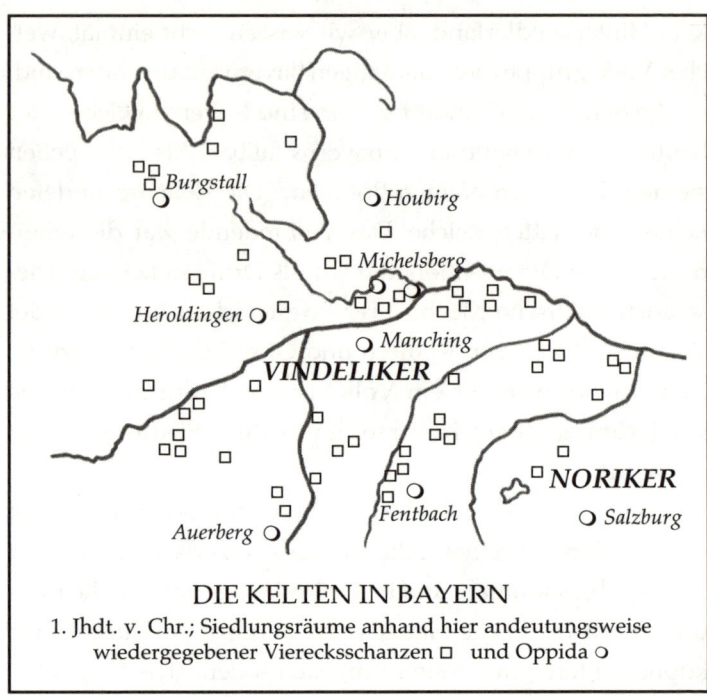

DIE KELTEN IN BAYERN
1. Jhdt. v. Chr.; Siedlungsräume anhand hier andeutungsweise
wiedergegebener Vierecksschanzen □ und Oppida ○

tere den Tauern den Namen gegeben haben, befand sich das
Hauptheiligtum der Noriker – geweiht einer Muttergottheit
Noreia, die in römischer Zeit mit Isis gleichgesetzt und mit
Schlange und Füllhorn dargestellt wurde[80] - nördlich des
heutigen Klagenfurt, die Vindeliker siedelten um ihren
Hauptort Manching (bei Ingolstadt), der vielleicht größten
vorgeschichtlichen Siedlung Europas. Diese Stadt wurde
wohl bereits 50 v. Chr. durch Germanen zerstört.[81] Eine weitere wichtige keltische Siedlung war Alkimoennis jenseits
des Michelsbergs am Weltenburger Donaudurchbruch.[82] Si-
cherlich keltisch ist Campodunum (das heutige Kempten)
und eine Siedlung auf dem Michelsberg bei Kelheim. Im

Namen Boiodurum (Passau) findet sich wieder der von dem Stamm der Boier abgeleitete Personenname Boios. Am Auerberg im Allgäu ist wahrscheinlich die von dem römischen Geographen Strabo[83] genannte „Akropolis Damasia" der Likater zu lokalisieren, auf deren Namen sich heute eine Füssener esoterische Sekte beruft. Im Chiemgau und Salzburgischen saßen die Alauen oder Alonen, deren Stammesgottheiten sich in Seebruck noch auf Weihesteinen aus der Römerzeit finden.[84] Hier ist der Lokalgott Bedaius zuhause, den Sten Nadolny so herrlich geschildert hat und der seinen Haupthelden zu den Saligen auf dem Geigelstein führt. Die Römer hätten ihm, als sie herrschten, Heiligtümer errichtet wie einem Gott, berichtet Bedaius in diesem Roman, „aber ned aus Ehrfurcht, nix wia Boledick war's von dene Saubazin, fia des, daß s'uns no bessa ausschmiern hä'n woin"[85].

Merkwürdig ist die Häufigkeit von keltischen Vierecksanlagen im Münchner Raum.[86] Bis heute ist nicht zweifelsfrei geklärt, ob es sich dabei um Kultanlagen oder umfriedete Höfe handelt. Gegen Kultplätze spricht die Massierung in einem allen anderen Befunden nach dünn besiedelten Gebiet, gegen Höfe das Fehlen von Funden, die auf Wohngebäude deuten. Doch könnte es nicht sein, daß es sich um eine Verbindung von beidem handelt, in gewisser Weise um die Vorgänger mittelalterlicher Klöster? Oder - um kein falsches Bild von Weltabgewandtheit aufkommen zu lassen - um so etwas wie Potlachplätze[87], an denen Orgien gefeiert und Beute oder andere Güter zum Ruhm des Spenders verteilt wurden.[88] Denn in manchem ähnelt die keltische Kultur sehr jener der Indianer. Wenn die Viereckschanzen die für die Kelten wichtigen Orte bezeichnen, so schätzten sie besonders das Gebiet entlang der Donau und ihrer Nebenflüsse.

Für die Kelten gilt nicht, was Aventin von den späteren Altbayern sagt, daß sie nicht gern hinauskommen. Im Gegenteil: Sie trieben regen Handel und gingen auf Beutezüge. Kelten bildeten die Basis für die Reorganisation des Heeres Hannibals in Unteritalien.[89] 387 v. Chr. traten sie mit der Plünderung Roms in die mediterrane Geschichte ein. Ein knappes Jahrhundert später, 279 v. Chr., standen sie vor Delphi.[90] Nördlich von Byzanz gründeten sie ein Königreich mit Zentrum beim späteren Hadrianopolis (heute Edirne) mit der Stadt Tylos, das bis 193 v. Chr. bestand.

101 v. Chr. wurden die germanischen Cimbern und Teutonen, die die Noriker und Taurisker im Jahr 113 überrannt hatten, bei Vercellae geschlagen. Schon ein knappes Jahrhundert später rief ein keltischer Stamm, die Taurisker, die Römer gegen die andrängenden Germanen zu Hilfe.[91]

Der heutige Bayer - Caesars Kelte?

Caesar beschreibt als Eigentümlichkeit der Kelten den Dualismus zweier herrschender Stände und die Dominanz des religiösen Elements durch die Druiden. Beides weist aufs Mittelalter voraus, und es ist in diesem Zusammenhang vielleicht nicht zufällig, daß auch in der keltischen Kunst Formen dominieren, die in der Gotik wiederaufgenommen werden.[92] Ich setze die Beschreibung, die Caesar von Kelten und Germanen (VI, 13 ff.) gibt, und die, da die Kelten selbst kaum schriftliche Selbstzeugnisse hinterlassen haben, eine unserer wichtigsten Quellen ist, in fast voller Länge hierher und

kommentiere einzelne Punkte:

> „In ganz Gallien gibt es zwei Klassen von Menschen,
> die irgendwelche Geltung und Ehre genießen. Das
> niedere Volk nimmt beinahe die Stellung von Skla-
> ven ein. Es darf von sich aus nichts wagen und wird
> auch zu keiner Versammlung hinzugezogen (...) Aber
> von den beiden Ständen ist der eine der der Drui-
> den, der andere der der Ritter."

Einziger Ehrgeiz der Ritter sei, möglichst viele Gefolgs-
leute zu haben, sagt Caesar später (VI,15). Die Drei-Stände-
Ordnung ist für die kommenden Jahrhunderte bayrischer
Geschichte - bis auf die letzten zwei - wesentlich wegwei-
sender als die römische Sozialordnung. Sie ist in gewisser
Weise archetypisch, wenn man an Platons Staatskonzeption
und ihre Eindeutschung als „Lehrstand", „Wehrstand" und
„Nährstand" denkt.

> „Die Druiden versehen den Gottesdienst, besorgen
> die öffentlichen und privaten Opfer und legen die
> Religionssatzungen aus. (...) Bei allen öffentlichen
> und privaten Streitigkeiten urteilen und entscheiden
> sie (...) Fügt sich ein Privatmann oder ein Stamm ih-
> rer Entscheidung nicht, so schließen sie den Betrof-
> fenen vom Gottesdienst aus. Dies bedeutet bei ihnen
> die härteste Strafe. Die so Ausgeschlossenen gelten
> als gottlose Verbrecher, ihnen gehen alle aus dem
> Weg, ihre Annäherung und ihr Gespräch meidet man
> (...) Ihnen wird, auch wenn sie darum nachsuchen,
> kein Rechtsbescheid erteilt."

Auch das hat eine christliche Nachfolge gefunden: in der
Eigenständigkeit des Kirchenrechts (das freilich zum weltli-

chen Recht in Konkurrenz stand und in seinem Geist römisch war) und insbesondere im Machtmittel von Kirchenbann und Interdikt.

> „Die Druiden tagen zu einer bestimmten Jahreszeit an einer geheiligten Stätte im Lande der Carnuten, das ungefähr in der Mitte ganz Galliens liegt (...) Ihre Lehre soll in Britannien aufgekommen und von dort nach Gallien gelangt sein und auch jetzt noch reist, wer sie genauer erforschen will, meist dorthin, um sie zu lernen."

Britannien ist nicht das Herkunfts- und Kernland der keltischen Kultur, aber es war später ihr wichtigster Rückzugsraum. Weiter schreibt Caesar:

> „Die Druiden ziehen gewöhnlich nicht mit in den Krieg und zahlen auch keine Abgaben wie die anderen (...) Durch so große Vorrechte angelockt, begeben sich viele freiwillig in ihre Lehre oder werden von ihren Eltern und Verwandten hingeschickt. Sie sollen dort Verse in großer Zahl auswendig lernen. Deswegen bleiben einige zwanzig Jahre in der Lehre. Sie halten es für Frevel, sie schriftlich niederzulegen, während sie fast in allem Übrigen, in Staats- und Privatgeschäften die griechische Schrift benutzen. Sie scheinen mir aus zwei Gründen dies eingeführt zu haben: Sie wollen nicht, daß die Lehre unter der Menge verbreitet werde, noch daß die Schüler, sich auf das Geschriebene verlassend, in ihrem Lerneifer und im Gedächtnis nachlassen."

Die Entkoppelung von Lehre und Person und der Grad an Verinnerlichung, der nur durch das Auswendiglernen ent-

steht, sind auch die Hauptpunkte der platonischen Schrift-
kritik. Es ist eine andere Form der Tradition, der Weitergabe: Schriftlich Niedergelegtes wird leichter dem Buchstaben
nach bewahrt. Aber die Interpretation kann sich völlig wandeln, gerade weil man meint, im Schrifttext ja das Wesentliche unverlierbar zu haben. Dagegen stellt sich in der persönlichen Beziehung bei mündlicher Weitergabe meist
schnell heraus, ob der Lernende die Sache so auffaßt, wie sie
vom Lehrenden gemeint war. Diese Nichttrennung von Wissen und Person begründet einen anderen Typ von Wissenschaft: Weisheitswissen.

Heute geht eben dieser Wissenstyp fast in allen Bereichen
verloren. Die Kelten waren in kulturellen Angelegenheiten
erzkonservativ, in wirtschaftlichen dagegen sehr weltoffen.
Der Slogan „Laptop und Lederhosn" versucht etwas ähnliches für heute zu beschwören: im Bereich der instrumentellen Vernunft mit der Zeit zu gehen, das Wesentliche der Kultur aber bis in die äußeren Formen hinein zu bewahren. Nur
ist das heute nicht mehr so leicht zu trennen. Das Leben in
prekären Beschäftigungsverhältnissen, ob als Manager oder
Handlanger, prägt die Persönlichkeit umfassender und läßt
sich mit Gemütlichkeit vielleicht noch weniger vereinbaren
als mit Zen-Meditation.

Zu den Inhalten der druidischen Lehren schreibt Caesar:
„Vor allem wollen sie die Überzeugung hervorrufen, daß die Seelen nicht vergehen, sondern nach dem
Tode vom einen zum anderen wandern.[93] Sie glauben, daß die Menschen vor allem durch diese Lehre,
die die Todesfurcht beseitige, zur Tapferkeit angespornt würden."

Damit ist tatsächlich der Kern der Erfahrungsreligion angesprochen, die Aussöhnung mit der Sterblichkeit. Ob die keltische Reinkarnationslehre personales Wiedergeborenwerden meinte, ob sie das ausschloß, oder ob sie es nur für entsprechend entwickelte Menschen gelten ließ, wissen wir nicht. Ersteres freilich ist sehr unwahrscheinlich, denn eine so große Rolle gibt die keltische Kultur und bis heute auch die bayrische dem Individuum nicht.

Doppelt unverstandenes Brauchtum

Caesar erwähnt die auch archäologisch (etwa für Manching und Eglofstein[94]) bezeugten Menschenopfer. Er schreibt:

„Andere Stämme haben Gebilde von ungeheurer Größe, deren aus Ruten zusammengeflochtene Glieder sie mit lebenden Menschen füllen, sie werden dann von unten angezündet, und die von der Flamme Eingeschlossenen kommen um. Die Opferung der bei Diebstahl, Raub und anderen Verbrechen Ergriffenen ist nach ihrer Ansicht den unsterblichen Göttern am angenehmsten, aber so oft es an solchen fehlt, schreiten sie auch zur Opferung Unschuldiger."

Ein später Nachfahre davon ist das Verbrennen von Strohpuppen bei Sonnwendfeuern und anderen Festen. Der Brauchtumsforscher und Abgeordnete der „Bayerischen Patriotenpartei" Johannes Sepp schreibt: „In der Umgegend von Erding, Freising und Abensberg verbrennt man nach der Auferstehung den strohernen Ostermann mit der geweihten Kerze und streut am Ostermontag die Asche auf die Felder, um diese gegen Schauer zu schützen.[95] Teilweise wird

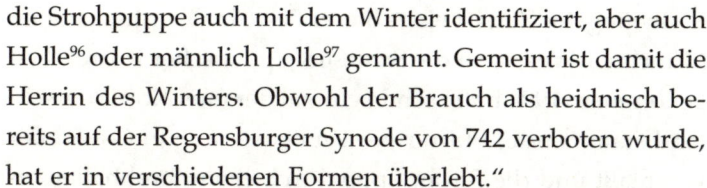
die Strohpuppe auch mit dem Winter identifiziert, aber auch Holle[96] oder männlich Lolle[97] genannt. Gemeint ist damit die Herrin des Winters. Obwohl der Brauch als heidnisch bereits auf der Regensburger Synode von 742 verboten wurde, hat er in verschiedenen Formen überlebt."

Ursprünglich wird nicht eine böse Macht vernichtet, auch nicht der Tod, vielmehr wird der tote Vegetationsgeist oder der Genius des vergangenen Jahres in die Erde gelegt oder verbrannt, damit er auferstehe.[98] Bezeichnend ist, daß die verkohlten Reste der Strohpuppen auf die Felder ausgebracht wurden, um die Fruchtbarkeit zu fördern. Ins Christentum hat man solche Riten zum Teil zu Fasnacht übernommen, also in einen Bereich verlegt, in dem sich Heidnisches ausleben konnte.[99] Dabei spielte eine Rolle, daß mit dem alten Jahr zugleich alte Rechnungen vernichtet wurden, so berichtet der Sammler der Bavaria aus der Eichstädter Gegend, daß der Strohpuppe alle Diebstähle und Vergehen des vergangenen Jahres angelastet wurden.[100] Andernorts verbrannte man auch alte Kleider und nahm damit symbolisch Abschied vom alten Jahr.

Eine andere Art des Menschenopfers war das Ertränken[101], woraus der Brauch des „Wasservogels" entstanden ist. Auch im alten Rom wurden Strohpuppen in den Tiber geworfen.[102] Das letzte Wasservogelfest in München fand im Jahr 1828 statt.[103] An anderen Orten wie in Neuburg an der Donau war es dank einem eifernden Pfarrer bereits 1639 von der Obrigkeit verboten worden. Das Judasbrennen war 1956 noch im Gebiet Dachau-Aichach-Schrobenhausen üblich.[104] In den Achtziger Jahren ist es dann sogar andernorts wieder neu aufgenommen worden.

In jüngster Zeit ist eines dieser Feste in Obermenzing im Münchner Westen in die Schußlinie politischer Korrektheit gekommen: 1994 hatte schon einmal der (aus Norddeutschland stammende) Pfarrer die Umbenennung in Osterfeuer veranlaßt und die Strohpuppe durch einen Strohballen ersetzt, doch dann hatte sich die Tradition wieder Bahn gebrochen. Nun ereifern sich Antifa-(Maul-)Helden, die es makaber finden, in einer Zeit, in der es Brandanschläge auf Menschen gibt, Strohpuppen - egal welcher Herkunft - zu verbrennen, und Sentimentalisten, die glauben, daß man dies in echt (im Gegensatz zum Fernsehen) Kindern nicht zumuten könne.[105] Ein Journalist der linken „Tageszeitung" in Berlin schrieb gar, in einem Münchner Vorort würden symbolisch Juden verbrannt. Dabei war nicht nur der Pfarrrer päpstlicher als der Papst, sondern auch die Deutschen jüdischer als die Juden. So machte der Bezirksausschuß des Stadtteils zur Auflage für eine Genehmigung des Judas-Feuers, daß die Veranstalter das Gespräch mit der jüdischen Gemeinde suchen. Diese hatte zwar außer dem Namen nichts einzuwenden, aber es ist bezeichnend für unseren kulturellen Koloniestatus, daß Vertreter der jüdischen Kultur zur richtenden Instanz über bayrisches Volksbrauchtum werden sollen.

Das Groteske an dieser falsch verstandenen, traditionsfeindlichen politischen Korrektheit ist, daß es gerade die Kirche gewesen ist, die – Jahrhunderte lang Hexen verbrennend – den Unterschied im Spiel der Naturkräfte einebnete: einerseits die Kräfte des Mitwirkens am Gang der Natur, andererseits jene der Zerstörung, beide für das Gleichgewicht der Natur notwendig, keinesfalls aber streng in gut und böse zu spaltend. Die Ignoranz dieses notwendigen Wechselspiels legte den Grund für den blinden Ausmerzungsfanatismus aller späteren politischen Richtungen. Das Mißverständnis und der Name des Judasverbrennens ist durch den kirchlichen Zwang zur Uminterpretation eines alten Vegetationskults zustandegekommen, wobei der Vegetationsgeist (der eigentlich das Vorbild der Christus-Gestalt ist) zum Bösewicht, zu Judas oder einer Hexe dämonisiert wurde. Denn der Geist der alten Zeit war für die Kirche der Geist des Unglaubens - und der war böse.

Im Heidentum war das ehemalige Menschenopfer längst zu einem solch symbolischen Akt humanisiert. Die Kirche war es, die um der reinen Lehre willen das Menschenopfer in Gestalt von Hexen- und Ketzerverbrennungen wieder einführte. Auch die „Wasserprobe", eine Form ritueller Ertränkung, wurde von der Kirche zur Vernichtung Andersdenkender eingesetzt. (Es ist freilich merkwürdig, daß die keltische Form der Wasserprobe - wenn sie von griechischen Schriftstellern richtig überliefert ist und nicht alle eine verdrehte Darstellung voneinander abgeschrieben haben - im Unterschied zur mesopotamischen den Prüflingen kaum eine Chance ließ, weil eben das Untergehen als Unschuldszeichen gewertet wurde, das aber dann dem Ertrunkenen auch nichts mehr half.[106]) Die Schuld der eigenen, die Welt in gut und böse spaltenden Lehre wird nun der Tradition in die Schuhe geschoben. Die Tradition des kirchlichen Antijudaismus wird verleugnet und die alttestamentarische Bilderfeindschaft neu belebt. Der leidende Christus dominiert gegenüber dem Auferstandenen, an den man nicht mehr so recht glauben kann, und damit predigt man eine Religion, in der die Nachfolge Christi darin besteht, Opfer zu sein.

Hier finden wir vielleicht auch einen Grund für den religiösen Widerborst im Bayern: Die uralten Zusammenhänge der Natur ahnend, saugt er aus den Wurzeln seiner naturreligiösen Herkunft die Freude am alten Brauch, hält an heidnischen Riten fest (auch wenn er sie sich gelassen christlich verpacken läßt), schafft es im Katholizismus sogar, die barocke Freude über das Opfersein zu stellen. Nur ist sich der Bayer dessen oft gar nicht mehr bewußt. Er hält an Bräuchen fest, deren Sinn er vielleicht erahnt, nicht aber gegenüber seinen Kritikern verteidigen kann. Denn diese Art der Tradition konnte über Jahrhunderte nur äußerlich weitergegeben werden, da seine Köpfe (die heidnischen Priester oder Weisen) gekappt waren. Ja, in gewisser Weise ist das Mißverstehen des Brauchs die Bedingung seines Überlebens gewesen, denn wäre er als heidnisch und nichtdualistisch verstanden worden, hätte ihn die Kirche bekämpft. Trotzdem: Auch unter dem offiziellen Namen und in der Sprachlosigkeit der Volkskultur ist der Kern solcher Bräuche in der Tiefe der Psyche verstanden worden. „An den Judas denkt eigentlich niemand", schrieb ein Volkskundler bereits im 19. Jahrhundert. Das war nur der offizielle Name.

In der heidnischen Vorstellung ist der Vegetationskönig oder der Geist des alten Jahres nicht „böse", nicht deshalb muß er sterben, er unterliegt nur dem Schicksal alles Irdischen, und aus seinem Tod geht das neue Leben hervor, deshalb wird seine Asche auf die Felder gestreut. Auch der Drache ist als Sinnbild des sich in die Erde zurückziehenden Teils des Jahres und des Vergangenen, so des Ahnengeistes[107], nicht ursprünglich böse. Daß das Volk die Uminterpretation in christlich-verteufelnde Kategorien mitvollzog, liegt nur daran, daß dies der Preis für die Beibehaltung des Kults war, den die Bauern sicher als notwendig für die Erhaltung der Fruchtbarkeit einschätzten. Mit der Zeit freilich hat die christlich-dualistische Interpretation auch im Gemüt der Menschen Platz gegriffen, so sehr, daß umgekehrt das, was besiegt wird, auch böse sein muß, das ist die Grundlage der neuzeitlichen Anbetung der Macht.

Die Wirkung der Gewaltdarstellungen, die das Gros christlicher Heiligenlegenden ausmachen, ist nicht zu unterschätzen. Sie wirken auf die Seele der mit ihnen aufwachsenden Menschen, auch wenn der bäuerliche Mensch darunter immer den symbolischen Gehalt zu sehen versuchte.

Gute Kontakte zur Anderswelt

Im erfahrungsreligiösen Kontext wurde das zum Opfer vorgesehene Tier oder der Mensch besonders geschmückt und auch besonders pfleglich behandelt. So hatte der zum Opfer ausersehene Widder Zutritt zu allen Häusern und bekam dort die besten Bissen zugesteckt. Der letzte Nachklang davon ist die Henkersmahlzeit. Schließlich ist der Getötete ja immer auch Bote in die Anderswelt.

Die meisten Opfer freilich waren unblutig: Sitten wie das Füttern von Quellen mit Brot und Käse oder des Windes mit Mehl hat sich mancherorts, wie im Kleinwalsertal, erhalten.[108] Auch in der Oberpfalz streute man Mehl in den Wind. Hier deuten die Namen auf Reste eines Wotanskultes. Zum Kinderschreck geworden ist er als „Woutzl". In einer Lokalsage von Neuenhammer an der Pfreimd ist er zu einem zauberkundigen König Woud geworden. Seine Frau heißt Freid.[109]

Als segensreich gilt der Dreikönigswind. Ihm öffnet man Türen und Fenster, damit er Glück ins Haus trägt.[110] Der Übergang zur wilden Jagd ist fließend, ihr muß man die Fenster öffnen, damit sie das Haus nicht zerstört. Beim Heuen und Fruchtschneiden läßt man etwas für die Holzfräulein liegen.[111] Sehr weit verbreitet ist die Vorstellung, daß die Holzfräulein ständig auf der Hut sind, nicht von den Riesen oder der wilden Jagd zerrissen zu werden.[112]

Mit Prunk in die Unterwelt

Während die Germanen ihre Toten verbrannten, übten die Kelten Erdbestattung.[113] Man kann darin ein Indiz einer stärker auf die Unterwelt ausgerichteten Religion sehen. Caesar (VI, 18) überliefert zudem, daß die Kelten sich rühmten, vom Gottvater (dem Unterweltsgott) abzustammen, und beschreibt dann Sitten, die auf Reste von Matrilinearität (Mutterrecht) hindeuten, nämlich einerseits das Zählen nach Nächten statt nach Tagen, andererseits, daß der Sohn ganz in der Familie der Mutter, nicht des Vaters aufwächst und sich mit diesem auch nicht vor Erreichen des Mannesalters in der Öffentlichkeit zeigt. Caesar erwähnt den Aufwand, den sie für Begräbnisse treiben. Die Freude an einer schönen und großen „Leich" ist in Bayern erhalten geblieben.[114] Prunkvolle Leichenschmäuse waren immer wieder Gegenstand kirchlicher Proteste.[115]

Auch die Zurschaustellung von Schädeln und Gebeinen, das schon dem griechischen Schriftsteller Poseidonios bei den Kelten aufgefallen war, hat ihre Fortsetzung gefunden: Weitnauer vermutet, „daß mit der im 17. Jahrhundert in den katholischen Gegenden Baierns und Schwabens aufgekommenen Sitte, die Skelette von Heiligen und Märtyrern in prunkvoller Gewandung und zum Teil unter geradezu erdrückendem Schmuck in den verglasten Schreinen der barocken Altäre zur Schau zu stellen, eine uralte Hinneigung des bäuerlichen Volkes zur Heroenverehrung, zum Gräberkult und Begräbnispomp noch einmal zum Durchbruch kommt"[116].

Götter und Ahnen

Prägnant äußert sich die Weltanschauung einer Kultur zumeist in den Göttergestalten, die sie ausprägt. Wir wollen uns einige einmal anschauen, auch wenn das keltische Pantheon etwas eigenartig Verschwommenes hat, wie Caesar uns berichtet:

„Unter den Göttern verehren sie am meisten Merkur. Er hat die meisten Bildnisse. Ihn halten sie für den Erfinder aller Künste, den Führer auf Wegen und Wanderungen, ihm sprechen sie den größten Einfluß auf Gelderwerb und Handel zu. Nach ihm verehren sie Apoll, Mars, Jupiter und Minerva. Von diesen haben sie ungefähr dieselbe Vorstellung wie die anderen Völker."

Caesar bezeichnet die Götter mit den seinem römischen Leser vertrauten Namen. Die Götter der Erfahrungsreligion sind ja ganz etwas anderes als der Gott der Offenbarungsreligion (vgl. oben zum Wolpertinger). Sie sind Qualitäten, aus denen die Welt gebildet ist, die Grundcharaktere des Seins, die sowohl in der Natur draußen als auch in den eigenen Regungen, Gefühlen und Stimmungen erfahren werden. Ein erfahrungsreligiös denkender Autor setzt deshalb voraus, daß auch andere Völker im Prinzip ähnliche Qualitäten erfahren, wenn auch landschaftlich und klimatisch modifiziert, kulturell anders benannt und durch Genealogie miteinander in Verbindung gebracht. Wir finden auch tatsächlich bestimmte Formen wie den Hammergott, den Reitergott, die Schlangengöttin überall wieder.

Freilich ärgern wir uns heute, daß Caesar uns nicht die keltischen Namen überliefert, aber um das Fortleben der Archetypen im bairischen Bereich zu verstehen, helfen uns vielleicht sogar die römischen Namen weiter, denn die keltischen Götter wurden in den ersten 500 Jahren unserer Zeitrechnung romanisiert. Und die keltischen Götter sind zu unscharf in ihren Bereichen voneinander abgegrenzt[117], als daß sie sich zur Charakterisierung von Archetypen eignen würden.

Beim Teutates!

Der als Merkur bezeichnete Gott ist vielleicht Teutates, er entspricht eher dem germanischen Wotan / Odin, denn keineswegs vertritt er so sehr den profanen Handel, von dem der lateinische Merkur manche Züge von Untertänigkeit und sich Durchwinden hat, was den Kelten wie den Altbayern immer sehr fremd geblieben ist. „Sie achten der Kaufmannschaft nit" schreibt Aventin. Der keltische „Merkur" ist ebenso der zentrale Gott der Druiden, wie Taranis jener der Ritter. Der griechisch-römische Hermes-Merkur ist freilich der Führer in die verborgenen Geheimnisse und in die Anderswelt, und wie Wotan der Führer der abgeschiedenen See-

72

len durch die Lüfte und Totenherr ist, so ist auch Hermes-Merkur der „Seelengeleiter".

Teutates dürfte auch der dreiköpfige Gott mancher Darstellungen sein.[118] Westenrieder berichtet in seiner 1782 erschienenen „Beschreibung von München", daß noch Ende des 18. Jahrhundert in der Torwächterstube am Münchner Neuhauser Tor ein Dreikopf in den Farben schwarz-weiß-rot gezeigt worden sei, angebliches Relikt eines Heidentempels an dieser Stelle.[119]

Was ist der Kern der Hermes-(Merkur)-Teutates-Gestalt? Es ist die Herme: Die Herme ist Wegweiser und insofern reale Inkarnation des Wegweisenden in der Welt, die Herme ist aber auf der anderen Seite auch Grenzpfahl, und sie verläßt die Zweidimensionalität des Weges, sie weist zugleich in die dritte Dimension. Die Gestalt des Hermes-Merkur könnte man als die Atmosphäre der Grenze fassen - aber auch deren Überschreitung -, des Weges (der immer eine doppelte Richtung hat), ja, der Moira oder, uns heute verständlicher, des Tao. Hier liegt der Keim dazu, daß er zum Allgott werden kann, denn er ist eine Seite des Grundgeheimnisses der Welt. Unmittelbar zeigen kann er sich deshalb in Hermen, weil diese als Wegweiser dienen und damit real ein Stück von seiner Funktion übernehmen.[120] Elementarer Dienst an Hermes ist es, dem Steinhaufen einen Stein hinzuzufügen, ein Stück der Entropie entgegenzuarbeiten. Die Hermen weisen aber auch auf einen phallischen Charakter.[121] Hermes-Merkur ist der Fruchtbarmacher; insofern dies im Makrokosmos der Blitz ist, ist er Sohn des Zeus-Jupiter. Im Mikrokosmos entspricht dem der geniale Einfall, der Glück bringt. Jede Chance gilt als Geschenk des Hermes.[122]

Hermes ist der Gott des Humors. Das Wort Humor kommt von Flüssig-sein. Humor ist die Flüssigkeit, der Saft. Das Wasser findet überall seinen Weg. Und in nächtlicher Gestaltauflösung hat auch er, der Aktive, seine Rückbindung an den Geist der Erfahrungsreligion, die tief in der Wahrheit des schöpferischen Grundes des Allebens wurzelt.

Grenze, Weg und Transzendenz gehören, wie jeder halbwegs naturbelassene Fluß uns lehren kann, als eine Dreiheit zusammen. Wer den Weg ohne Grenze will, wird zum Händler, wer die Grenze ohne Weg, zum Geheimnistuer. Wirkliche Transzendenz gibt es für keinen von beiden. Die neuzeitliche Spaltung der Welt reißt Hermes mitten entzwei. Das Wort „hermetisch" hat in Verbindung damit einen Bedeutungswandel von Öffnung zu Verschlossenheit durchgemacht.[123] An Hermes, den Dreimalgrößten, wie er in der Spätantike heißt, knüpft sich die Vorstellung von einer esoterischen Geheimlehre, die durch die Gestalten der Mythologie verhüllt ausgedrückt werde. Die ursprüngliche Dreiheit ist die von Grenze, Weg und Herme.

Der griechische Schriftsteller Lukan berichtet von Teutates, daß die ihm geweihten Opfer in einem Kessel ertränkt wurden; aber der Kessel ist auch das Attribut des Herrn der Unterwelt. Die volkstümliche Bezeichnung „Abrahams Wurstkessel", für das Tuch, in welchem auf manchen mittelalterlichen Fresken der jüdisch-christliche Stammvater Abraham die Seelen der Verstorbenen versammelt, dürfte auf alte Vorstellungen vom Gott mit dem Kessel, der den Tod in Leben umschmilzt oder braut, zurückgehen.

Eine andere Gestalt, in der Teutates nach der Christianisierung weiterlebt, ist St. Veit mit dem Kessel. Caesars Satz,

Teutates taucht die ihm geweihten Opfer in einen Kessel; Detail des Kessels von Gundestrup im Nationalmuseum Kopenhagen.

die Kelten glaubten, vom Totengott abzustammen, wäre wohl eher umzudrehen: Sie betrachteten ihren Ahnherrn als den Herrn der Anderswelt. Und die christianisierten Bayern nannten den Stammvater und Kesselgott eben nach dem biblischen Stammvater Abraham.

Eine weitere Form, in der sich Hermes-Merkur als Totengeleiter verchristlicht wiederfindet, ist Christopherus, der christliche Überwinder des trennenden Flusses. Er hat in byzantinischen Darstellungen noch einen Hundekopf wie der ägyptische Totengott Anubis, der den Isissohn Horus sicher über den Nil getragen hat. Daß Christophorus auch Behüter der Schatzsucher ist, kann einerseits mit deren unterweltlichem Charakter zu tun haben, andererseits aber auch damit, daß er Züge des riesenhaften Schatzhüters Thor übernimmt.[124] Weil man sagte, daß, wer einen Christopherus gesehen hat, an diesem Tag nicht eines unvorbereiteten plötzlichen Todes sterben wird, hat man ihn oft riesengroß außen an die Kirchen gemalt, damit ihn die Bauern beim Gang aufs Feld sehen konnten, ohne in die Kirche gehen zu müssen. Erst zum Patron der Autofahrer verkommen, hat man ihm schließlich auch kirchlicherseits das Existenzrecht genommen, weil es nach der Vorstellung heutiger Glaubenshüter eben keine Riesen gibt.

Succelus – das Bier weckt Tote!

Eng verwandt ist damit der keltoromanische Succelus, der Hammergott, der - ursprünglich wohl ein Totengott - zum Gott des Brauergewerbes wurde, eine echte Hades-Dionysos-Gestalt, die den Tod als Verwandlung faßt. Zu ihm gehört als Opfertier der Hund.[125] Es ist die Verwandlung vom Tod zum Leben, die den Hammergott zum Brauer werden läßt. Wir erahnen diese Beziehung, wenn wir W. F. Ottos Beschreibung der Weinreife lesen:

„Der geheimnisvolle Prozeß der Gärung und Reifung des Weines vermag selbst heute noch bei Weinbauern und Kennern Vorstellungen hervorzurufen, die von Ferne an Mythisches erinnern. Sie sehen ihn wie ein lebendiges Wesen an, das sich aus dem chaotischen Brausen des Jugendalters stufenweise zur Klarheit und Kraft durchbildet. Dabei kommt es vor, daß, wenn die Reifung beendet und der höchste Grad an Klarheit und Güte erreicht scheint, die chaotische Bewegung von neuem einsetzt, wie bei einem Menschen, der in die Pubertät zurückfiele, um den Weg der Entwicklung nocheinmal zu durchlaufen und nun zu noch edlerer Klärung emporzusteigen. Man glaubt sogar an eine geheimnisvolle Sympathie zwischen den der Reife entgegengehenden Weinen und hält es für unvorsichtig, sie wahllos miteinander in Berührung zu bringen, weil die individuelle Entwicklung durch die Nachbarschaft befördert oder gestört werden könne. Durch seine Wandlung scheint der Wein die draußen empfangene Sonnenglut wieder hervorzubringen und ein alter Volksglaube meint, daß er mit dem Leben der Natur in Zusammenhang bleibe. Daher soll die erneute Bewegung des reifenden Weines im Frühjahr, wenn die Reben blühen, zu erklären sein."[126]

Das Arbeiten des Weines im Dunkeln der Keller geschieht im Winter und ist anschauliche Parallele zum nur scheinbaren Tod der Natur. Auch die zweite Pflanze des Dionysos, Efeu, blüht im Herbst und trägt im Frühjahr Früchte.

Rad und Hörner

Der pferdegestaltige, aber mit Menschenkopf dargestellte keltische Himmelsgott Taranis – er ist auch der Radgott – hat seine römische Entsprechung vermutlich in Jupiter. Beim Rad handelt es sich wohl um ein Symbol der Sonne und zugleich des Kreislaufs des Lebens. Die Prozedur des Räderns ist vermutlich aus einem Opfer an den Radgott hervorgegangen.[127] Eine weitere Reminiszenz sind die getrockneten Stierköpfe, die in Süddeutschland und in der Schweiz bis

77

ins 19. Jahrhundert als magische Blitzableiter verwendet wurden.[128] Der Stier ist das Opfertier des Donnergottes, im Keltischen besonders ausgeprägt als dreigehörnter Stier.[129]

Auch der keltische Lug - primär ein Sonnengott[130] - kommt als Analogie zu Jupiter in Frage. Bei Caesar scheint er eher mit Apollo gleichgesetzt. Caesar betont allerdings an Apoll vor allem dessen Heilkunst, was besonders dem Apollon Grannus, der unter anderem in Faimingen (Phoebiana von Phoebus Apoll) weiterlebt, entspricht, dessen Partnerin Sirona ganz wie die römische Heilgöttin Salus mit Schlange und Schale dargestellt wird.

Der keltische Gott, den Caesar Mars nennt, ist wahrscheinlich Esus, dessen Opfer an Bäume gehängt wurden[131] und der von den Alemannen später mit ihrem Ziu gleichgesetzt wird. Noch heute heißt in Schwaben der Dienstag (Wotanstag) Ziestag[132], in Niederbayern Erch- oder Irchtag, was mit dem sonst Irmin genannten Gott zusammenhängt.[133]

Minerva ist wohl die keltische Rigani, die Eulengöttin[134], im Westkeltischen auch mit Birgit oder Brig[135] gleichzusetzen. Auch die Athena Minerva des mittelmeerischen Bereichs ist keineswegs nur eine lichte Göttin. Sie ist die Schüttlerin der Aigis, einem Schaffell. Wenn die Aigis tatsächlich Wolken bedeutet – bzw. die Kraft, Wolken hervorzubringen (und die Analogie zu Regenzauberritualen verschiedenster Kulturen ist plausibel) -, dann ist Pallas Athene tatsächlich eine Art griechischer Frau Holle.

Der Unterweltgott, den Caesar Dispater nennt und von dem die Kelten sich herleiten, könnte sowohl der Hammergott Sucellus als auch der Gehörnte, Cernunnos, sein. Cernunnos[136], der Gott der Wachstumskräfte und Herr der Tie-

re, wird zunächt mit dem Herdenvermeher Pan und schließlich auch mit Merkur, der im griechisch-römischen Bereich
als Pans Vater gilt, gleichgesetzt. Cernunnos hat keine eigentliche Entsprechung in der griechisch-römischen Kultur,
dort ist die Herrin der Tiere eine weibliche Gottheit: Artemis-Diana. Cernunnos verweist uns, wie wir schon bei der
Herkunft des Wolpertingers gesehen haben, auf eine ältere
Schicht, die bis in die Wildbeuterkulturen zurückreicht. Im
Keltischen ist er auch ein unterweltlicher Gott der Lebenserneuerung, in dem der düstere Unterweltgott Hades und der
Rauschgott Dionysos verschmelzen. Sein Name ist in römischer Zeit Serapis. Auch der dem mythischen Denken noch
nahestehende griechische Weise Heraklit hatte ja formuliert:
„Einer sind Hades und Dionysos." Heraklit bringt damit zum
Ausdruck, daß der Herr der Toten und der Unterwelt zugleich der Gott der Lebenserneuerung ist, weil alles Einzelleben, wenn seine Zeit abgelaufen ist, wieder eingehen
muß in den gemeinsamen Grund, aus dem es, neu konfigu-
riert als das Selbe oder als ein Anderes, wieder hervorgeht.

Vielleicht in Gleichsetzung mit dem römischen Merkur
hat Cernunnos manchmal Flügel statt Hörner am Kopf. Als
Attribut hat er aber auch die Schlange[137], so daß auch der
Drache, der in Europa wie in Asien mit Wasser und Fruchtbarkeit zu tun hat, in unseren Breiten als Restform eines Cer-
nunnos-Numens betrachtet werden kann. In anderen Regionen erscheint drachenartig der Kronos-Aion, und so mancher Drachenkampf eines Heiligen mag sich auf die Stürzung
eines drachenartigen Götzenbildes beziehen.[138] Das Wort
Drache kommt aus dem Lateinischen, und die Vorstellung
einer Verschmelzung von Erd- und Luftwesen in einer Ge-

stalt dürfte bei uns auch aus dem Mittelmeerraum eingeführt worden sein. Es gibt bis in die Neuzeit hinein in Bayern sogar Drachensagen, bei denen die positiven Eigenschaften überwiegen, wie beim Drachen von Kierwang. Der Drache ist ein Fruchtbarkeitsbringer, und der akzeptierte Preis
dafür scheint gelegentlich ein Tier oder ein Mensch zu sein.[139]
Die Verbundenheit von Leben und Tod ist der Kern der Erfahrungsreligion. Hochzeiten und Totenmahle gehören, wie
schon Aventinus bemerkte, zusammen.

Großkopferte und Zwerge

Der keltische Künstler unterscheidet Menschen und Götter vor allem dadurch, daß letztere übergroße Köpfe haben.
In Bayern redet man noch heute von Leuten gehobenen Stan-
des als „Großkopferte".[140]

Typisch für keltische Gottheiten ist die Haltung mit ab-
gewinkelten Armen, die sich auch noch bei Dämonendar-
stellungen romanischer Kirchen findet, so etwa im Kreuz-
gang von Steingaden.[141]

Keltoromanischer Herkunft sind die Vorfahren unserer
Zwerge, die Genii Cuculati. Der Name Goggolori ist wohl
eine Verballhornung davon. Im Griechischen entspricht ihm
Telesphoros, der Geist der krisenhaften Wendung zum Beispiel einer Krankheit.[142] Die Genii Cuculati sind wohl jene
unterweltlichen Kräfte, die das Zugrundegegangene wieder
zu neuen Lebenskeimen gestalten.

Keltisch sind die Flußnamen Isar (vgl. Isere in Frankreich,
Isarco in Südtirol und Norditalien und Iser in Böhmen[143]),
Inn, Regen, Sempt, Abens, Amper, Lech, Laaber.[144] Auch un-

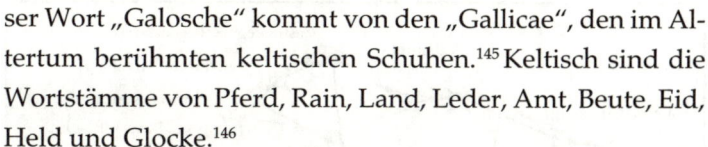

ser Wort „Galosche" kommt von den „Gallicae", den im Altertum berühmten keltischen Schuhen.[145] Keltisch sind die Wortstämme von Pferd, Rain, Land, Leder, Amt, Beute, Eid, Held und Glocke.[146]

Das berühmteste Fundgut in Bayern aus keltischer Zeit sind die Regenbogenschüsselchen, jene merkwürdigen kleinen, schüsselförmigen Münzen aus Gold und Elektron, von denen die Bauern, die sie beim Pflügen fanden, meinten, sie entstünden da, wo ein Regenbogen die Erde berühre. Noch Goethe war sich nicht ganz sicher, ob es sich um Natur- oder Kulturprodukte handle, so fremdartig waren die stilisierten Ornamente.

Damit ist nur angedeutet, wie sehr das Erbe jener Zeit im heutigen Bayern pulsiert, welche Kontinuität sich heraufzieht durch die Jahrtausende. Das ist die älteste bennenbare Schicht unserer bayrischen Volksseele. Die nächste ist die der Römerzeit.

Die Römer

„Als die Römer frech geworden" - ließen die Kelten sie ins Land. Denn sie waren ihnen allemal lieber als die Nachbarn im Norden, derer sie sich zu dieser Zeit schon kaum mehr erwehren konnten.

Die bayrischen Kelten (Vindeliker und Noriker) scheinen der römischen Invasion wenig Widerstand entgegengesetzt zu haben. Caesar hatte bezüglich der Gallier bereits deren Furcht ausgenützt, den Germanen zum Opfer zu fallen. Etwa um 50 v. Chr. hatten jene Germanen Manching zerstört. Damit ist eine Kontinuität der bayrischen Geschichte begründet, sich lieber als nordalpiner Vorposten einer mediterra-

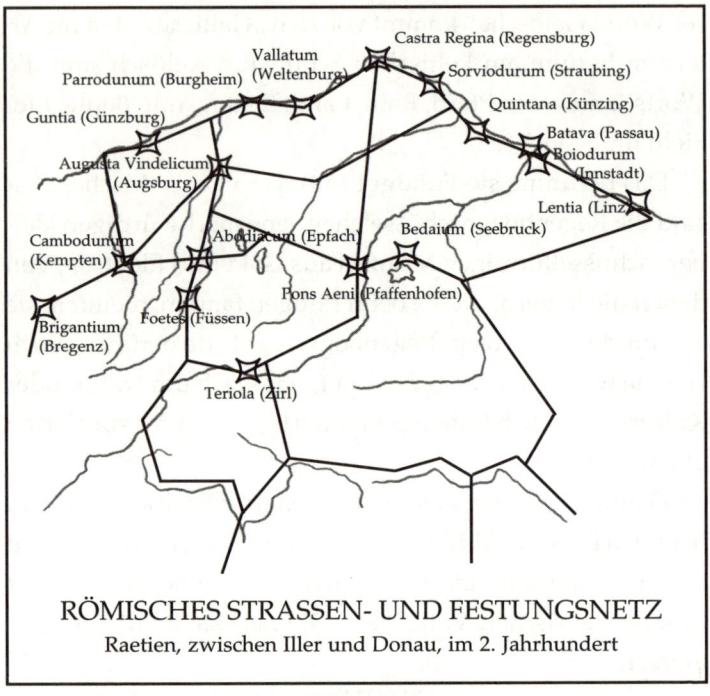

RÖMISCHES STRASSEN- UND FESTUNGSNETZ
Raetien, zwischen Iller und Donau, im 2. Jahrhundert

nen Kultur denn als Ostmark eines nordischen Reichs zu definieren. Wo die „Bayern" die Freiheit hatten, haben sie meist diese mediterrane Variante gewählt.

Der Preußenhass ist ein verspäteter Reflex der Abneigung gegen die unzivilisierten und kriegerischen Nordlinge, war doch die Fußbodenheizung römischer Villen eine viel weniger zweifelhafte Errungenschaft als die Nibelungentreue. F. H. Mößlang schreibt, mit Preußen meinen die Bayern „jenen unangenehmen Typ von Deutschen, der auch ohne Uniform ein Komißkopf geblieben ist, servil nach oben, autoritär nach unten, taktvoll nur im Gleichschritt, fortschrittsfähig nur in der Kolonne, herrisch und machtlüstern auch in Zivil"[147].

82

Die Fundlage für die Kontinuität über den Herrschafts-
wechsel hindurch ist dürftig. Dennoch ist sie die einzig ver-
nünftige Annahme, denn wohin sollten die Kelten, die uns
so viele Viereckschanzen hinterließen, plötzlich gekommen
sein? Der Alpenrand dürfte nach der Aufgabe von Manching
sogar dichter besiedelt gewesen sein als das nördliche Bayern. Erst unter Kaiser Claudius (41-54) beginnt die Verlage-
rung des Romanisierungsschwerpunkts an die Donau. Auch
der Ausbau der Verkehrsverbindungen mit Reschenpaß und
Brennerstraße fällt in die Jahre 46/47 n. Chr., Bregenz
(Brigantium) und Salzburg (Juvavum) erhielten Stadtrecht.[148]
Das ist Anzeichen dafür, daß die römische Machtübernah-
me keineswegs die Gegend entvölkert hat.

Bayern - Provinz eines Weltreiches

Bayern hieß jetzt Rätien und Noricum. Die Binnen-Gren-
ze war der Inn. Die Grenze Rätiens zur Provinz Obergermanien bildete die Wutach[149].

Am 1. August 15 v. Chr. fand im Quellgebiet der Donau
das letzte Gefecht des rätischen Feldzugs – Römer gegen
Kelten - von Tiberius und Drusus statt.[150] Sechzig Jahre später wurden Rätien und Noricum formell römische Provinzen. Sie wurden damit Teile eines Weltreichs, einer Welt-
wirtschaft und einer Kultur, in der uns einzelne Individuen
faßbar werden. Auf Grabsteinen kennen wir zum ersten Mal
Name und Portrait. Manche damalige Handwerkstechnik
wie die der Terra sigilata des 1. und 2. Jahrhunderts mit einem speziell aufbereiteten Feintonüberzug ist bis heute nicht
wieder herstellbar.[151] Das Produktionszentrum in Bayern bei

Rosenheim (Westerndorf und Pfaffenhofen) war ein Ableger der in Obergermanien marktbeherrschenden Fabrik von Rheinzabern (Tabernae). Bayern ist jetzt Teil eines Weltreichs, und so findet sich nicht nur einheimische Produktion in bayrischen Haushalten, Öllampen zum Beispiel werden bis aus Nordafrika importiert. Zur Römerzeit konnte man schneller und gefahrloser von Paris nach Konstantinopel reisen als um 1800.[152]

Die Blütezeit des römischen Rätiens ist identisch mit der des Kaiserreichs unter den Flaviern und den Adoptivkaisern (70-180 n. Chr.). In dieser Zeit konnte man glauben, daß Roms Herrschaft eine ewige sein werde, und der Kaiser Antoninus Pius, der die 900-Jahr-Feier der Stadt pompös beging, drückte seinen Willen zum Frieden in dem Satz aus, daß ihm das Leben eines römischen Bürgers wertvoller sei als der Tod von tausend Feinden.[153]

78-80 n. Chr. wurden die Kastelle von Günzburg, Kösching und Abusina (Eining bei Kelheim) und Boiodurum (Passau) erbaut. Die letzten beiden befinden sich im unmittelbaren Einzugsbereich alter keltischer Orte. Quintana (zwischen Vilshofen und Osterhofen) gibt heute noch dem Ort Künzing den Namen. Der Name Boiodurum bezieht sich auf den keltischen Stamm der Bojer, der in Böhmen saß. Noch im Jahr 69 versuchte der Bojer Mariccus, Gallien von der römischen Herrschaft zu befreien. Er beanspruchte dabei die Würde eines Gottes.[154] Im Lauf des 2. Jahrhunderts verlagerte sich der kritische Punkt der römischen Nordgrenze vom Rhein an die mittlere Donau, sozusagen an Bayern vorbei. Bayern geriet nie zum militärischen Brennpunkt, so daß diese Grenzprovinz weniger von regulären Truppen als von

Hilfstruppen und halbbäuerlichen Grenzmilizen geprägt war.[155]

Hauptstadt der Provinz war zunächst Campodunum, das heutige Kempten. Die Stadt dürfte überwiegend von Kelten (Estionen) bewohnt gewesen sein, jedenfalls übertrifft die Zahl der gefundenen Weihegaben im keltischen Heiligtum die der im römischen Tempel bei weitem.[156]

In Epfach waren etwa 80, in Eining 500[157], in Augsburg etwa 3000 römische Soldaten stationiert. Augsburgs zivile Blüte beginnt mit der Erhebung zum Municipium durch Hadrian, der im Jahre 121 die Provinz Rätien besuchte.

Unter Hadrian (117-138) beginnt sich der scharfe Gegensatz von Zivilsiedlungen und Militärlagern aufzulösen. In der Folgezeit verbäuerlichen die Hilfstruppen und die Grenzmilizen zunehmend. Der Kaiser Septimius Severus (193-211) erlaubt dann auch den regulären Soldaten die Vollehe und das Zusammenleben der Familie außerhalb des Lagers.[158]

Die severische Dynastie bedeutet eine zweite Blütezeit Rätiens. Rechtlich bringt sie die Gleichstellung der Provinzialen mit römischen Bürgern durch die Constitutio Antoniniana (Erlass des Antoninus Caracalla im Jahr 212), wenn diese auch hauptsächlich dadurch motiviert war, die Provinzialen zur Erbschaftssteuer heranzuziehen[159], die vorher nur von Vollbürgern zu leisten war. Die Erhöhung des Soldes von 375 auf 500 und schließlich 750 Denare durch die Dynastie, die als erste ihre Herrschaft ganz auf das Militär stützte, wirkte in den Grenzprovinzen als Wirtschaftsanreiz, während sie in den entwickelten Gebieten mit der Erhöhung des Steuerdrucks eher lähmte.

Beste römische Lage

Auch wenn nicht allzuviele Ortsnamen von der römischen Zeit zeugen, so finden sich doch immer wieder Spuren der römischen Vergangenheit. Peiß bei München dürfte auf ein Bitanum zurückgehen.[160] In Bedaius ist uns der Name des keltoromanischen Gottes des Chiemsees erhalten[161], Bedaium der alte, römische Name Priens. Villen und Güter wurden mit Vorliebe in Hanglagen zwischen feuchte Niederungen, die sich zur Viehhaltung eigneten, und trockenen Höhenlagen, auf denen Ackerbau betrieben wurde, angelegt. Aber auch den landschaftlichen Ausblick schätzten die Römer, man denke an die Villa am Südhang des Hexenberges bei Treuchtlingen.[162] Das Gut hatte seinen Absatz sicher nicht zuletzt im fünf Kilometer entfernten Weißenburg.

Die größte römische Villa, deren Fußbodenmosaik ein Prunkstück der Prähistorischen Staatssammlung in München ist, wurde bei Westerhofen (nördlich von Ingolstadt) ausgegraben. Auch die Landgüter und Handwerkerdörfer entstanden größtenteils im Gefolge des Militärs. Nur wenige konnten sich halten, wenn das Militär wieder abgezogen wurde.

Faimingen wiederum vedankt seine Bedeutung dem Heiligtum des Apollo Grannus. Der Beiname Grannus verweist auf die Gleichsetzung mit einem keltischen Gott. Dargestellt wird er wie der griechische Apollon Lykaios, nur daß ihm statt der Schlange ein Greif zugeordnet ist, der im römisch-griechischen Bereich das Tier der Radgöttin Nemesis ist. Kaiser Caracalla, der anno 212 allen Provinzialen das Bürgerrecht verlieh, besuchte das Quellheiligtum im selben Jahr. Bei Gelegenheit seines Aufenthalts in Rätien unternahm

Caracalla einen Präventivschlag gegen die Chatten weit ins germanische Gebiet hinein, der den Römern noch einmal 20 Jahre Respekt verschaffte.[163]

Grenzen

Die Römer konturierten in unserem Raum zum ersten Mal deutliche Grenzen. Man kann ihre geographischen Vorstellungen auf der Peutingerschen Tafel, einer mittelalterlichen Kopie einer römischen Straßenkarte mit Entfernungsangaben, nachvollziehen. Baiern zog sich bis 1778 deutlich (und mit dem Chiemgau auch heute noch) ins alte Noricum hinein, der Hauptteil aber gehörte zu Rätien. Nach Norden reicht Altbayern bis heute ziemlich genau so weit wie der damalige römische Einfluß.

Dort verläuft auch die europäische Wasserscheide, die Karl der Sachsenschlächter, den die Kirche den Großen nannte, mit dem Karlsgraben zu durchstoßen versuchte. Es war ein erster Versuch, Bayern seine Identität zu nehmen. Auf wirtschaftspolitischer und zugleich auf geomantischer Ebene sollte damit die Süd- und Ostorientierung Bayerns, die durch den Lauf seiner Flüsse vorgegeben ist, umgepolt werden. Man wollte Bayern im wahrsten Sinn des Wortes einnorden.[164] Ludwig I. machte unter völlig veränderten Vorzeichen einen zweiten Versuch. Dahinter stand diesmal die Vorstellung von einer Brückenfunktion Bayerns zwischen den beiden deutschen Antipoden, Österreich und Preußen. Doch auch dieses Projekt zeigt, daß die Aufgabe Bayerns nicht verstanden wurde. Bayern ist kein Durchgangsland, sondern ein Schwamm und seine Identität die von Sitzengebliebenen. Mit der Zerstörung des Mains ist auch die Identität Frankens zu einer Brückenlandschaft verkommen, dasselbe, was nun der bayrischen Donau und mit ihr Altbayern droht. Das Verfehlte einer Idee aber zeigt sich damals wie heute in der wirtschaftlichen Unrentabilität. Der heutige Rhein-Main-Donau-Kanal ist genauso ein Flop wie sein Vorgänger.

Eine knappe Wegstunde von Weißenburg entfernt liegt Emetzheim. Der germanentümelnde Mythologe Wilhelm Teudt hat hier versucht, einen Zentralkultplatz der Germanen auszumachen. Noch heute heißt die Straße, die zur Kirche in Emetzheim hinaufführt, „Hainstraße". Doch auch das mittel- und oberfränkische Land war einst keltisches Einflußgebiet, was sich im Sagengut und in Namen wie am Hesselberg (wo jüngst das größte Römerkastell am bayrischen Limes rekonstruiert werden konnte[165]) und der Honbirg gehalten hat.[166] Letztlich freilich sind dann doch die im Norden sitzenden Germanen stärker gewesen: Chatten und Hermunduren, Quaden und Markomannen.

Mediterranes Bayern

Die erste Hälfte des 2. Jahrhunderts bedeutet jetzt für das Römische Reich nicht nur die Zeit seiner größten Ausdehnung, sondern auch einen Höhepunkt der durch die Beendigung der Bürgerkriege mit der Zeitenwende eingeleiteten Epoche von Frieden und Wohlstand. Das Fußbodenmosaik einer römischen Villa, nur acht Kilometer hinter dem Limes im heutigen Köschinger Forst gelegen, beweist, daß Bayern zu dieser Zeit nicht nur Militärprovinz war, sondern auf dem Weg zu einem Leben nach mediterranem Vorbild. Der Schwerpunkt des Provinzlebens verschob sich in der Zeit der Flavier und Adoptivkaiser immer mehr in den Donauraum. Hier gab es Villen mit Mosaikfußböden und Fußbodenheizungen. Hier ließ man sich Weine vom Mittelmeer und Öllämpchen aus Nordafrika liefern, aber auch das in Westerndorf (bei Rosenheim) hergestellte Geschirr hatte damaliges Weltmarktniveau.

Der Wind dreht

Lange aber hält der südliche Wind nicht, schon in der zweiten Hälfte des 2. Jahrhunderts beginnt ein ungemütlicher Nordwind, wird die Lage der Nordprovinzen des Römischen Reiches unruhig. Für das Jahr 162 ist ein Einfall der Chatten (aus dem Frankfurter Raum kommend) bezeugt. Er trifft zusammen mit der aus dem Orient eingeschleppten Pest. Die Germanen ziehen 168 plündernd bis Aquiläa in Friaul, erst im Jahr 170 gelingt es den Römern, die Germanen aus den Alpen und Voralpengebieten Rätiens und Noricums[167] zu vertreiben.

Noch ist es eine Zeit des römischen Landesausbaus. Um 180 wird die Straße über den Zirlerberg von Innsbruck über Scharnitz nach Parthenkirchen (Parthanum, benannt nach der parthischen Legion) angelegt.[168] Langsam aber werden die durch Pest und Krieg entstandenen Bevölkerungslücken durch Ansiedlung von Überläufern oder Angeworbenen aus den Germanenstämmen geschlossen.[169]

Die Götter sind den Römern noch bis zum großen Alemanneneinfall von 233 gewogen. Im Markomannenkrieg rettet sie das sogenannte Regenwunder: ein plötzlich einsetzender Regen, der die römische Armee vor dem Verdursten rettet, während die angeschwollenen Gebirgsbäche die Feinde in Bedrängnis bringen.[170]

Unter Marc Aurel sind es noch die herkömmlichen Nachbarn Markomannen und Quaden, die die Grenze bedrohen, 50 Jahre später bereits die Alemannen, die den Römern das Dreieck zwischen oberer Donau und Rhein entreißen und eine ständige Gefahr bis nach Italien darstellen. Im Jahr 233 verheeren die Alemannen zum ersten Mal in weitem Umfang das Land, nachdem Alexander Severus Truppen für seinen Krieg gegen die Parther abgezogen hat. Zwar führt sein Nachfolger, der Thraker Maximinus, einen erfolgreichen Gegenschlag weit in germanisches Gebiet hinein, doch das römische Bayern erholt sich nicht mehr. Die Produktion von Luxusgütern, wie der figurenverzierten Terra Sigilata aus Westerndorf, bricht ab. Was zerstört ist, wird, wenn überhaupt, meist nur noch verkleinert wieder aufgebaut, Handwerksbetriebe werden jetzt in die Kastelle mit hineingenommen.

Im Jahr 254 führt die Entblößung der Grenze durch den römischen Oberbefehlshaber Valerian, der nach Süden zieht, um seinen Anspruch auf den Thron in Rom durchzusetzen, zu einem nächsten verheerenden Einfall.

Zum Druck an den Grenzen kam noch die innere Uneinigkeit im Römischen Reich. Die wachsende Bedeutung des Militärs gegenüber der Zivilkultur brachte die Ära der Soldatenkaiser hervor, die fast alle zur Regierung gelangten, indem sie ihre Vorgänger ermordeten, um ein paar Jahre später durch ihre Nachfolger ermordet zu werden.

Vergessenes Bayern

Nach dem Alemannensturm sind die nördlich der Alpen gelegenen Teile von Rätien und Noricum keine blühenden Provinzen mehr, sondern lediglich noch militärisch bedeutsame Grenzregionen. Die Bevölkerung dünnt aus und zieht sich zunehmend auf höher gelegene, gut verteidigbare Orte (Bregenz, Salzburg etc.) zurück[171], so wie sie es aus keltischer Tradition heraus gewohnt ist.[172] Viele dieser Orte tragen heute noch entsprechende Namen. Birg - in den fränkischen Gebieten meist Bürg - kommt wie auch unser Wort Berg von bergen. Es hängt wohl auch mit der keltischen Göttin Brig[173] zusammen (Bregenz zum Beispiel hat von ihr seinen Namen). Der keltischen Muttergöttin „Ratis" – ihr Name bedeutet Festung – wiederum verdankt Ratisbonae (Regensburg) seinen Namen (demnach Gute Festung).

Die Ausdünnung der Bevölkerung führt auch zur Aufgabe eines Großteils der Ackerflächen. Die Provinz bietet nur noch geringe Steuereinnahmen und stellt ab jetzt eher eine Pufferzone zu den unruhigen Germanen dar.[174] In der Spätzeit werden die Fronten unklar.

Unter den Taten des Reichsfeldherrn Aetius zum Beispiel ist 431 nicht nur von einem Sieg über Juthungen, sondern auch über „Nori" die Rede.[175] Drei Jahre vorher hatte Aetius einige Erfolge gegen die eingedrungenen Germanen gehabt. Doch nun war es wohl ein durch den Steuerdruck ausgelöster interner Aufstand, den er blutig unterdrückte. In Analogie zu ähnlichen Vorgängen in Pannonien ist daran zu denken, daß ein Teil der ansässigen Bevölkerung sich - mit eingedrungenen Germanen verbunden - erhoben hatte. Was hatten sie von der römischen Herrschaft auch noch Gutes zu erwarten? Schutz vor einfallenden Germanen gewährte sie nicht, eher waren da noch direkte Verhandlungen erfolgreich, das Geld war weitgehend entwertet, die Herrschaft jedoch durch Besteuerung und vor allem Arbeitspflichten drückend.

Denn das Römische Reich als ganzes änderte seinen Charakter. Stabilisierungs- und Destabilisierungsphasen trugen dazu gleichermaßen bei. Diokletian etwa beendete die Ära der Soldatenkaiser durch ein Vierkaisersystem und versuchte eine Reorganisation des Reichs, doch mit zunehmender Steuerlast und Unterdrückung der kommunalen Freiheiten trieb er nur den Ruin der Kulturzentren voran, auch wenn sich die Lage äußerlich stabilisierte.[176] Mit Gewalt verfolgte er die Christen, aber seine Politik trieb immer weitere Kreise in einen Abscheu vor dem sinnlosen, nur vom Machtstreben beherrschten Hin und Her dieser Welt und unterhöhlte die Basis der weltbejahenden antiken Kultur und förderte so wider Willen das Christentum.

Während sich bis dahin die keltische mit der romanischen Kultur gemischt hat - schöne Belege sind die Statue der Pferdegöttin Epona von Brigantium (heute im Museum Bregenz) und der Mars von Eining (heute in der Münchner Prähistorischen Staatssammlung) – gesellen sich ab dem 3. Jahrhundert zu dem kelto-romanischen Mischvolk Germanen hinzu, angeworbene Grenztruppen hauptsächlich, wie sich aus Gräberfunden u.a. von Neuburg zeigen läßt.[177]

Die Zeit der römisch-keltischen Synthese in Bayern ist kürzer als im Rheinland, sie bringt keine so eindrucksvolle Blüte hervor wie das Moselgedicht des spätrömischen Dichters Ausonius, doch gerade diese Kürze bewahrt Bayern davor, den Charakterwandel des Römischen Reichs mitzumachen, hin zum totalitären Staat des 4. und 5. Jahrhunderts. Und die römische Herrschaftszeit war nicht lang genug, um das keltische Erbe so weitgehend zu verdrängen wie das in Zentralfrankreich der Fall war. Brown schreibt „Wenn dort die römische Herrschaft schon zur Zeit des Kaisers Marcus Aurelius geendet hätte, hätte man im Mittelalter in Gallien und Spanien keltische Sprachen gesprochen."[178] Erst um 600 sind sie in unseren Gegenden völlig ausgestorben.

Noch etwas unterscheidet Rätien und Noricum vom Rheinland: Dort brach die Wirtschaftsstruktur mit dem Abzug des römischen Militärs und vor allem der hauptstädtischen Verwaltung in Trier (nach 402) zusammen, da das Rheinland vorher ein wirtschaftliches Zuflußgebiet gewesen war, weil die dortige Militärkonzentration und der Hof nur durch Steuerzuflüsse anderer Provinzen finanziert werden konnte.[179] Dagegen war das bairische Gebiet nach dem Alemanneneinfall ohnehin weitgehend auf Subsistenzwirtschaft herabgesunken, so daß sich der Übergang hier allmählicher und zum großen Teil noch unter römischer Oberhoheit vollzog.

Andre Herrscher, andre Götter

Auch die erste Prägung durch das Christentum war eher flüchtig. Die Romanisierung ist zwar in der Spätzeit verbunden mit der ersten Christianisierung Bayerns. Aus dieser Zeit kommen die zwei wichtigsten einheimischen Märtyrer: Afra und Florian. Afra, die Patronin Augsburgs, ist im Jahre 304 hingerichtet worden.[180] Wahrscheinlich war sie ein Freudenmädchen dunkler Hautfarbe, das ihren Beruf leid war und sich zum Christentum bekehrt hatte. Vielverehrte Heilige wurde sie wohl vor allem, weil sie einem Archetypus entsprach: der schwarzen Göttin, die zugleich Liebesgöttin ist; also der kleinasiatischen Kybele-Astarte, deren Nachfolge dann auch die diversen schwarzen Madonnen antraten. Afra gehört in die Zeit der diokletianischen Christenverfolgung. Ebenso der spätere Feuerpatron Florian als wichtigster Heiliger von Noricum.[181] Ihn stürzte man in die Donau, welche seinen Leichnahm erschrocken an Land setzte.

In dieser Zeit sind die Naturmächte noch handelnde Bestandteile der Legenden. Die römische Christianisierung drang nie in die Tiefe. Und auch der Organisationsgrad scheint im heutigen bayrischen Gebiet (Flachlandrätien und westliches Ufernoricum) gering gewesen zu sein. Für das vierte und fünfte Jahrhundert sind hierzulande weder Synoden belegt noch gibt es Hinweise darauf, daß Bischöfe aus Bayern an anderen Synoden teilgenommen hätten.[182] Es scheint, als hätten die Römer zwar das Christentum mitgebracht, es aber ebenso bei ihrem Abzug auch weitgehend wieder mitgenommen. Sogar südlich der Alpen war seine Durchsetzung nicht total und blieben heidnische Reminiszenzen lebendig. Als der Gotenkönig Alarich im Jahre 410 Rom einschloß, wurden in der Stadt mit Zustimmung des Papstes heidnische Opfer vollzogen.[183] Das zeigt, daß die Christen die Götter zumindest als mächtige Dämonen ernst nahmen. Noch Petrarca glaubte bei Orakeln Dämonen wirksam.[184]

Diese erste Eroberung Roms durch die heidnischen Goten hatte keine bleibende politische, sehr wohl aber eine große psychologische Bedeutung. Christen unterlagen Heiden! Sehr leicht konnte man in Rom auf den Gedanken kommen, die Abkehr von den alten Göttern hätte diese Niederlage beschert. Diesen Konflikt versuchte Augustinus mit seiner Zwei-Reiche-Lehre zu lösen: Die Wahrheit des Christentums hänge nicht mit dem äußeren, irdischen Erfolg zusammen. Wenn die immer schlechter werdende Welt nicht fähig sei, das Göttliche wahrzunehmen, dann müsse man sich eben an die Glaubenszeugnisse früherer Generationen halten. Die Schrift ist dann wichtiger als die eigene Erfahrung. Jetzt wird das Christentum zu einer Jenseitsreligion, die zugleich das Jenseits in eine beliebig lang zu verschiebende Zukunft projeziert.

Die Karten werden neu gemischt

Entscheidend für die weitere geopolitische Entwicklung ist der Einbruch der Hunnen in Osteuropa und der Untergang des Westgotenreichs in Südrußland. Bereits 376 hatten die Westgoten Aufnahme ins Römerreich begehrt. Der Kaiser Valens verweigerte diese zunächst und büßte in der Schlacht von Hadrianopolis mit dem Leben. In der Folgezeit drängen Vandalen, Sueben und Alanen in ehemals römische Gebiete. Odoaker, ein römischer Machthaber germanischer Herkunft, zieht 488 die letzten römischen Truppen aus dem Gebiet nördlich der Alpen ab, wohl weil er alle verfügbaren Leute brauchen konnte und weil er den Rugiern, die nicht zuletzt von der Ausbeutung der verbliebenen Provinzialen lebten, die wirtschaftliche Basis abgraben wollte.

Mit Odoaker, der 476 den weströmischen Kaiser Romulus,

mit Spitznamen Augustulus genannt, abgesetzt hatte, ohne es für nötig zu befinden, sich selbst oder einen anderen zum Kaiser zu machen, geht nach der Zählung der meisten Historiker das Weströmische Reich zu Ende. Einen wirklichen Bruch bedeutet das Jahr 476 ebensowenig wie der Übergang der Hegemonie an den Ostgotenkönig Theoderich. Theoderich siegte 493 über Odoaker. Aber das Ostgotenreich mit Zentrum in Ravenna setzte relativ bruchlos die weströmische Tradition fort, ja, stellt ein wesentlich stärkeres Machtzentrum dar als Rom in seiner Spätzeit.[185] Zu ihm gehörte bis 536 auch Rätien. In der Zeit der Ostgotenherrschaft dürfte hier sogar Ruhe und relative Sicherheit eingekehrt sein.[186] In dieser Zeit vollzieht sich wohl, vielleicht sogar von Theoderich gegen die Gefahren von fränkischem Einfluß im Westen und langobardischem im Osten planmäßig gefördert, die Volkwerdung der Baiern.[187] Vielleicht rührt daher auch die Beliebtheit Dietrichs von Bern in der süddeutschen Sage. Der Dietrich der Heldenlieder verkörpert nicht nur das Schicksal Theoderichs, sondern das des ganzen Ostgotenreichs, daher seine Verknüpfung mit Etzel. Der Zwergenkönig Laurin verkörpert die keltoromanische Bevölkerung der Alpen mit ihrer noch heidnischen Magie.

Die Bajuwaren - ein Vielvölkervolk

551 nennt Jordanis in seiner Gotenchronik die Baibaros als Nachbarn der Schwaben. Da taucht der Name zum erstenmal auf. Doch hat er wohl für ein Ereignis, das damals 100 Jahre zurücklag, die Besiedelungsverhältnisse seiner Zeit angegeben.[188]

Thüringer &
Sachsen

Main

Regnitz

Slawen

Franken

Alemannen

Donau

Lech

Inn

Isar

Karantanen

Langobarden

SCHMELZTIEGEL BAYERN
6. Jhdt.: Die Römer sind abgezogen, die Völker gewandert, die
Daheimgebliebenen und Rastenden sammeln sich zu Bajuwaren.

Der von Odoaker angeordnete Rückzug Roms hatte die
Truppen angesprochen sowie alle, die sich Rom mehr verbunden fühlten als dem Land. Die Wehrbauern, aus denen
die Bajuwaren hervorgingen, waren dies nicht, interessanterweise aber wohl ein Großteil der Mönche. Die Vita des
Heiligen Severin, mit der unsere Kunde vom römischen Bayern endet, ist von einem seiner Schüler bereits in Süditalien
geschrieben.

Sie beginnt mit dem Jahr 453, aber sie vermittelt uns ein
Bild von den bayrischen Verhältnissen aus der Sicht derer,
die hier nicht wirklich verwurzelt waren. Severins Rolle beruhte nicht zuletzt darauf, daß er auch bei Rugiern und Ale-

mannen Ansehen genoß und als Vermittler auftreten konnte.[189] Diese Germanen betrachteten die romanischen Stadtbürger vielfach als ihre Römer, die sie durch Tribute melken konnten und die sie dann schon aus Eigeninteresse gegen konkurrierende Germanenhaufen verteidigten.

Man kann sich das Ende der Römerherrschaft insofern fließend vorstellen, als schon ab Diokletian die Grenzverteidigung mehr einer neu angesiedelten Wehrbauernschaft als normalen Legionen oblag. Diese waren selbst stark mit germanischen Einwanderern durchsetzt. Abgeschnitten von Befehlen und vom Sold verständigten sie sich selbst mit eingedrungenen Gruppen, die ihnen ethnisch und sprachlich nahestehen konnten, und wiesen ihnen vielleicht sogar Land an. In Regensburg ist archäologisch gut nachweisbar, daß hier an der Wende zum 5. Jahrhundert die letzte Tausendschaft der 3. italischen Legion nach Vallatum (Weltenburg) abzog. Die danach in die Kaserne einziehenden verbündeten Germanen hausten auf deutlich primitiverem Niveau, nicht nur die Fußbodenheizung ließen sie verfallen, sie besserten auch die Baulichkeiten nur notdürftig aus und legten offene Feuerstellen an. Geradezu symbolisch für den jetzt stattfindenden Prozeß ist, daß sich nun Töpferware in römischer Technik ausgeführt, aber nach elbgermanischem Geschmack verziert findet.[190]

Diejenigen, die sich dem Abzug über die Alpen nicht anschließen, sind jene, deren Bindung an das Land größer ist als die Bindung an einen Stamm oder an die römische Kultur. Die gemeinsame Identität ergibt sich aus dem gemeinsamen Feindbild: Wie schon bei den Kelten schaut einen das aus dem Norden an. Das Bewußtsein gravitiert ebenso wie

die Flüsse Altbayerns nach Südosten hin. Die Alpen bilden
eine natürliche südliche Barriere, die aber gerade zum (geistigen) Übersteigen reizt, die offene Grenze nach Norden hin
dagegen muß befestigt werden. Und gerade in dem Maß, in
dem sie militärisch nicht zu halten ist (sei es gegen Germanen, Franken, Preußen) wird sie bewußtseinsmäßig zemen-
tiert und ideell befestigt.

Ein europäisches Gebräu

Lange hat man die Bajuwaren als mit den Markomannen
identisch erklärt. Die Bezeichnung Bajuwaren meint tatsäch-
lich wohl „Leute aus Böhmen". Merkwürdig ist auch die
Namensähnlichkeit zu den keltischen Boiern. Bereits in der
Mitte des 7. Jahrhunderts hat das Jonas von Susa zu der
Gleichsetzung „Boiae qui nunc Baioarii vocantur" gebracht.[191]
Kurioserweise ist das älteste schriftliche Zeugnis aus Bayern eine in Manching gefundene Tonscherbe mit der Inschrift
BOIOS.[192] Es handelt sich wohl um einen Personennamen
„Böhme", keineswegs um einen Hinweis, daß hier Bojer saßen. Denn auch unsere Familiennamen Schwabe, Franke,
Böhme etc. wurden ihren Trägern angeheftet, wo sie fremd
waren. Die germanische Bevölkerung Böhmens scheint tatsächlich Mitte des 6. Jahrhunderts, also nach dem Zusam-
menbruch des Gotenstaats in Italien, abgezogen. Der Großteil dürfte mit den Langobarden nach Italien marschiert
sein.[193] Nur die „Fußkranken" blieben nördlich der Alpen
und bildeten hier wohl die ersten Reihengräberfelder, die
lange als besonderes Indiz der bajuwarischen Siedlung galten. Der Name der Bajuwaren könnte also tatsächlich von

den Männern aus Böhmen kommen. Aber sie waren nur ein kleiner Teil der germanischen Durchsetzung der Bevölkerung, möglicherweise aber die geschlossenste Gruppe, die das fruchtbare Donautal um Regensburg und Straubing besetzte.

Aber selbst wenn die Bayern überwiegend Markomannen wären: Diese selbst waren nach der Einschätzung von Georg Lohmeier bereits ein „Vielvölkerstaat von Goten und Thüringern, Alemannen, Burgundern, Rugiern, vielleicht sogar Slawen und Kelten"[194]. Es scheint an der Gegend zu liegen, die Sammelbecken und Mischtopf ist, was auch nach dem Zerfall der Donaumonarchie wieder auf ähnliche Staatsgebilde hintendieren läßt. Daß die Bayern erst zwischen Donau und Alpen sich zu einem Volk von Völkern geformt haben, ist auf jeden Fall die heute plausiblere These.[195]

Wenn sich die Bajuwaren von anderen germanischen Stämmen dadurch unterscheiden, daß sie ein Mischvolk auf keltoromanischer Grundlage sind, dann war hier das Land in ungleich höherem Maß prägend für die Volkbildung

Ob der Name wirklich mit dem der keltischen Bojer zu tun hat, was schon im 7. Jahrhundert Jonas von Bobbio vermutet, Aventinus bekräftigt und Karl Bosl 1971 als akademische These wiederaufgegriffen hat, ist demgegenüber weniger wichtig. Erst recht nicht, ob die Herausbildung einer einheitlichen Herrschaft und eines Gesamtstammesgefüges schon in die Zeit des Ostgotenkönigs Theoderich oder erst um 530 anzusetzen ist.

Bei den Germanen müssen wir ihre ursprüngliche Kultur und ihre Überformung durch den Einfluß der asiatischen Reiternomaden (Jazygen, Roxolanen, Sarmaten, später auch

Hunnen) unterscheiden, die seit dem ersten Jahrhundert
n. Chr. die ungarische Tiefebene beherrschen.[196] Am meisten
iranisiert waren die Quaden. Die Übernahme von Bewaff-
nung und Taktik der Reitervölker führte zu einer militärischen Überlegenheit der Ost- gegenüber den Westgermanen.
Die Franken, die sich selbst die Freien nannten, und die Alemannen, deren Name so viel wie Männerbund bezeichnet,
sind Zusammenschlüsse zum Zweck des räuberischen Ein-
falls ins Römische Reich.

Die Bajuwaren sind ein Produkt der Völkerwanderung,
aber man darf ihre Stammesbildung nicht in Analogie zu
rein germanischen Stämmen oder Stammeszusammen-
schlüssen und ihren Reichsbildungen sehen. In Bayern fehlt
eine eigene Stammes-Sage als Ausdruck der Identität, wie
etwa die der Abstammung der Merowinger vom Seeunge-
heuer Merowech und der Franken aus Troja. Erst im 12. Jahrhundert leiteten mönchische Schreiber die Bayern von einem
Norix, Sohn des Hercules, ab.[197]

Die Reichsbildungen der Goten, Langobarden und Franken bilden freilich den Rahmen. Deutlich ist, daß eine Kontinuität von germanischen Gräberfeldern schon ab der Mitte
des 5. bis ins 7. Jahrhundert hinein besteht. Sie zeigt, daß es
in Rätien in der Zeit der spärlichsten schriftlichen Überlieferung zwischen 400 und der ersten Nennung der Bajuwaren
550 eine Siedlungskontinuität gegeben hat und zwar von
kulturell germanisch geprägten Leuten, die sich aber als Außenposten des Römischen Reichs und seiner Nachfolger verstanden.[198] Daß diese Leute, gemessen an ihren Vorgängern,
sogar als reich zu bezeichnen waren, zeigen die Grabbeigaben
aus den Frauengräbern des 5. und 6. Jahrhunderts in Strau-

bing, wo Gold und Silber, zu Fibeln verarbeitet, nicht mehr die Ausnahme sind.[199] Dieser neue Reichtum macht verständlich, daß in dieser uns so verheerend erscheinenden Zeit das Sagenmotiv vom Nibelungenschatz entstehen konnte. Die Zeit der Völkerwanderung stellt für die späteren Deutschen eine mythische Vorzeit dar, die ihre großen Sagenzyklen prägt (Etzel, Nibelungen, etc.).

In den Orten klingt ein alter Geist

Doch in Baiern ziehen die Nibelungen durch, ohne Spuren zu hinterlassen. Verewigt haben sich dagegen in den Ortsnamen sowohl Romanen als auch Bajuwaren. Deutlich heben sich von den -ing und -ham Orten, die mit einem bajuwarischen Personennamen gebildet werden, so daß Pasing Hof des Paoso, Giesing Hof des Kieso, etc. bedeutet, romanische Ortsnamen ab. Walchen-Namen bezeichnen direkt die „Welschen", aber auch Irschenberg und ähnliche Orte gehen auf den romanischen Personennamen Urso zurück. Im schwäbischen Bereich entspricht dem -ing das -ingen als Ortsnamensendung. Freilich sind nicht alle ing-Orte in die Zeit zwischen 600 und 900 zu datieren. Mancher Ort, wie das schon erwähnte Faimingen, wurde so genannt, weil es eben üblich war, und mancher ing-Ort verschwand auch wieder von der Landkarte, wie das Derbolfingen, das nach der dort gebauten mittelalterlichen Burg heute Grünwald (bei München) heißt.

Es gab Gebiete, in denen das germanische Element fast allein vorherrschte, und andere, die mehrheitlich romanisch geblieben waren. Die Salzburger Gegend muß noch über-

102

wiegend romanisch gewesen sein, als der Missionar Ruppert sich hier niederließ.[200] Die Flußnamen Salach und Salzach sind wohl erst nachträglich von Salz abgeleitet worden, ursprünglich hängen sie mit dem lateinischen Wort für den Weidenbaum (salix) zusammen. Der Name für denjenigen, der in der Nähe von Weiden seinen Hof hat, ist in romanischen Gebieten Salcher, in germanischen Wimmer.[201] Wilparting am Irschenberg geht möglicherweise auf einen heidnischen Baumkult zurück[202], hier dürften die Missionare aber ebenso wie die Anwohner Romanen gewesen sein.[203]

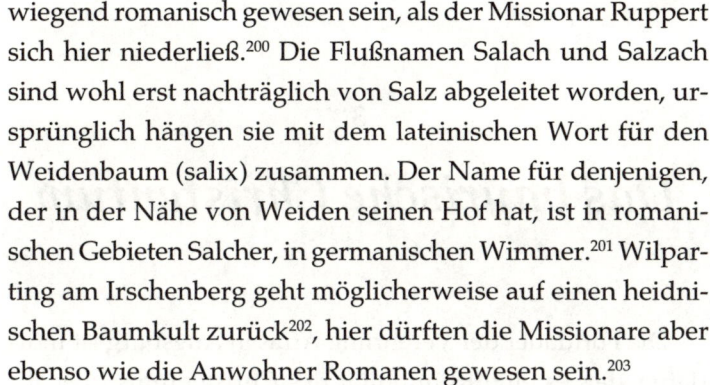

3.

Das bayrische Christentum

Die Fortdauer der Verehrung Afras in Augsburg ist Indiz dafür, daß es eine Kontinuität des Christentums über die Völkerwanderungszeit hinweg gegeben hat. Insbesondere sicher in den romanischen Bevölkerungsgruppen, wenn es auch einem Prozeß der Wiederverheidung ausgesetzt war, der in den Augen strenger Rechtgläubigkeit eine erneute Mission notwendig machte. Gerade in den einstigen Rückzugsgebieten der Romanen, wie der Jachenau, hielten sich besonders urtümliche Bräuche; ein Beispiel ist das jährliche Widderopfer.[204]

Es ist für die Kontinuität der bayrischen Geschichte wohl nicht ganz unbedeutend, daß die zweite Welle des Christentums eine Wiederberührung mit dem keltischen Element brachte. Bezeichnend für das keltische Christentum ist eine weniger ausgeprägte Feindschaft zur Naturreligion.

Die Iren kommen

Die Anbindung des Christentums an keltische Religiösität bei der zweiten Christianisierung Bayerns ist möglich, weil diesmal die Mission nicht aus Rom kommt, sondern durch iro-schottische Mönche geschieht. Der bayrische Kirchenhistoriker Benno Hubensteiner[205] beschreibt sie drastisch als Erbe der Druiden mit langem Haar und gefärbten Augenlidern. Dadurch gelangt nun erneut keltische, in Irland bewahrte Tradition ins Land. Die Christianisierung Irlands um 400 von Britannien aus war kampflos verlaufen. Sogar Druidenschüler scheinen vielfach als Mönche aufgenommen worden zu sein. Es muß im keltischen Druidentum eine Strömung gegeben haben, der der Übergang von der Erfahrungs- zur Erlösungsreligion nahe lag.

Das irische Christentum ist durch einen starken direkten Einfluß des syrischen Anachoretentums und koptischer Frömmigkeit[206] geprägt, der legendenhaft in der Vorstellung einer Verbindung zu Josef von Arimathäa zum Ausdruck kommt, der den Gral, dieser Legende nach der Kelch mit dem Blut Christi, nach Glastonberry gebracht haben soll. Der so verstandene Gral ist wohl eine Umwandlung des im keltischen Bereich so wichtigen Kessels. Das östliche Christentum betont als heilswichtig mehr die Erkenntnis als den Willen. Auch darin sind sich irische und Ostkirche merkwürdig ähnlich. Und die geringere Betonung des Willens, das Lassenkönnen, kommt nicht nur dem Nationalcharakter der Slawen, sondern auch dem der Bayern entgegen.

Die Kirche hatte in Irland andere Voraussetzungen als im römischen Gebiet, da sie sich nicht auf dessen Herrschaftsstrukturen und Infrastruktur stützen konnte. Das Christentum traf in Irland auch nicht auf eine Staatsreligion, sondern auf die bei Caesar beschriebene Zwei-Stände-Teilung. Darin wurzelt die starke Stellung von Klöstern als weitgehend autonomen Verbreitungszentren, die der Gebietsebene von Clans entsprechen. Das Christentum hat in Irland zudem nicht eine Phase der Verfolgung durchlaufen, die Mission verlief vielmehr von oben, von den Clanchefs her. Von daher war das Verhältnis zur heidnischen Tradition weniger von Haß und Kampf geprägt als von Assimilationstendenzen und geradezu antiquarischem Interesse. Die Mythen blieben identitätsstiftende Erzählungen der Clans.[207] Vor allem ging die Christianisierung langsam vor sich, die frühen irischen Christen fühlten sich eher als Elite denn als Kämpfer.

Als der erste berühme irische Wanderprediger Columban um 590 ins Frankenreich kam, war in Irland das Christentum noch keineswegs allgemein durchgesetzt, sondern eher die Sache einer Minderheitenelite. Seine Auswanderung war sicher zu einem erheblichen Teil von der Sehnsucht nach einer umfassenderen Gemeinschaft lateinischer Bildung bestimmt, andererseits legte er sein elitäres Bewußtsein nicht ab.

Für Columban und seine Nachfolger war es selbstverständlich, völlig unabhängig von der kurz zuvor etablierten benediktinischen Ordnung, die Gebet und Arbeit verbindet, ein Parallelprojekt zu etablieren. Die columbanische Liturgie[208] mit ihrem anderen Taufritus und anderem Ostertermin hält sich bis etwa 700. In recht selbstbewußtem Ton schrieb Columban an Papst Gregor (590-604), was ihm einfalle, Ostern an einem falschen Termin zu feiern: „Wie kannst Du bei all Deiner Gelehrtheit ... ein dunkles Ostern feiern wollen, ein Ostern, das nachgewiesenermaßen nicht Ostern ist?"[209]

Was die dogmatisch faßbaren Inhalte betrifft, scheint die Abweichung nicht allzu bedeutsam. Es ist mehr die Achtung für die lokalen Traditionen und eine gewisse innere Freiheit der Auffassung, die von der römischen Mission absticht. Das zeigt sich zum Beispiel an der Bewahrung frühchristlicher, dem Heidentum noch näherer Konzeptionen. In der Frühchristenheit war die Gottessohnschaft Christi noch in Analogie zur mythischen Religiosität dargestellt worden. Gleichnisse wie das von Quelle und Fluß, Sonne und Strahl für das Verhältnis von Schöpfer und Erlöser konnten mehr auf die Verschiedenheit oder mehr auf die Gleichheit hin betont werden. Ursprünglich hat ja der Titel „Sohn Gottes" mit Zeugung gar nichts zu tun. Der geistig beweglichste frühchristliche Theologe Origines zum Beispiel hatte das Hervorgehen des Sohnes aus dem Vater als ständigen Prozeß aufgefaßt. Damit wäre aber wieder die Eigenständigkeit der Person des Sohnes negiert und das Christentum weniger historisches Ereignis als mythisches Geschehen.

Wesentlich für die Eigenart des irischen Christentums ist außerdem, daß Sünde in Analogie zu der Befleckung der Ehre gesehen wurde und die Vorstellung vorherrschte, daß jedes Unrecht prinzipiell durch angemessene Vergeltung, Strafe oder Buße abgegolten werden konnte. Keltisches Erbe ist insofern das Tarifsystem für Sünden.[210] Auch in England, wo die Mission ebenfalls von Irland aus erfolgte, kam es nicht mehr zu einem Sturm auf die heidnischen Tempel.

Das Christentum war in Irland zudem Träger klassischer Bildung, während im Mittelmeerraum die frühen Christen die altrömische und griechische Überlieferung zumindest phasenweise als unrettbar heidnische Konkurrenz betrachteten. Die irischen Missionare führten ihre Bildungstradition hier fort.

Der aus Irland stammende Bischof Virgil (keltischer Name: Ferghal) von Salzburg erregte um 770 unter anderem dadurch das Mißfallen seines romhörigen Konkurrenten Bonifatius, daß er die Kugelgestalt der Erde und die Vorstellung von Menschen auf der anderen Seite der Erde, sogenannter Gegenfüßler, vertrat. Von Bonifatius beim Papst angeschwärzt, rechtfertigte er sich durch Hinweis auf die spätantiken Kirchenlehrer Isidor von Sevillia und Beda den Ehrwürdigen (gestorben 735).[211] Andererseits verteidigte Virgil einen Priester, der mangels Lateinkenntnissen „in nomine patria et filia" (im Namen des Vaterlands und der Tochter; und auch dann ist der Genitiv noch falsch) taufte. Bonifatius hatte die Gültigkeit seiner Taufen angezweifelt, aber auf Intervention Virgils vom Papst einen scharfen Verweis kassiert.[212] Virgil ging es um Bildung, Bonifatius um Korrektheit. Dennoch kündigte Bonifatius' kleinliches Bürokratenchristentum die Zukunft an.

Leben, sterben, leben lassen

Die erfahrungsreligiöse Auffassung des Jenseits ist die einer Anderswelt, in die dem Menschen nur seltene Einblicke möglich sind, in der die unsterblichen Grundkräfte der Welt miteinander spielen. Die Vorstellung eines Heraufrufens von Gestalten aus der Unterwelt zeigt, was die Realität des Bildes gegenüber der Realität der Idee ist, eben das Bleibende des einmaligen Lebens. Interessiert mich das Individuelle einer Biographie, so muß ich unten suchen; interessiert mich das Überindividuelle, das eingeht in den Reigen der Geister, muß ich oben suchen. Und wenn erfahrungsreligiös gestimmte Menschen auf Bleibendes gerichtet waren, dann auf das Bleiben des Bildes, etwa im Nachruhm. So konnte die Reinkarnation für sie ebenso wenig wie für die Inder ein Trost sein.

Das prägt die Vorstellung von einem Elysium, das nicht oben, sondern auch im Reich des Hades und der Persephone (oder mit keltischen Namen Succelus und Nanosvelta, der Hausgöttin[213]) zu finden ist. Das Kind der Persephone ist nicht nur der natürliche Reichtum, den die Erde aus der Verwesung gebiert. Sondern der Reichtum der Kultur ist veranlagt durch ihre Heroen und in der Erinnerung an sie zugänglich. Diese Erinnerung quillt aus der Erde.[214] Die Toten sind Geister, insofern sie nicht mehr der linearen, sondern nur noch der zyklischen Zeit unterworfen sind. Während wir oben in der Tagwelt nur das Sterben wahrnehmen, baut die Anderswelt gleich wie die Erde das Tote in Leben um. Die Verbindung zur Anderswelt existiert in der Erinnerung an die Toten und im Denken, das das Denken der Götter ist.

Ganz unverständlich ist einer solchen Konzeption, daß die Toten bis zu einem Jüngsten Gericht oder einem Ende der Welt warten sollen. Sie wirken unmittelbar nach ihrem Tod im Guten oder im Bösen weiter.

Iren und Schotten: Brüder im Geiste

Was begründet den Erfolg der irischen Mönche in Bayern? Es ist wohl nicht so sehr eine theologische Abweichung als vielmehr ihr anderer Stil. Sie sind, mißt man an benediktinischen Standards, eher als unregulierte Wanderprediger zu bezeichnen.[215]

Hinweise darauf ergeben sich zum einen aus Darstellungen wie denen von St. Columban, Mang oder auch Korbinian, die von einem Bären als Vertreter der gezähmten Natur begleitet werden, zum anderen auch aus Legenden, die zum Beispiel auf die Trinkfreude mancher iroschottischer Missionare hinweisen. So in St. Ursanne im Schweizer Jura. Von einem weltlichen Hoheitsträger Euclion zu Tisch eingeladen und nach Gott befragt, redete sich der Heilige, der auch wieder einen Bären im Namen und als Zeichen führt, sich in Rage und merkte nicht, daß sich sein Gastgeber inzwischen zum Satan verwandelt hatte und seinen Becher in immer kürzeren Abständen füllte und ihn schließlich als Abgesandten des Bacchus schmähte und ihm jedes Recht absprach, Andersgläubigen im Namen höherer Sittlichkeit entgegenzutreten.[216]

Die Iren bewegen sich zudem in altem keltischen Gebiet. Damit stehen sie der Mentalität der Leute näher; ihr Erfolg zeigt aber auch, daß die keltischen Traditionen im Land noch stark gewesen sein müssen. Mit den Iren und Schotten verbindet uns Bayern ja bis heute eine Wahlverwandtschaft und nicht nur die Städtepartnerschaft mit Edinburgh.[217]

Kratzt man am bayrischen Heiligen...

Der Einfluß keltischer Traditionen läßt sich auch unter der Patina so manches bayrischen Heiligen entdecken. Kratzt man etwas daran, kommt der Naturgott zum Vorschein... So dürfte es durchaus der keltische Einfluß sein, daß eine Heilige wie Anna, die auch im Namen mit der keltischen Muttergottheit Ana (auch Anu oder Danu[218]) verwandt ist, als Bild der Generationentradition und der drei Wand-

lungsphasen der Muttergottheit besondere Verehrung genoß. Als Anna Selbdritt ist sie Nachfolgerin eines Mutterkul-
tes, wie er etwa in der Dreiheit von Demeter, Persephone
und dem Plutosknaben für Griechenland schon durch ar-
chaische Bilder belegt ist.[219] In manchen Darstellungen wird
die Gruppe noch durch die apokryphe Großmutter Mariens,
die Heilige Emerentia, zu einer weiblichen Dreiheit mit Sohn
ergänzt, ein besonders schönes Beispiel ist aus einer Augsburger Holzbildhauerschule der Spätgotik hervorgegangen.[220]

Die Jungfrau Maria mit Mutter Anna und Großmutter Emerentia;
Augsburg, 16. Jhdt.

Besonders bezeichnend für keltisches Christentum ist die starke Verbindung zum Wasser als Übergang und Boten der Anderswelt. Das kommt nicht nur in Mythen wie der vom Heiligen Brendan zum Ausdruck, der im Westen die Inseln der Seligen findet, sondern auch in der Verehrung von Quellen und Seen. Nicht nur bei den Nachfahren der Averner in der Gegend von Tours hat sich ein Ritual der Übergabe von Opfern an das Wasser bis 1868 gehalten[221], sondern ebenso am Walchensee, wo die Äbte von Benediktbeuern den Ritus des Seeumgangs mit Opferung eines goldenen Rings übernahmen. In den Weißensee bei Füssen warf man allerlei Geweihtes, um sich vor Hagelschlag zu schützen.[222]

Teilweise war dies auch mit Orakelbräuchen verbunden, so in Oberfranken, wo für jede Person Ringlein aus Weidenrinde ins Wasser geworfen wurden, und der, dessen Ring unterging, als todgeweiht galt.[223] Ein ähnlicher Brauch hat sich in der fränkischen Schweiz bis in unser Jahrhundert hinein erhalten. Um Regen bittend, mußten dort junge Mädchen je drei Stöckchen in einen dem Heiligen Moritz geweihten Brunnen werfen. Zusätzlich hatte dies auch noch eine Orakelbedeutung: Sank ein Stöckchen unter, so bedeutete dies Unglück für die Werferin oder sogar ihren Tod in diesem Jahr.[224] Der Orakelbrunnen bei St. Moritz gibt nur diese Bedeutung an. Es findet sich hier auch eine Geschichte von der Schlangenkönigin mit goldener Krone. Schon 731 verbot Papst Gregor III. in einem Erlaß an die Fürsten und das Volk in der germanischen Provinz den Aberglauben von Weissagungen bei besonderen Quellen, und 70 Jahre später fühlte man sich berufen, das Verbot von Opfern an Quellen einzuschärfen.[225]

Freilich hat das Wasser auch einen dämonischen Aspekt, der besonders in der Oberpfalz mit ihren vielen dunklen Weihern längs des Pfahles und in der Waldnaab-Niederung besonders ausgeprägt ist. Hier heißt der Wassermann auch der blutige Mann. Insbesondere gilt er als Schreckgestalt für Kinder. Er sieht diese, wenn sie ins Wasser schauen, unverwandt an und winkt ihnen mit den feuchten Augen. Der Blick zieht sie hinunter. Es gab dort aber noch im vorigen Jahrhundert auch ein Kinderspiel, bei dem einer, am Boden liegend, den Wassermann darstellte, und wen er beim Blinzeln erwischte, den zog er hinab.[226]

Ähnlich wie vom Walchensee ging auch vom Ordelbach bei Eichstätt die Sage, daß er einmal die Felswand, von der er herabstürzt, zerreißen und Stadt und Tal überfluten würde. Zur Beschwichtigung wurde hier heiliges Walpurgisöl in die Felsspalte gegossen.[227] Im ganzen Alpenraum verbreitet war die Sitte, Flüsse, die regelmäßig über die Ufer traten, auch mit geweihten Hostien zu beschwichtigen, ähnlich wie man bei Feuersbrünsten Hostien ins Feuer zu werfen pflegte.[228]

Sitten wie das Osterwasserholen knüpfen an das Bad der Ostara, des frühlingshaften Aspekts der Holla oder Percht, an.[229] Viele alte Quellkulte sind mit Heiligen besetzt worden, so die „Fieberquelle" in Reisbach (Niederbayern) mit der Märtyrerin Wolfsindis.[230] Die Wallfahrt zur Wolfsindisquelle hat sich freilich erst in der zweiten Hälfte des 18. Jahrhunderts entwickelt, nachdem ein Wessobrunner Mönch 1753 die Legende der nichtkanonisierten Heiligen, die hier an den Schweif eines Pferdes gebunden zu Tode geschleift worden sein soll, wiederentdeckt hatte; danach hielt sich die

Wallfahrt auch über das Wallfahrtsverbot durch die Regensburger Diözese aus dem Jahr 1772 hinaus. Auch der Heilige
Wolfgang, Bischof von Regensburg im 10. Jahrhundert, wird
mit dem Wasser verbunden: Er soll ein Heer durch den reißenden Fluß Aisne geführt (Christopherusaspekt) als auch
für einen erschöpften Begleiter am Falkenstein in Oberöster-
reich[231] eine Quelle erweckt (Mosesaspekt) haben. Bischöfe
wie Ulrich und Wolfgang als Quellherren sollten alte heidnische Quellkulte überbauen, doch in der Vorstellung des
Volkes verwandelten sie sich selbst in eine Art Quellgötter.
Bei Wolfgang treten noch eine Reihe auffallender Felsfor-
mationen hinzu, die als Fußabdrücke beziehungsweise Rast-
platz des Heiligen gelten, so in Graupen im Erzgebirge oder
in Kojau bei Krumau.[232] Wolfgangs Attribut ist freilich das
Beil des Kolonisators.

Die prägnanteste Heiligengestalt der Fruchtbarkeits-
brunnen ist Verena, ihr Kultzentrum der alemannische Raum,
besonders das Mündungsgebiet von Rhein und Ahre. Auch
in Tirol ist der Kult verbreitet. Bei Mittenwald liegt die Ver-
einsalpe, deren Name ähnlich gebildet ist wie beim rätischen
Madulein von Magdalena.[233] Verenas Attribute Kamm und
Kanne deuten auf ein nymphisches Wesen. Wo Verena am
deutlichsten ihre heidnische Gestalt bewahrt hat, ist das
Tobel-Vreneli, das zusammen mit dem gespenstischen, aber
unschädlichen Nachmittagslamm erscheint.[234] Verena ist vor
allem die Patronin der Brunnen, aus denen die Kinder kommen (heidnisch Holla oder Ostara). Der Verenabrunnen im
luzernischen Escholzmatt trägt sogar noch den Namen der
Glücksgöttin Frau Saelde.[236] Im Mittelalter ist Verena vielfach mit Frau Venus im Berg verbunden oder gar verwech-

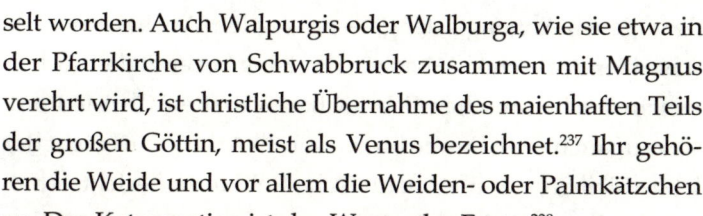

selt worden. Auch Walpurgis oder Walburga, wie sie etwa in
der Pfarrkirche von Schwabbruck zusammen mit Magnus
verehrt wird, ist christliche Übernahme des maienhaften Teils
der großen Göttin, meist als Venus bezeichnet.[237] Ihr gehören die Weide und vor allem die Weiden- oder Palmkätzchen
zu. Das Katzenartige ist das Wesen der Freya.[238]

Wir werden weiter unten noch genauer auf bayrische Hei-
lige und Bräuche eingehen, deren Kern aus alten, heidnischen
Traditionen besteht. Die Kirche war überall gezwungen,
Heidnisches zu integrieren. Tertullian eiferte noch gegen die
Regenbetfahrten, Papst Leo I. (440-462) integrierte sie.[239]

Ehemalige Blutopfer wurden durch Stellvertreter (z.B.
Gebildbrote) ersetzt. Die ehemaligen Hauptopfertiere gaben
den Handwaschgefäßen für den Gottesdienst die Form:
Hund, Schwein und Drache als Aquamanile, wie man sie
im bayrischen Nationalmuseum in München besichtigen
kann, entstammen nicht der christlichen Symbolik.[240]

Im Freisinger Dom stellt die „Bestiensäule" eine Szene
dar, die der germanischen Götterdämmerungsmythologie
entspricht. Widar sprengt den Rachen des Wolfes, der die
Götter verschlungen hat. Im esoterischen Christentum ist
Widar als Gleichnis der Christusfigur interpretiert worden.
Christus wäre, so aufgefaßt, nicht der Gegner der Götter der
Erfahrungsreligion, sondern der Rächer ihres Untergangs.
Durchaus möglich, daß findige Missionare das Christentum
auf diese Weise schmackhaft machen konnten. Nach den
Wirren der Götterdämmerung würde nun ein neues Götter-
geschlecht entstehen. Die alte Auferstehungsdarstellung, die
Christus als denjenigen zeigt, der die ersten Menschen aus
dem Rachen des Todes führt, konnte durchaus als Rettung

der eigenen Ahnengeister gelesen werden. Auch der um 700 schreibende Bischof Arbeo von Freising bezeugt das noch in vielem den heidnischen Gebräuchen verhaftete Christentum, worauf auch viele Funde hinweisen.[241] Arbeo wird nicht der letzte bleiben, der über heidnische Relikte zu berichten hat.

Auch räumlich ist die Kontinuität groß. Eine der frühesten Klostergründungen ist etwa 620 Weltenburg am Donaudurchbruch gegenüber der einstigen keltischen Stadt Alkimoennis, gegründet von dem Iren Eustasius.[242] Gegenüber auf dem Frauenberg haben wir mit großer Sicherheit das spätrömische, überwiegend von germanischstämmigen Grenzverteidigern bewohnte Vallatum zu suchen.[243] Das von Arbeo geweihte Kirchlein von Kreuzpullach liegt auch sicher nicht zufällig nahe bei einer Keltenschanze.

Auch das merkwürdige Quellheiligtum von Einsbach, dessen Quelle angeblich aus einer zu Boden gefallenen Hostie entsprungen sein soll, befindet sich in unmittelbarer Nähe einer keltischen Niederlassung.

Die fränkische Mission

Als um 700 die fränkisch-römische die iroschottische Mission ablöst, ist Bayern weitgehend christianisiert, wenn auch, wie oben gesehen, stark der alten, heidnischen Tradition verhaftet. Man kann sagen, Bayern hatte Glück gehabt, daß es in einer eher lichten und toleranten Phase des Christentums missioniert worden war. Denn solange es auch im Westen noch eine auf die Macht der Kaiser gestützte Reichskirche gab, war sie wenig tolerant und wollte das Heidentum mit Stumpf und Stil ausrotten. Ohne durchschlagende weltliche Unterstützung aber vertrat zum Beispiel Papst Gregor (590-604) vielmehr die Meinung, daß das Christentum sich die heidnischen Orte mit viel Weihwasser und nicht mit brachialer Gewalt aneignen müsse.[244] Doch mit der fränkisch-römischen Allianz wendete sich das Blatt erneut. Das 8. Jahrhundert bringt allgemein eine Verfinsterung mit sich. Die Ablösung der nach alter germanischer Tradition langhaarigen Merowinger durch die Karolinger vollzieht sich nach alttestamentarischem Ritus der Salbung.[245] Bezug auf das alte Testament war immer ein Indiz für wachsenden Totalitätsanspruch und engstirnigen Fanatismus. Bezeichnend ist, daß z.B. Heinrich I., der erste deutsche Kaiser aus dem Salierhaus (919-936), die Salbung und die priesterliche Weihe bei der Krönung ablehnte[246] und sich damit auf ein von Priestermacht unabhängiges Wahl-Königtum bezog. Freilich scheint die wachsende Intoleranz und die Durchsetzung engstirnig pharisäischer Charaktere wie Bonifaz auch außerhalb Frankens im Trend der Zeit zu liegen. Gleichzeitig bricht in Ostrom der Bilderstreit durch, mit dem die Phase der Pflege des antiken Erbes zu Ende geht und die Orientalisierung beginnt. Für Bayern ist dies verbunden mit einer wachsenden preußischen - pardon fränkischen - Bedrohung.

Um 700 setzt die Hagiographie der fränkischen Mission ein und verdunkelt zugunsten der fränkischen Missionare Rupert, Emmeram und Korbinian die Leistung der iroschottischen Wanderprediger, obwohl auch diese Nachfolger zunächst an der columbanischen Liturgie festhielten. Daß die irischen Bräuche sich in Bayern letztlich nicht halten konnten, liegt am fehlenden Selbstbewußtsein, ihren Unterschied zu Rom deutlicher zu vertreten. Auch naive Gläubigkeit hat eine Rolle gespielt, das zeigt die Synode von Whitby (664), wo der englische König naiv fragt, ob der irische Mönch Columban einen ähnlich direkten Herrschaftsauftrag vorzuweisen habe wie Petrus, und sich dann für die römische Liturgie entscheidet, in dem naiven Glauben, mit dem Großschlüsselbewahrer des Himmelreichs besser bedient zu sein.

Es sind vor allem die Herzöge aus dem Geschlecht der Agilolfinger (die von 555-788 die Herrschaft in Bayern behaupteten) gewesen, die sich Rom zuwandten, indem sie sich davon - unverständig und kurzatmig „realpolitisch" denkend - ein Gegengewicht gegen den fränkisch-karolingischen Einfluß versprachen.[247] Auch sie begriffen nicht in vollem Umfang die Machenschaften der Karolinger, die zur Deckung ihrer Absetzung der Merowinger, die noch Elemente des germanischen Kultkönigtums wie die langen Gewänder an sich hatten, die Heiligung durch Rom brauchten und dafür eine diesem willfährige Politik machten, bis zuletzt wohl geleitet vom Usurpatoren-Bewußtsein eigener dynastischer Minderwertigkeit. Auch der Agilolfinger Odilo hat bei seinem Versuch, sich der fränkischen Herrschaft nach dem Tod Karl Martells (741) zu entwinden, von Rom einen eigenen Legaten angefordert. Dieser trat Pippin im Namen des Heiligen Petrus mit einem Friedensgebot entgegen.[248] Jener aber bestritt den Auftrag des Legaten und ließ ihn nach seinem Sieg über den Agilolfinger Odilo zu sich rufen und diesen Sieg als Gottesurteil dafür auslegen, wo der wahre Petrus stünde.

Es waren gerade vordergründige Machtinteressen der bairischen Herzöge, die dem römischen Einfluß den Weg bahnten. Sie hofften, aus dem Christentum eine identitäts-

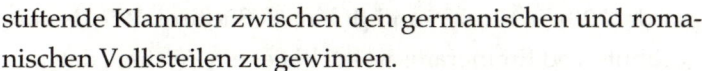

stiftende Klammer zwischen den germanischen und romanischen Volksteilen zu gewinnen.

Herzog Theodo veranlaßte 712 Emmeram, der eigentlich
die Donau hinab zu den Awaren weiterziehen wollte, zum
Bleiben in Regensburg. Das war ein Fehler, denn im Jahre
715 wurde Emmeram von Theodos Sohn Lantperth ermordet, weil er sich angeblich an dessen Schwester Uta vergrif-
fen hatte[249]. Emmeram wurde später aus der Sicht der sieg-
reichen römisch-fränkischen Macht zum Märtyrer erklärt.
Dem Volksglauben, der für politisches Kalkül wenig übrig
hat, wurden andere Zeichen seiner Heiligkeit präsentiert: An
Emmerams Todesstelle in Kleinhelfendorf soll eine Quelle
entsprungen, sein Leichnam auf einem Ochsengespann beziehungsweise einem Schiff ohne Führer nach Regensburg
zurückgelangt sein.[250] Das erinnert sehr an die Fortbewe-
gungsart keltischer und germanischer Fruchtbarkeitsgötter
wie Sequana und Nerthus auf Schiffen.

Uta und Lantperth wurden verbannt, doch das Ansehen
der Mission war beschädigt. Daß Emmeram über die alte
Römerstraße in Rom Schutz suchen wollte, wurde ihm als
Schuldeingeständnis ausgelegt. Johannes Sepp sieht ihn als
erstes Opfer einer Wiederbesinnung auf das Heidentum:
„Das Gebahren des Judenchristen Emmeram übte einen
schmerzlichen Eindruck und ist nicht ohne Nachwirkungen
geblieben. Das Volk der Berge, verletzt in seiner angestamm-
ten sittlichen Haltung und in seinem Stolze, wurde mit Wi-
derwillen gegen die Neulehre erfüllt und wandte sich wieder den alten Göttern zu."

Auch Korbinian (gestorben 730) geriet mit einem Ange-
hörigen des Herzoghauses, Lantperths Sohn Grimoald (er-

mordet 728), in Streit[251] und floh nach Südtirol. Wie der ungesühnte Tod Emmerams ist auch dies ein Zeichen, daß diese Mission immer nur gestützt auf die fränkische Macht im Hintergrund erfolgreich war. Solange Pippin der Mittlere regierte, konnte Korbinian auch gegenüber dem Herzog das große Wort führen, in den Thronwirren nach Pippins Tod war das vorbei. Herzog Theodo, der unbedingt einen eigenen bayrischen Bischof unabhängig von fränkischer Loyalität haben wollte, unternahm 715/16 eine Romfahrt. Der damals gegebene Kirchenorganisationsplan wurde infolge der Nachfolgekämpfe nach Theodos Tod nicht verwirklicht, so daß sich schließlich doch die fränkischen Interessen durchsetzten.

Erst Bonifatius, von Rom 738 für Bayern und Schwaben mit der Durchorganisierung der Kirche beauftragt[252], setzte eine fränkisch zentrierte Bistumsorganisation durch.[253] In Freising, Salzburg und Regensburg konnte er neue Bischöfe einsetzen. In Passau mußte er Vivilo, der an irischen Bräuchen festhielt, akzeptieren. Die Kirchenprovinz Baiern umfaßte 798 die Diözesen Säben, Salzburg, Passau, Regensburg und Freising. Eichstätt und Augsburg gehörten zur Mainzer Kirchenprovinz, die später das eigentliche Rückgrat des Aufstiegs der salischen Kaisermacht darstellt.[254] Erzbistumssitz wurde unter Karl dem Sachsenschlächter Salzburg.

Johannes Haller hat plausibel gemacht, daß eigentlich erst Bonifatius den Grundstock für das Papsttum gelegt hat, wie es sich in den nächsten Jahrhunderten entwickelte.[255] Er hätte die Möglichkeit gehabt, eine Reichskirche unabhängig von Rom zu gründen, doch suchte er selbst in Kleinigkeiten immer nach Bestätigung einer höheren Autorität. Haller sieht sein „Christentum als eine Summe peinlich zu beachtender Vorschriften, deren Befolgung das Himmelreich sichere", als ein Extrem mönchischer Werkheiligkeit. Im Papst beziehungsweise in Petrus sah Bonifatius so etwas wie seinen Herren im lehensrechtlichen Sinn.[256] Auch sonst war er ein typischer Anbeter der Macht, die Donarseiche in Fritzlar fällte er, um zu beweisen, daß die alten Götter sich gegen seinen nicht wehren konnten. Offensichtlich dachte dieser Fanatiker nicht daran, was seinem Gott am Kreuz von den unverhohlen die Macht des Stärkeren anbetenden Juden entgegengellte, das höhnische „Wenn du Gott bist, dann steig herab vom Kreuz".

Neue Namen für alte Geister

Nicht ganz leicht zu bestimmen ist, was in Bayern nun tatsächlich vom Christentum angenommen wurde und Wurzeln schlug. Wir müssen das Christentum des Mittelalters mehr als bisher üblich als städtisches und Oberschichtphänomen begreifen.

Auf dem Land haben wir es mit Überbauungsverhältnissen[257] zu tun. Die Landbewohner (lat. pagani von pagus = Gau) waren den Göttern der Erfahrungsreligion wesentlich mehr verpflichtet, denn sie erfuhren deren Wirken im zyklischen Geschehen der Natur immer wieder von Neuem. Deshalb ging der Name Heiden (= pagani) von den Landbewohnern auf die im christlichen Sinn Un- beziehungsweise Fehlgläubigen über. Das Christentum wurde von ihnen als eine nun verpflichtende Variante des immer schon Gewußten wahrgenommen. Förderliche und feindliche Mächte wurden mit neuen Namen belegt, blieben aber die erfahrbaren Geister des Glücks und der Krankheit, der Fruchtbarkeit und des Unwetters. Erst mit der Zeit begann der scharfe Dualismus der Wüstenreligion seelisch zu wirken.

Aber auch in den Stein gewordenen Zeugnissen der frühmittelalterlichen Kirche aus Wessobrunn[258] und anderen klösterlichen Kontexten spiegelt sich eine starke erfahrungsreligiöse Kontinuität. Da sind zunächst die „Grünen Männer": Köpfe, aus deren Mund Blätter und Weinranken sprießen. Es sind Vegetationsgeister, die die Kirche in ihren Bau, der den Kosmos und die Heilsgeschichte darstellen soll, mit aufnehmen mußte, weil dem Bauern die Fruchtbarkeit der Felder näher ist als eine Erlösung im Jenseits.[259] Ihre Nachfahren finden sich auch noch am Ende des Mittelalters, so auf der Gedenkplatte zur Errichtung der Kesselbergstraße von 1492. Die Grünen Männer versinnbildlichen am einleuchtendsten das Grundgeschehen der Natur. Das Wort „natura" wie auch die griechische Entsprechung „physis" kommen von Wortwurzeln, die Wachsen bedeuten. Das hat eine religiöse Bedeutung, die uns heute nicht mehr selbstverständlich ist. Das Aufgehen ist ein Wachsen aus der Anderswelt, aus der Gestaltlosigkeit zur Gestalthaftigkeit, es ist ein zu sich selbst Kommen, denn der Baum ist der entfaltete Same und der Same der zusammengezogene Baum.

Aber da sind auch die Sirenen (oder sind es Keren, Walküren), die menschenköpfigen Vögel, deren Schwänze aber wieder in vegetabilische Formen auslaufen, sie sind Toten- oder Ahnenseelen.[260] In diesen Menschenvögeln ist das noch nicht getrennt, was die spätgotische Kunst in Sterbeszenen vor allem bei den Schächern in der Kreuzigungsszene in zwei

Figuren darstellt, die Seele, die als kleines nacktes Menschlein wiedergegeben wird, und der Engel oder Teufel, der sie holt. Der Seelenvogel ist Dämon und Seele, aber er läuft in vegetative Form aus, er hat Anteil am allgemeinen Kreislauf von Leben und Tod. Die Vorstellung, daß die Seelen Vögel würden, war weit und lange verbreitet. Deshalb wurden sie besonders auf Friedhöfen gefüttert, teilweise auch die Gräber mit Vogelbeeren, die dem Thor heilig waren, bekränzt.

Gewisse Modifikationen der heidnischen Symbolik schienen den christlichen Missionaren aber unabdingbar. Bei der Übernahme des Bündels der Freya und anderer magischer Kräutersträuße wurde von kirchlicher Stelle einerseits darauf hingewirkt, psychoaktive Pflanzen zu entfernen, zusätzlich wurde das Bündel uminterpretiert als das Bündel der süßduftenden Kräuter, die die Jünger anstelle des Leichnams Mariens gefunden haben.[261] Andere Pflanzen wurden rituell depotenziert. Der Hollunder ist zwar noch das Rückgrat des Palmbüschels, er muß aber geschält werden, da sich unter der Rinde des Holle-Baums eine Hexe verbergen könnte. Dann wurde zusätzlich uminterpretiert: Jeder Zweig des Palms steht nun für eine christliche Tugend.[262]

Sehen wir uns einige besonders prominente Heiligengestalten einmal auf ihre erfahrungsreligiöse Substanz hin an!

Maria, die Große Göttin

Maria ist mehr als eine Heilige. Als Muttergottes und Muttergöttin hat sie gleich mehrere Vorbilder. Mit ihrem sterbenden und wiederauferstehenden Sohn übernimmt sie die

123

Stellung der babylonisch-ägyptischen Muttergottheit Isis; als Maria im Rosenhaag ist sie Venus, als Maria mit dem Ährenkleid stellt sie Demeter dar. In diesen Zügen erhält sich ein tausende von Jahren altes Andersweltgesicht einer Himmelskönigin und Dea natura, einer Naturgöttin. Sie zertritt nicht die Schlange, sondern thront auf Gestalten, die Menschenkopf, Tierleib und Pflanzenschwanz verbinden.

Auch die Schwarze Madonna, deren Hauptkultplatz in Bayern Altötting ist, ist eine Nachfahrin der Großen Göttin. Allerdings weist darauf nicht das Gnadenbild selbst hin. Das Gnadenbild, zu dem die Wallfahrt Ende des 15. Jahrhunderts nach der spektakulären Heilung verletzter Kinder aufgeblüht war, ist eine Arbeit, die etwa um 1330 entstanden ist und damit nicht aus viel älterer Zeit stammt, wie die Humanisten Konrad Celtis und Aventinus meinten, die die Ansicht vertraten, daß das Bild vom heiligen Ruppert von Salzburg mitgebracht worden sei, was 1762 in einem Gemälde des großen Barockmalers Johann Babtist Straub Gestalt annahm. Die Humanisten pflegten zudem die Vorstellung, schon in römischer Zeit habe sich hier unweit der Verbindungsstraße von Salzburg nach Regensburg ein Tempel der Planetengötter befunden.[263] Heute sind sich die Fachleute weitgehend einig, daß die schwarze Madonna ein Zufallsprodukt ist, entstanden durch die Oxydidation des silbernen Untergrundes der Bemalung. Doch selbst wenn dem so ist, dann stellt eben die nicht willentlich hervorgebrachte Schwärzung die Übereinstimmung mit dem Archetyp her. Die kegelförmige Gestalt reicht freilich wirklich weit zurück. Der Kegel ist die Form der Rhea-Kybele, die in den Kultmälern der griechisch als Aphrodite bezeichneten Göttinnen

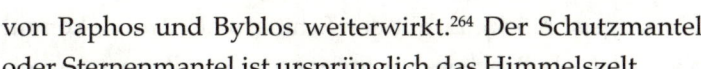

von Paphos und Byblos weiterwirkt.²⁶⁴ Der Schutzmantel
oder Sternenmantel ist ursprünglich das Himmelszelt.

Notburga, Nachfolgerin Demeters

Der Demeter-Aspekt Mariens ist nur ein Nebenzug, denn
die eigentliche Nachfolgerin von Demeter und auch der auf
einem Ochsengespann oder Schiff fahrenden Nerthus oder
Herta (Isis) ist Notburga.²⁶⁵ Es gibt eine ganze Reihe von
Heiligen dieses Namens, alle haben in ihren Legenden zumindest einen Teil der demetrischen Symbole (Schiff, Sichel,
Ähren), am stärksten Notburga von Hochhausen, aber auch
die Notburga von Rattenberg, deren Hauptattribute Sichel
und Ähren sind. Notburga war vor allem eine Patronin der
Mägde, so in Eben im Inntal westlich von Innsbruck. Die
tote Notburga soll von einem Gespann weißer Ochsen, die
sich selbst den Weg suchten, auf den Ebenberg gebracht
worden sein, als das Gespann an den Inn kam, sei der Fluß
zurückgewichen. Das Schiff ist Abbild der Mondsichel und
Symbol des Mutterschoßes.²⁶⁶ Führerloses Fahren auf einem
Schiff (u.a. ein Symbol für die Mondsichel) oder Ochsengespann haben wir schon bei der Legende von Emmeram kennengelernt. Auch von Leonhard wird später an verschiedenen Plätzen berichtet, sein Bild sei auf dem Fluß heran-
getrieben, so in Aigen am Inn.²⁶⁷

Nikolaus, aus dem Wasser entstiegen

Nikolaus ist der Nachfolger Neptuns und mancher loka-
ler Wassermänner (auffällig ist die Namensähnlichkeit zum

Wassergeist Nöck). Er gilt den Schiffern als Patron, kommt aber auch als Brücken-, Brunnen- und Quellenpatron vor. Bereits um 990 hatte das Kloster Benediktbeuern Reliquien von ihm.[268] Zum Teil gilt er als Beschützer vor bösen Wassergeistern, die er überwindet, andererseits tritt er in Gemeinschaft mit Rupprecht auf, der nicht nur den Namen von der Rauh-percht hat, sondern auch ganz ähnlich wie die schiachen Perchten auftritt. Nikolaus ist aber auch der Nachfolger des männlichen Partners der Percht. Er hat drei Nymphen und drei Äpfel (wie am Rande der Welt die Hesperiden, die Nymphen des Baumes des Lebens) bei sich. Diese Äpfel waren wohl ursprünglich auf die drei Schicksalsgöttinnen verteilt. Der 5. Dezember war neben dem Mittfebruar das zweite Fest des Faunus, des Vegetationsdämons, der in Nikolaus' Knecht Rupprecht, aber auch in Gestalten des Perchtentreibens weiterlebt.[269] Der Alte Faunus stellte das vergangene Jahr dar.

Leonhard, stürmischer Eisenherr

Manche halten den Heiligen Leonhard (einen Abt zur Zeit des Frankenkönigs Chlodwig), dessen Kult vor allem durch die Zisterzienser verbreitet wurde, für den Vertreter des Sturmgottes.[272] In Schildthurn wird er, wie in Südtirol und Leutstetten Nikolaus, zusammen mit den drei Bethen verehrt.[273] Leonhard wurde vom Patron der Gefangenen, insbesondere der gefangenen Kreuzfahrer, immer mehr zu dem des Viehs[274], vom Patron der Ritter, woher vielleicht auch noch seine Verbindung zum Eisen rührt, zu einem der Bauern. Dem Eisen blieb er insofern treu, als er der „Eisenherr",

der Patron der Metallhandwerker ist, dem in besonderem
Maße auch eiserne Votive geweiht werden. In Inchenhofen
(Aichacher Land), der bedeutendsten Leonhardswallfahrt
Bayerns, findet sich noch der „Leonhardsnagel", ein 90 Zen-
timeter langer und 121 Kilo schwerer eiserner, phallusför-
miger Gegenstand; in Gabelbachergreut wurde ein ähnlicher,
ursprünglich wohl auch aus Inchenhofen stammender „Na-
gel" im Frühjahr zur Förderung der Fruchtbarkeit durch die
Felder getragen.[275] Auch die Sitte, nicht nur, aber besonders
Leonhardskirchen mit umlaufenden Ketten zu umspannen,
ist mehr als nur eine Erinnerung an den Gefangenenheiligen;
es ist eine besondere Form der Hege eines Heiligtums, die
schon in der Antike begegnet.[276]

Ein wie großer Heiliger Leonhard war, zeigt nicht zuletzt
der Schwank vom Riekoferer Knecht, die zum ersten Mal
1899 aufgezeichnet wurde. In der Karwoche geht der Pfatter-
bauer auf eine Leich, und der Riekoferer Knecht schindet
sich mit einem Ochsen und einem maroden Pflug durch den
Acker.

„Wo gehst denn hin?" fragt das Knechtl.

„Auf a ra Leich!" schreit der Bauer hinüber.

„Wer is 'n nachher g'storb'n?"

„Unser Herrgott."

„So so, hab no nix g'hört daß er krank g'wen wär", (und
nach einer Pause:) „Wer wird denn nachher jetz' Herrgott
wird'n?" (und nachdem dem Bauern nichts einfällt:) „I wüßt
scho oan - vom heilig'n Lienhard hat mer no nia nix Un-
rechts g'hört, und der verstandt a mera vom Viech." [277]

Auch der Heilige Windher oder Winthir wurde als Wind-
Herr aufgefaßt und hatte neben der Heiligen Kümmernis,

einer weiblichen Gekreuzigten mit Bart, in Maria Eich einen Altar.[278]

Antonius, ebenfalls eine antike Fundsache

Der populäre Heilige Antonius ist eine Hermes-Gestalt und nicht nur der Patron des glücklichen Findens, sondern auch ein Heiliger, an den man sich in Liebessachen wenden konnte.[279] Mit dem Kind auf dem Arm entspricht er ganz dem Hermes als Träger des Dionysoskindes.

Petrus, der Donner der Kegel

Petrus ist der Nachfolger des Donnergotts, der die Kegel schiebt. Er hat rote Haare, und Petrus' im ganzen westlichen Mittelalter beständige Ikonographie mit der gedrehten Stirnlocke deutet dieses Wesen an.[282] Sein Schlüssel ist schon das Attribut des Himmelgottes Phanes-Janus[283] gewesen.

Johannes, der Sänger der Sonne

Johannes vertritt die Sonne, er begleitet die Winter- und die Sommersonnenwende (27. Dez und 24. Juni). An seinen Tagen steht in besonderer Weise das Tor zum Erdinneren, zu geheimen Schätzen offen.[284] Sein mythischer Vorgänger ist Orpheus[285], der von den Mänaden, den wildgewordenen Verehrerinnen des Dionysos, zerrissen und enthauptet wurde, dessen Haupt aber weitersang. Von daher konnten Herodias und Salome mit solchen Wesen im dionysischen Taumel identifiziert werden. Das Haupt auf dem Schild oder

einem runden Teller, das in der Spätgotik auch allein dargestellt wird, ist das Gesicht der Sonne. Als Herr der Sommersonnenwende ist Johannes eher Nachfolger eines Sonnengottes, und es ist kein Zufall, daß nach der Legenda Aurea
der Heilige Benedikt, als er in Monte Cassino das Christentum durchsetzte, den dortigen Tempel des Sonnengottes
Apoll gerade in eine Kirche des Täufers umwandelte.[286]

Die Drachenbezwinger

Michael ist der Engel mit der Waage, ursprünglich wohl
einfach der Engel der Zeit dieses Sternzeichens.[287] Die Waage ist aber auch das Attribut der Zuteilerin der Schicksals-
lose. In Alexandria erscheint diese Gestalt bereits im 2. Jahrhundert nach Christus vermischt mit dem Athena-Minerva
Typus, den auch Michael übernimmt. Ein relativ häufiger
Typus von Landschaft ist durch Überbauung durch Micha-
els- oder Georgskapellen bezeichnet. Es handelt sich um
Drachenrücken, das sind Erhebungen, an denen mit der Erhebung zugleich ein Zugang zum Inneren des Berges gegeben ist. Vielfach sind es auch Verdichtungspunkte der Landschaft. Man hat hier das Gefühl, auch weit Entferntes näher
und genauer als sonst wahrnehmen zu können. Ein besonders schönes Beispiel ist die Michaelskirche auf Widdersberg bei Herrsching. Hier ist das zugehörige Waldtal auch
noch Höllgraben benannt. Der eigentliche Michaelspunkt
scheint aber nicht direkt an der Kirche zu sein, an die die
Häuser des kleinen Ortes auch zu nah herangerückt sind,
sondern etwas weiter oberhalb durch zwei Feldkreuze mar-
kiert. Von hier aus sieht man den nächsten Michaelsort An-

dechs direkt vor der Zugspitze. Zurückblickend liegen dann auf dieser Linie die Kirche von Widdersberg und der Funkturm von Schöngeising. Letzterer steht in unmittelbarer Nähe eines keltischen Kultplatzes, und in Widdersberg ist an der Außenwand der Kirche ein keltoromanisches Relief zu sehen.

Dagegen ist St. Mang (Magnus) als Drachenbekämpfer und Ungeziefertöter der Nachfolger einer Apollongestalt. Apoll erscheint auch in der antiken Überlieferung als Mäusetöter, so wie als Überwinder des Pythondrachens. Interessant ist in diesem Zusammenhang, daß auch St. Mang neben Sebastian und Rochus als Pestpatron verehrt wird, auch das ein Anklang an die Apollongestalt. St. Mang ist wohl ein einheimischer Heiliger des Lechtals, der hier die Natur zähmt. Erst später wurde er als Schüler von Columban und Gallus als Ire aufgefaßt.[288]

Georg ist Nachfolger der Drachensieger: vom griechischen Perseus bis zum germanischen Siegfried und Martin, des in der Spätantike allgegenwärtigen Reitergotts. Bezeichnend ist, daß Georg, dessen Fest im April liegt, auf einem weißen Pferd reitet, Martin, der im November gefeiert wird, ein dunkles Pferd hat. So sind sie zugleich Verkörperungen der Jahreszeitenherrscher. Auch was ihre Kultgeschichte angeht, verweisen sie auf entgegengesetzte Richtungen: Georgspatrozinien in bajuwarischer Zeit verweisen auf östlichen, das heißt byzantinischen Einfluß, Martinspatrozinien dagegen auf fränkischen, das heißt westlichen Einfluß.

Wenn Georg gelegentlich in der Nähe von heiligen Steinen zu finden ist, verweist das auf eine christliche Besetzung alter heidnischer Steinkulte. So gibt es nicht nur in der Isar

einen Georgistein, auch in der Iller findet man einen.[289] Am
Auerberg, wo die Kirche Georg geweiht ist, liegt in deren
Nähe der sogenannte Keltenstein. Auch das auffällige Bi-
chel[290] bei Ascholding mit der Schimmelkapelle hat ein
Georgspatrozinium. Die Sagen weisen auf einen alten Pfer-
de-Opferplatz, und in die Kapelle ist ein Opferstein hinein-
verbaut.

So wie sich in bajuwarischen Gräbern byzantinische und
fränkische Kleinkunst begegnen, so wie hier Martins- und
Georgskult zusammentreffen, so begegnen sich hier Ost und
West Europas. Ungarn, Österreich und Bayern sind die Vermittler östlicher Kultur nach Westen, der auch eine Sprach-
bewegung entspricht, die nicht durch eine wandernde Bevölkerung getragen wird, sondern sich wie eine Welle fort-
pflanzt.[291]

Margret, oder der Drache als Haustier

Margret ist die Nachfolgerin der alten Erdgöttin. Im la-
dinischen Margarethenlied ist sie noch keine Heilige, sondern ein Almgeist, mit dessen durch menschliche Neugier
bewirktem Verschwinden die goldene Zeit dahingeht.[292] Ihr
Verhältnis zum Drachen, den sie eher liebevoll betrachtet,
und zu Georg als Drachentöter wird nur verständlich von
der ursprünglichen kosmogonischen und theogonischen Ein-
bettung der Geschichte her. Diese spiegelt die Ablösung der
Herrschaft des vorzeitlichen Gottes (Kronos oder Saturn),
dessen Herrschaft mit dem goldenen Zeitalter, aber auch mit
recht primitiven Verhältnissen gleichgesetzt wurde, durch
die des neuen Himmelsgottes. Eine kleinasiatische Mythen-

version besagt, daß Kronos-Saturn die Heilige Hochzeit, die Vermählung von Himmel und Erde, entweder selbst nicht vollzog, oder dem Himmelsgott Zeus die Braut vorenthielt und erst durch die Gefährdung der Welt durch schlangenfüßige Ungeheuer dazu gezwungen wurde, Zeus die Braut und das Reich zu versprechen.[293] Diese Mythe hallt nach in den unzähligen Märchenmotiven vom Helden, der durch eine Befreiungstat Braut und Reich gewinnt und die Heilige Hochzeit vollzieht. Der Drache ist dabei durch Jungfrauenzeugung von der vernachläßigten Erde selbst hervorgebracht worden, die sich damit zwar nicht den eigenen Befreier, aber den Anlaß zu ihrer Befreiung erzeugt. In gewisser Weise ist der Drache sogar eine andere Gestalt der Erdgöttin selbst, was in den Verwandlungssagen von Jungfrauen (insbesondere der drei Saligen), die sich in Ungeheuer verwandeln, aufscheint. Darauf werden wir weiter unten auch noch einmal kommen.

Der Drache ist das Wesen, das durch seinen Opfertod die neue Qualität des Zeuszeitalters möglich macht: Es kehren Recht und Gesetz ein, Menschen und Götter scheiden sich. Während in der Gestalt des Drachens Himmel und Erde ungeschieden sind: Flügel und Augen symbolisieren den Himmel, sein Schlangenkörper die Erde. In gewisser Weise ist das die Stellung, die später auch Christus übernehmen wird. Deshalb wird der Drache zum gefährlichsten Feind des Christentums; vor nichts muß die Kirche soviel Angst haben, als daß die erfahrungsreligiöse Substanz, von der sie lebt, unabhängig von ihr und in ihrer ursprünglichen Gestalt in Erscheinung tritt.

Der Drache verweist darauf, daß Himmel und Erde ursprünglich ungeschieden waren, und daß, wenn Christus etwas zu kitten hatte, der Bruch in die Welt nicht durch die Schlange oder den Drachen gekommen war, sondern durch die Spaltung der Welt in Gut und Böse durch das Verbot des alttestamentarischen Gottes. Die Schlange, die sich in den Schwanz beißen kann, repräsentiert die Einheit von linearer und zyklischer Zeit.

Bezeichnend ist, daß Margret auch zur Patronin der Gebärenden wurde, weil sie, der Legende nach vom Drachen verschlungen, durch das Kreuzzeichen den freien Ausgang erwirkte.[294]

Maria, als Patrona Bavariae später meist auf der von der Schlange umwundenen Weltkugel[295] gezeigt, stellt in Wirklichkeit das Verhältnis der Erdmutter und ihrer beiden Söhne, des unterweltlichen (Drachen) und des himmlischen (kindlicher Herrscher des neuen Zeitalters), dar. Es ist schwer zu sagen, inwiefern diese Urbilder unter einer gegenläufigen theologischen Erklärung dennoch empfunden wurden.

Barbara, die Bergende

Barbara schließlich ist die alte Rhea-Kybele. Kybele ist ursprünglich als Bergmutter die Bergende (entsprechend der keltischen Birg, die sich noch in vielen Höhennamen erhalten hat). Der Berg hat etwas Bergendes und Verbergendes. Ursprünglich ist damit wohl eher die Höhlung gemeint, und Barbara ist auch die Patronin der Bergleute. Kybele erscheint auch als die Göttin der befestigten Plätze, das dazugehörende Symbol ist die Mauerkrone; Barbara übernimmt das als Heilige mit dem Turm. In Gauting an der Würm hat man

Die Gautinger Kybele-Statue

eine beachtenswerte Kybelestatue aus römischer Zeit gefunden. Natürlich kann man von kleinasiatischem Einfluß reden, aber die Erfahrungsreligion der römischen Kaiserzeit verbreitete eben die Figuren, die einen bestimmten Aspekt des Lebens besonders plastisch verkörperten und bestimmt nur so weit, als dieser Aspekt des Lebens auch für die Menschen alltagspraktische Bedeutung hatte. Gut möglich, daß nicht nur die Römer, sondern auch die Gautinger zu jener Zeit in Kybele eher eine Birg sahen und daß es dieselbe Gestalt ist, die als Mutter des Götterkönigs in der Sage allmählich zur Mutter Karls des Großen geworden ist, der in der Reismühle, also ein Stück nördlich des römischen Heiligtums, geboren sein und bei Leutstetten sein Schloß gehabt haben soll. Wie passend, daß Karls Mutter auch noch Bertha hieß.

Katharina, die Glücksbringerin

Die Heiligen mit der größten Bedeutung und Popularität sind die, die auch einen lebensweltlichen Aspekt haben. So verkörpert Katharina mit ihrem Rad (zugleich das Rad der Fortuna) das Auf und Ab des Lebens, das wechselnde Glück, den Zyklus von Tod und Wiedergeburt des Menschen ebenso wie der Vegetation. Das Rad versinnbildlicht auch Sonne und, zerbrochen, Mond. Ihr Festtag, der 30. April, fällt mit dem der Walpurga zusammen, die wir oben schon als verchristlichte Venusgestalt kennengelernt haben.

Bezüglich der Heiligensymbole mag an dieser Stelle vielleicht kurz darauf hingewiesen sein, daß die in den Heiligenlegenden angegebenen Gründe für die Symbole, etwa daß Barbara in einem Turm eingesperrt war, Katharina gerädert werden sollte, aber das Rad zerbrach, für die erfahrungsreligiöse Bedeutung ohne Belang und auch in der bäuerlichen Überlieferung wenig bekannt sind.[296] Selbst das Schwert der Katharina muß nicht als ihr Leidenswerkzeug gedeutet, sondern kann als Zeichen der exekutiven Macht der Glücksgöttin verstanden werden. Die Heiligen vertreten die Kräfte, die im Jahreslauf spürbar werden.

In der Rokokozeit ließ der Abt von Windsberg die einzelnen Heiligenaltäre seiner Kirche sogar den Tierkreiszeichen zuordnen, Katharina zum Beispiel der Waage.[297] Eine Zuordnung der zwölf Apostel zu den Tierkreiszeichen findet sich schon auf einem frühmittelalterlichen Elfenbeinschälchen, das heute in der Prähistorischen Staatssammlung in München zu sehen ist.

Die drei Madln

Gerade im ehemals keltischen Bereich taucht öfter eine Dreiheit von Muttergöttinnen auf, die auch in der christlichen Ära noch als die drei Madln fortlebt[298] :

Barbara mitm Turm,

Margareth mitm Wurm,

Katharina mitm Radl

des sind die heiligen drei Madl.

Die Symbole weisen die Drei Madl als die drei Göttinnen der Lebensswandlung aus. Barbara vertritt den jungfräulichen Aspekt: Der Turm steht für das Aufrechtsein, der Kelch ist ein Zeichen der Wandlung, das Schwert kann man (wie in der Tarot-Symbolik) als Zeichen der geistigen Energie und Unterscheidungskraft auslegen, aber auch als Zeichen der vollziehenden Gewalt.

Margareth steht für den roten oder Venus-Aspekt der Göttin. Der Drache ist das Bild der Elementarenergie. Katharina mit dem Schicksalsrad ist die Verwandlerin. So wie Margareth sich im Martyrium von Gott die Gnade ausgebeten hat, in Geburtschwierigkeiten hilfreich zu sein, so Katharina die Gnade, der Seele das Paradiestürchen öffnen zu können.[299] Ihr Rad ist das Rad der Fortuna, es kann aber auch als Spinnrad des Lebensfadens oder des Fadens der Geschichte gedeutet werden[300] .

Um diese Götterdreiheiten[301] zu verstehen, ist es sinnvoll, sich den grundlegenden Unterschied zur Vierheit klar zu machen. Dazu ist zunächst die Beobachtung des Bildvollzugs bei der Vierheit notwendig. Die Vierheit, etwa der Jahreszeiten oder der Tageszeiten, bauen wir auf, indem wir ei-

nem primären Gegensatz – Tag / Nacht, Sommer / Winter -
zwei Übergangsformen an die Seite setzen: Morgendämme-
rung / Abenddämmerung, Frühling / Herbst. Aristoteles dagegen sagte noch: „Die Dreiheit ist die Zahl des Ganzen, insofern sie Anfang, Mitte und Ende umschließt. Als hätten
wir aus den Händen der Natur deren Gesetze empfangen,
bedienen wir uns zu den heiligen Bräuchen des Götter-
dienstes dieser Zahl."[302] Die Dreizahl ist ein universelles
Deutungsmuster. Wachsen, blühen, abnehmen ist der Lauf
jedes Lebens.

Wenn wir nun zur Dreiheit übergehen, ändert sich das
Denken völlig. Versuchen Sie einmal, drei Jahreszeiten zu
denken, drei Tageszeiten, bevor Sie weiterlesen…

Was verändert sich? Man kann nicht einfach eine weglassen, alle verschieben sich. Möglich wäre zum Beispiel, das
Jahr zu denken als Aufstieg, Lebensmitte und Abstieg - fragt
sich freilich, ob in einer solchen Betrachtungsweise nicht allzusehr der Tagpol dominiert? Ganz anders ist es, wenn man
folgende drei Jahresphasen nimmt: Wachstum, Reife, Schlaf.
Zwischen Abstieg und Wiederaufstieg ist ein Zwischenglied
notwendig, etwas, in dem Tod in Leben übergeht; dazu, daß
Leben in Sterben übergeht, bedarf es keines Umschwungs,
keines neuen Einschlags. Ob man diesen Übergang vom Tod
zum Leben als Ruhe oder als eigentliches Wachstum faßt, ist
zweitrangig. Ersteres legt die Winterstarre nördlicher Gefil-
de, letzteres die winterliche Feuchtigkeit südlicher Regionen
nahe. Die Rauhnächte zwischen Weihnachten und Dreikönig,
die als weder zum alten noch zum neuen Jahr gehörig gelten, sind die Zeit des Übergangs.

Die Bethen

Die Farben der drei heiligen Madl sind weiß, rot und schwarz[303], sie stehen für den jungfräulichen, den mütterlichen und den Todesaspekt. Es gibt freilich die Drei auch noch mit einem anderen, höchst seltsamen Namen: die Bethen.[304] Daß die Bethen am Seitenaltar in Leutstetten im Würmtal Pfeile haben, hängt einerseits, erfahrungsreligiös gedeutet, damit zusammen, daß sie hier Pestheilige sind[305], ähnlich Apoll und Artemis, die Todespfeile verschießen und zugleich Retter davor sind. Doch die Pfeile können auch christlich gedeutet werden. Die drei Bethen gehören als Heilige zum Gefolge der Heiligen Ursula, die mit zehntausend Jungfrauen durch Pfeilschützen ermordet worden sein soll. Da man nicht alle zehntausend Namen kennt, gibt es hier noch freie Plätze, und weibliche Heilige unklarer Herkunft konnten hier eingereiht werden. Doch auch Ursula selbst hat wieder einen Bezug zum Heidentum: Sie ist vom Namensanklang her Nachfolgerin der sächsischen Ursel oder Hörsel, der Anführerin der wilden Jagd, die der römischen Diana und der Percht des Alpenraumes entspricht. Der Name Ursula hängt mit Ursus = Bär zusammen, der ja auch das Tier der Artemis ist[306] und dessen Winterlager die Vegetationsgöttin teilt.[307] Die Drei Fräulein in Reutlingen kommen vom Ursulenberg her, in Kaufbeuern heißt ihr Gebiet Dreischwesternwald[308].

Schon in der Antike kommt dabei das bei den mittelalterlichen weiblichen Heiligen so beliebte Attribut des Buches auf. Spindel, Waage und Buch sind die Attribute der drei Parzen (Schicksalsgöttinnen).[309] In Leutstetten tragen

Die Bethen in der Leutstettener Filialkirche St. Alto

zwei der drei Bethen Bücher. Das Buch ist einerseits Buch der Natur oder des Schicksals, denn die Natur ist ein Buch für den, der ihre Zeichen lesen gelernt hat. Das hier gemeinte Wissen ist eines, das die Natur selber gibt, weil ihr Aufgehen und Zu-sich-selbst-Kommen zugleich Erscheinen und Offenbarwerden ist.

In Leutstetten ist auch eine Sage von drei Saligen, schatzhütenden Frauen auf dem Karlsberg, zuhause. Den Schatz gewinnt, wer den Saligen nicht nur in ihrer schönen jungfräulichen, sondern auch in ihrer schrecklichen drachen-

haften Gestalt begegnen kann.[310] Als aussichtsreichster Zeitpunkt ist die Nacht vom 24. auf den 25. Dezember angegeben – bei den Galliern das Fest der guten Mütter.[311] Andernorts sind von den Jungfrauen zwei weiß und eine schwarz
oder gemischt (so bei den Drei Jungfrauen auf dem höhlen-
durchzogenen Hollenstein bei Velburg in der Oberpfalz[312]),
während sie in Leutstetten die Mantelfarben schwarz, weiß
und rot zeigen. Wiederum anderswo vermachen drei geweihte Jungfrauen der Gemeinde ihren Wald.[313] In Dießen heißen die drei Kunigund, Mechthild und Euphemia. Dort bilden St. Georgen, die Burg und der Schatzberg drei Hügel.
Am Schloßberg entspringt die Mechthildenquelle.[314]

Die Heiligen sind immer auch Gestaltungen des Geists
eines Ortes. So sind die Maria von Maria Eich und die von
Altötting oder der Leonhard von Dietramszell und der von
Siegertsbrunn für den Bauern nahezu verschiedene Perso-
nen mit unterschiedlichen Fähigkeiten. Sie sind weitgehend
zur Ortsgottheit geworden. Der Name des Heiligen typisiert
nur die Art der hier wirkenden Qualität des Genius Loci.

Damit wollen wir unseren Besuch bei bayrischen Heiligen beenden und als Erkenntnis mitnehmen, daß hier uralte
Mächte am Wirken sind, die sehr natürlich und keineswegs
nur als „heilig" in der Art kitschiger Bildchen des 19. Jahrhunderts aufgefaßt werden. Und so kann das Verhältnis zur
Göttlichkeit auch durchaus derb sein: „Der bayrische Bauer
wirft den hölzernen Herrgott auf den Mist, wenn das Hagel-
wetter nicht nachläßt", schreibt der Historiker Friedländer
noch 1870.[315] Das ist vielleicht nicht Beleidigung, sondern
ähnlich zu denken wie das von den Arkadern berichtete Peit-
schen des Panbildes, wenn keine Jagdbeute gelang.[316]

Archetypen – ewige Mittler in neuen Kleidern

Viele kleinere Naturwesen sind aus unserer Kultur verschwunden, weil sie – auch wenn sie nicht böse waren – gegen das christliche Denken gerichtet schienen. Die großen Gestalten der Erfahrungsreligion aber sind überwiegend als Heilige ins Christentum integriert worden. Anders kann sich letztlich keine Religion behaupten, und wenn sie, wie teilweise das Christentum - wie übrigens auch schon das Judentum – zum Kampf gegen die eigenen Wurzeln wird und in radikaler Reformation und Entmythologisierung zum Sieg kommt, stirbt sie innerhalb weniger Jahrhunderte ab, weil mit den erfahrungsreligiösen Bildern zugleich die Wurzeln von Religion überhaupt abgeschlagen sind.

Dem Christentum waren die archetypischen Bilder einer Erfahrungsreligion nicht fremd, weil auch schon das Judentum, auf dem es fußt, aus einer Erfahrungsreligion hervorgegangen ist. So war David ursprünglich der König des neuen Jahres, der den Riesen der Zwischenzeit, Goliath („Mann des Zwischenraums"), besiegt. Joseph (der Vermehrer - ein kanaäischer Pluto) war der Kornkönig, der in den Brunnen beziehungsweise ins Gefängnis (= Grab) gelegt wird und dessen Grab die Samariter in Sichem zeigten, und Kain war der hinkende Schmied, der den Regengott Abel (Hobal = Pisser) tötet.[317]

Verhängnisvoll wirkte im Christentum aber, daß es diese Archetypen ohne eine adäquate Verständnismöglichkeit, ohne ihre Wurzeln überliefert hat.

Vielen der Naturwesen haftet eine Stoßrichtung gegen den christlichen Ritus an, auch wenn sie nicht als böse gelten. Wichtel werden oft als nackt vorgestellt. Legt man ihnen Kleider hin, das heißt, versucht man sie zu zivilisieren, so kommen sie nicht wieder. Das wird später damit erklärt, daß sie glaubten, man kündige ihnen damit den Dienst auf, doch ursprünglicher dürfte die Abneigung gegen jeden Versuch der Anpassung an die Zivilisiertheit sein. Häufig zeigen die Wesen auch ihren andersweltlichen Standpunkt, sie trauern bei Geburt und Hochzeit, die sie als Schritte der Einkerkerung eines Geistes betrachten, und freuen sich beim Tod, den sie als Freiwerden eines Geistes feiern.[322] Dieses nach menschlichem Maß unpassende Verhalten wird in vielen Geschichten der Auslöser dafür, daß der Mann einer solchen Andersweltfrau diese schilt und dadurch verliert. Umgekehrt verleiten die Heidengeister die Christenmenschen zum Fluchen. So in der Nähe der schon erwähnten Ascholdinger Schimmelkapelle das „Gasta-Weibl", das als Spinnerin, eine Gestalt der Schicksalsgöttin, umgeht: Sie hält nächtlicher Weile die Fuhrwerkspferde so lange auf, bis der Fuhrmann ordentlich flucht.[323]

Mai- und andere Schicksalsbäume

Auch der Maibaum ist Rest eines heidnischen Kultes. Weit verbreitet sind in verschiedensten Kulturkreisen Stangen, die den Himmel anritzen. Aufstellung und Verbrennung des alten gehört zum Ritual der wiederkehrenden Fruchtbarkeit. Andererseits lebt darin aber auch der Geschlechterbaum fort. Der Baum entspricht in seiner Einzelwesenhaftigkeit eher dem Menschen, er ist ihm Gegenüber, ja, Alter Ego. Darin wurzeln die Sagen vom Dahinschwinden eines Menschen,

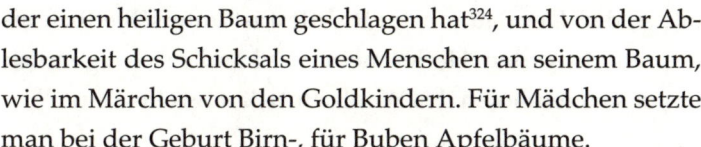

der einen heiligen Baum geschlagen hat[324], und von der Ablesbarkeit des Schicksals eines Menschen an seinem Baum, wie im Märchen von den Goldkindern. Für Mädchen setzte man bei der Geburt Birn-, für Buben Apfelbäume.

Aber auch Orte haben ihren Schicksalsbaum, wie Athen den Ölbaum auf der Burg, der beim Persersturm verbrannte, aber gleich wieder austrieb, oder Geschlechter wie die Flavier eine Zypresse auf ihrem Stammgut.[325] Auch zu jedem Hof gehörte ein Baum. Oft ist es in Bayern der Hollerbusch, in dem der Schutzgeist des Hofs verehrt wurde. Vor dem Hollerbusch muß man den Hut abnehmen wie vor einem Heiligenbild.[326]

Sogar in der graphischen Darstellung des Stammbaums schwingt noch etwas davon mit, daß es um ein Gedeihen des Stamms nach Art eines Baumes geht.[327] Wieder haben wir es nicht mit etwas spezifisch Bayrischem zu tun, sondern mit einer Vorstellung, die weltweit verbreitet ist. Von China berichtet der Religionshistoriker H. G. Wales: „Um einen Geist zu töten, wurde ein Gebäude über seinem Erdhügel errichtet." Er sieht den Sinn davon nicht zuletzt darin, daß auf dem Hügel kein Baum wachsen sollte, denn Berg und Baum gehörten zusammen, und der Baum war das Symbol des Gedeihens eines Geschlechts, so daß, wenn eine Dynastie überwunden war, ihr Baum abgehauen wurde.[328] Der Baum vor dem Haus ist nicht Abbild des Weltenbaums, sondern legte die Grundlage für diese Vorstellung.[329]

Der Maibaum wird mit den Attributen der örtlichen Gewerbe behangen, früher auch mit Armbrüsten als Zeichen bäuerlicher Wehrhaftigkeit, die in alle vier Himmelsrichtungen zeigten[330], er stellt den Segen des Dorfes, dessen Mitte er bildet, dar. Der Baum beim Richtfest ist unterschiedlich interpretiert worden. Höfler meinte, es handle sich eigentlich um das Hereinholen des Waldschutzdämons ins Haus.[331]

Wildes Haberfeldtreiben

Im Haberfeldtreiben, einer öffentlichen Rüge, bei der nachts mit Fackeln und großem Lärm vor das Haus des zu Beanstandenden gezogen wird, lebt, mit Bedürfnissen aus dem Mittelalter verwoben, ein Bockskult fort. Johannes Sepp hat es als Nachfolge der bei Tacitus beschriebenen Harii[332] und der wilden Jagd beschrieben. Die Berufung auf Kaiser Karl im Untersberg sei ein Weiterleben Wotans, die zwölf Asen durch die zwölf Paladine des Kaisers wiederaufgegriffen.[333] Auch daß Karls des Großen Wiege in der Reismühle bei Gauting gezeigt wird[334], dürfte eher eine Ersetzung eines in römischer Zeit hier nachweisbaren Göttervaterkults durch den Namen des Kaiservaters sein, wie schon Sepp vermutet, der zugleich auf die Ähnlichkeit mit der Sage vom jungen Kyros hinweist. Wie diese Sage die Meder mit der neuen, persischen Herrschaft versöhnen sollte, so jene die Baiern mit der fränkischen.[335] Das Zentrum des Haberfeldtreibens in der Frühneuzeit war in Oberbayern der Bereich Rosenheim-Miesbach[336], altes keltisches Gebiet um das Mangfallknie. Treffpunkt war die „Haberkapelle" in Festenbach, an deren Ostwand der heilige Leonhard gemalt ist.[337] Ein Zentrum in Niederbayern ist die sogenannte Habererkirche, ein Megalithbau mit eingeritzter Geiß bei Griesbach, heute das Zentrum eher unkultureller Saufgelage.[338] Auch das Jodeln ist nach manchen Theorien Relikt einer

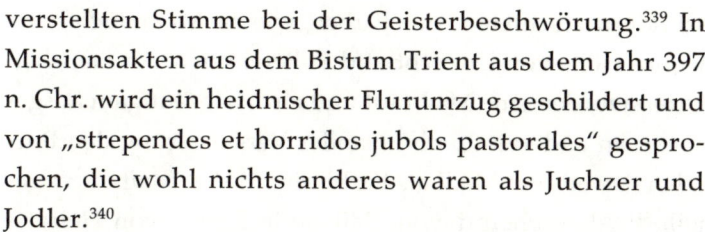

verstellten Stimme bei der Geisterbeschwörung.[339] In Missionsakten aus dem Bistum Trient aus dem Jahr 397 n. Chr. wird ein heidnischer Flurumzug geschildert und von „strependes et horridos jubols pastorales" gesprochen, die wohl nichts anderes waren als Juchzer und Jodler.[340]

Man könnte insgesamt sagen, daß die Einführung des Christentums nur um den Preis von dessen weitgehender Entgeschichtlichung und Remythisierung gelang, oder eben nur soweit, als sich in der Erfahrungsreligion verankerte Riten christlich überbauen ließen.

Fronleichnam und Heilige Hochzeit

Gerade die Einführung neuer Feste im Mittelalter geht vielfach auf den Willen der Kirche zurück, heidnische Festdaten zu besetzen. Das gilt besonders für die Marienfeste, aber auch Fronleichnam ist nicht zuletzt die Besetzung der Stelle, die in der Erfahrungsreligion das Adonisfest einnimmt. Das geht bis in die äußeren Formen. Auch beim Fest des getöteten Vegetationsdämons wurden abgeschnittene Bäumchen, wie die Birken bei der katholischen Fronleichnamsprozession, verwendet. Hier tritt die Zentralfigur des Christentums in besonders deutlicher Weise in die Fußstapfen des Archetypus des sterbenden und wiederauferstehenden Vegetationsgeistes.

Mit den Maifesten waren Bräuche verbunden, die der Kirche in besonderer Weise ein Dorn im Auge waren, so der Nachvollzug der Heiligen Hochzeit von Himmel und Erde als Voraussetzung aller Fruchtbarkeit. Kirchliche Autoren schildern in schreiendsten Farben, wie die Maibräuche eine wahre Hölle von Unzucht und Tollerei seien. An manchen Orten wurden eine Maibraut und ein Maibräutigam ausgesucht, an anderen durch Los oder Versteigerung den Burschen jeweils ein Mädl als Partnerin für den Maitanz zugeteilt.[341] Abgesehen davon, daß sie in Zeiten von Heiratsbeschränkungen den einfachen Menschen eine kultisch gesicherte Möglichkeit boten, Venus zu leben, sind diese Bräuche beides: kultische Nachahmung des Naturlaufs und Tribut an die wilde Seite der eigenen Natur.

Fasching – alle „Narretei" auf einem Haufen

Nicht so stark wie in den alemannischen und rheinischen Gebieten entwickelt ist in Bayern das Faschingsbrauchtum. Vielmehr scheint das, was dort in der Zeit unmittelbar vor Beginn der Fastenzeit konzentriert ist, in Bayern verteilt auf Perchtentreiben, Fasching und zum Teil auch Fronleichnam und andere Prozessionen. Darin kann man ein Indiz sehen, daß es hier der Kirche schwerer fiel, das Treiben an die vorgesehene Stelle zu legen. Die Kirche wollte am liebsten alle nicht ausrottbaren Masken- und Spieltraditionen vor der Fastenzeit konzentrieren, um deren Beginn dann als Sieg über die verkehrte Welt, das Reich Satans etc. werten zu können. Deshalb ist das Strohpuppenverbrennen auch mancherorts als Faschings-Verbrennen weitergeführt worden, verbrannt werden sollte der Geist des heidnischen Treibens. Dazu paßt das Brauchtum, Tiere oder Tiermasken zu töten. So sind für Wasserburg und Nabburg noch aus dem 16. Jahrhundert Rechnungen der Metzger, die den Fastnachtsochsen erschlugen, erhalten. Auch andere Tiere, wie Bär und Hahn, wurden dabei kirchlicherseits als Verkörperungen von Lüsten gesehen, die in der Fastenzeit abgelegt werden sollten.[342] Natürlich wurde die Percht kirchlicherseits als die große Hure aufgefaßt, deshalb ist sie aber doch viel mehr als nur eine Personifikation des Lasters Luxuria, worauf manche Volkskundler sie reduzieren wollen.[343]

Doch das widerspricht gerade nicht der These, daß diese Figuren in erfahrungsreligiösem Denken der einfachen Menschen positiv bewertet oder zumindest nicht so scharf in gut oder böse eingeteilt wurden. Der Fasching war eines der vielen, von der Kirche wohl oder übel akzeptierten Ventile, durch das heidnische Empfindungen sich Luft machen durften. Auch bei den römischen Saturnalien handelt es sich um eine Erinnerung an eine vergangene Epoche, nämlich die Herrschaft des Saturn und das goldene Zeitalter, das zwar unwiederbringlich vorbei ist, aber sehr ambivalent gewertet wird.

Freilich haben sich durch die konsequente kirchliche Besetzung im Lauf der Zeit die Vorstellung vom dummen Esel, dem schmutzigen Schwein, dem geilen Hahn, dem eitlen Pfau eingebürgert. Doch andererseits ist Glücks- und Sparschwein, Wetterhahn etc. auch mit anderer Bedeutung erhalten geblieben, und der Fasching war die Gelegenheit, wo die normalerweise nicht zugelassenen Triebe zumindest unter dem Vorwand, sie der Lächerlichkeit preiszugeben, dargestellt und gefeiert werden konnten.

Auch von den Tieren der Götter ist denen das intensivste und längste kultische Nachleben beschieden gewesen, die mit den Fruchtbarkeitsgöttern verbunden waren. Das Schwein

der Demeter lebt in unserem Sparschwein und als Glücks-
symbol („Schwein gehabt") fort sowie der Hase des Pan im
Griechischen beziehungsweise der Ostara im Germanischen,
der sich „vermehrt wie die Karnikel" und immer schon das
Opfertier der ärmeren Leute war, in unserem Osterhasen.
Auch die andere Darstellungsform des Widersachers des
Christentums, der bocksfüßige Gehörnte, ist die des alten
Fruchtbarkeitsgottes.

Der Narr ist der, der die Wahrheit sagen darf, weil er
keinen Anspruch erhebt, daß sie gültig sei. Gerade rigide
Gesellschaftsformationen brauchen Ventile. Die „Verkehrte
Welt" hat aber auch ihre Wahrheit, sie stellt - ob gewollt oder
nicht - die Einseitigkeit der scheinbar unabänderlichen Ordnung dar, sie stellt die Realität einer Anderswelt dar. Auch
wenn man diese verteufelt oder lächerlich macht: Jedes Jahr
wird die Abgründigkeit des scheinbar Selbstverständlichen
zelebriert. Darstellungen wie die der Altweibermühle, aus
der alte Frauen verjüngt hervorgehen, können nur bornierte
Ideologen als Verspottung der Absurdität der Vorstellung
einer Rückgängigmachung des Alters ansehen, es ist Zelebration der ewigen Wiederverjüngung der Natur! Die Fasnacht
ist nicht Erhebung gegen die natürliche Ordnung, sie ist, wie
auch schon die Saturnalien in Rom, die Erhebung der natürlichen gegen die kulturelle Ordnung. Es gilt zu verstehen,
daß eine nicht vom mechanistischen Naturbild geprägte Zeit
unter Natur gerade den ewigen Kreislauf verstand.[344]

Doch wenden wir uns nun wieder der politischen Ordnung Bayerns zu und kommen zu einer Zeit, wo es auch in
gewisser Weise „narrisch" wird.

4.

Franken, Preußen, Protestanten

Die ersten Preußen, die über Bayern herfallen, sind die Franken. Karl der Sachsenschlächter ist der Urahn der Pikkelhaube. Voraussetzung dafür war die Schwächung des mittelmeerischen Einflusses, bedingt durch die verfehlte Politik des oströmischen Kaisers Justinian, der dem Traum von einer Wiedererrichtung der Herrschaft über Italien nachhing und die Ostgoten bekämpfte, statt alle Kräfte für die Abwehr der Hunnen, Slawen und Perser zu konzentrieren. Der schließliche Sieg über die Ostgoten 553 war von der mediterranen Kultur her gesehen ein Pyrrhussieg.

Nachfolger der Ostgoten als südliches Machtzentrum wurden die Langobarden, die dem elbgermanischen Kulturkreis angehörten und den Höhepunkt ihrer Macht in der ersten Hälfte des 8. Jahrhunderts erreichten. Karl der Sachsenschlächter eroberte 773/74 das Langobardenreich. In der Folge war die Lombardei mit dem 11. Jahrhundert weitgehend entgermanisiert. Das Langobardische als oberdeutsche Mundart starb aus.

Und Bayern wurde fränkisch.

Der Nordwind bläst

Auch die Bayernherzöge selbst haben ihren Teil zum Verlust langobardischer Identität beigetragen. Mit der Ehe des Langobardenkönigs Authari (584-590) mit der bayrischen Herzogstochter Theodolinde waren besonders enge Beziehungen hergestellt worden. Theodolinde heiratete nach Autharis Tod seinen Nachfolger Agilulf (591-615). Auf ihren Einfluß ist der Übertritt der Langobarden vom arianischen zum katholischen Glauben zurückzuführen. Sie ermöglichte dem aus dem Frankenreich vertriebenen Iren Columban, das katholische Kloster Bobbio im teilweise noch arianischen Langobardenreich zu gründen.[345] Damit ging der konfessionelle Sperr-Riegel zwischen Rom und dem Frankenreich verloren, der Katholizismus war durchgängig vom Frankenreich bis nach Rom – und der Weg für Karl bereitet, das Römische Reich wieder herzustellen. Man kann den damaligen Fürsten bestimmt keine weitschauende, auch die kulturelle Dimension berücksichtigende Politik zuschreiben. Daraus folgte, daß die Kirche das gesamte Kulturleben als Staat im Staate organisieren konnte und, weil unter Blinden der Einäugige König ist, Karl des Sachsenschlächters Konzept einer Wiederherstellung des Römischen Reichs gelingen konnte. Bayern war bald nicht mehr der nördliche Vorposten einer mittelländischen Zivilisation, wie es seine Stammesherzöge auch nach dem Ende des Römischen Imperiums lieber gehabt hätten, als die Ostmark eines finsteren Nordreichs zu spielen. Das hatte ja alte Tradition, man denke an die merkwürdige Tatsache, daß die Kelten ihre Nord-, nicht aber ihre Südgrenze verteidigten.[346]

Als die Langobarden in der zweiten Hälfte des 6. Jahrhunderts von Pannonien nach Norditalien zogen, nahmen die Bayern sie deshalb gewissermaßen als Ersatz für Rom, ebenso wie vorher schon die Ostgoten. Die Bajuwaren fanden eine neue Identität als Vorwerk des Ostgotenreichs Theoderichs, des Dietrichs von Bern (=Verona).[347] Theoderich machte durch seinen plakativ verbreiteten Speiseplan Anspruch auf Rätien und Noricum, indem er Rheinlachs und Donaukarpfen als Gaben seines Reichs aufführte.[348] Und der letzte Agilolfingerherzog, der noch den Spielraum dazu hatte, liebäugelte sogar mit einem Bündnis mit den Awaren, die, seit sie 670 ins Pustertal eingefallen waren, zu ständigen Nachbarn wurden.

Doch bereits 563 war ein Wechsel der bayrischen Orientierung von der Grenzmark einer südlichen zu der einer nördlichen Macht in den Bereich des Möglichen oder vielmehr Drohenden gerückt. In dieses Jahr fällt die Abtretung Rätiens vom Ostgotenkönig Witgis an die Franken.[349] Bald danach verschwindet der Name Rätien[350] und wird durch „Gebiet der Bajuwaren" ersetzt, von denen erst im Jahr 551 in der Gotenchronik des Jordanus erstmals die Rede war.

Der Volkscharakter aber ist gleich geblieben. Wenn man in Caesars Text Galli durch Bavari ersetzen würde, könnte man weite Teile der Beschreibung der Kelten auf die Bayern übertragen. Aventinus tut dies im Bezug auf die arbeitsscheuen jungen Leute, die in die Klöster gehen[351], und auch sonst haben wir bei Aventinus von der Dreiständeordnung bis zur Vorliebe für große Leichenbegängnisse dasselbe gelesen wie bei Caesar.

Jetzt fangen die Gesetze an...

Etwa 741 wird die Lex Bajuwarorum, eine Sammlung in Baiern gültigen Rechts, in der uns überlieferten Fassung niedergeschrieben, sie ist von fränkischer Vorherrschaft geprägt. Im Prolog heißt es, Herzog Theuderich I. (511-533) habe das Gesetz machen lassen, König Childebert II. (575-595) habe es erneuert, und König Dagobert I (623-639), in dessen Zeit auch die erste christliche Mission der Bajuwaren fällt, habe es in die endgültige Form gebracht.[352] Damit sind drei Phasen starken fränkischen Einflusses benannt, dazwischen sind die Versuche der agilolfingischen Herzöge anzusiedeln, sich von der fränkischen Vormacht, der ihr Geschlecht freilich die Stellung verdankte, freizuschwimmen.

Es gibt vier Geburtsstände: Genealogiae (das ist der Hochadel, der nur 5 Geschlechter umfaßt, nämlich die Huosi, Fagena, Hahilinga, Drozza, Anniona), Liberi (die Freibauern), Frilaze (Freigelassene), Servi (Unfreie). Besonders die Huosi mit gebietsmäßigem Schwerpunkt zwischen Lech und Isar zeichnen sich durch eine frankophile oder „westliche" Gesinnung aus. (Auch während des späteren Abfalls Tassilos datierten sie ihre Urkunden nach Regierungsjahren des Frankenherrschers Pippin.[353]) Ihre Klostergründungen, Schäftlarn zum Beispiel, haben als Patron oft den fränkischen Hausheiligen Dionysius, der seinen Kopf unter dem Arm tragend dargestellt wird. Die agilolfingischen Herzöge konnten sich also keineswegs auf eine geschlossene bairische Identität stützen. Zu den Adelsgeschlechtern mit ihren Loyalitäten kam der Unterschied zwischen romanischen und bajuwarischen Bevölkerungsgruppen. Deren kulturelle Verschmelzung gelang eigentlich erst im Zeichen des Christentums durch die einheitliche Bistumsorganisation, die Bonifatius durchsetzte.[354] So haben wir das merkwürdige Faktum, daß die Stiftung einer gesamtbairischen Identität von vorneherein mit einem doppelten Vasallentum gegenüber Franken und Rom durchsetzt ist. Dagegen hat die von den Agilolfingerherzögen im 8. Jahrhundert forcierte Christianisierung zu vermehrten Konflikten mit den Slawen im Alpenraum geführt, nachdem das Zusammenleben im 7. Jahrhundert vor der Auseinandersetzung im Pustertal (Sieg der Bayern am Victoribühl bei Toblach 612, nachdem zwei Jahre zuvor die römische Stadt Aguntum im Pustertal zerstört worden war) weitgehend friedlich gewesen war. Der überwiegend wohl in der Sprache der Bayern stattfindenden Mission widersetzten die Slawen sich jedoch heftig.[355]

Karl, der sogenannte Große, hat zwar in Bayern nicht so schlimm gewütet wie in Sachsen, aber hier hat man es ihm weniger rasch verziehen, genau genommen gar nicht. Vielleicht hat deshalb gerade ein Bayer die eigenartige These aufgestellt, daß es ihn samt den 300 Jahren zwischen 600 und 900 gar nicht gegeben hat.[356] Karl beendete 788 die Selbständigkeit des Agilolfinger-Herzogtums. Die Südorientierung und das Gefühl der Kulturzugehörigkeit über die Alpen hinweg ist damit für Jahrhunderte erstorben und wird erst während der Gegenreformation wieder bewußt aufgenommen.

Reichsland, Binnenland

Nachfolger der Franken waren die deutschen Könige. Es war weniger der bayrische Volkscharakter als die geopolitische Versuchung, die dazu führte, daß die jeweiligen bayrischen Machthaber, mochten sie noch so enge Verwandte des Königs sein, immer wieder versuchten, eigenständige Politik zu treiben.

817 teilt Ludwig der Fromme, der als Kulturvernichter seinen Vater noch übertraf, indem er die von diesem gesammelten heidnischen Lieder und Gesänge vernichten ließ[357], das Frankenreich. Sein Sohn Ludwig der Deutsche erhält den östlichen Teil. Ludwig der Deutsche (geboren ca. 805, gestorben 876) läßt sich um 830 in Urkunden von Gottes Gnaden „König von Baiern" nennen, das heißt, er wählt für sein Erbteil den Titel des Stammesherzogtums.[358] Auch die Salierkaiser Heinrich II. der Heilige (Stifter des Bamberger Domes, gestorben 1024) und Heinrich III. (gestorben 1056) sind zugleich Herzöge von Bayern. Ersterer wurde übrigens von seinem Vater Heinrich dem Zänker zur Erziehung dem Heiligen Wolfgang, Bischof von Regensburg, übergeben.[359] Es ist sehr die Frage, ob man von einer salischen Herrschaft über Bayern sprechen soll oder vielmehr von einer bayrischen Prägung der Salier gerade mit ihrer Zwischenstellung zwischen Italien und Deutschland.

Vor 923, dem Jahr, in dem das Rheinland ganz zum Ostreich kam, gehörte Bayern als ehemals römisches Gebiet zu den entwickelteren Teilen des Reiches. Danach verlor es diese Bedeutung, denn die Rheinlande hatten zwar durch weitgehenden Bevölkerungsaustausch eine stärkere Umwälzung im Geistigen erfahren, von ihrer zivilisatorischen Infrastruktur, die hier zu römischen Zeiten deutlich höher entwickelt war, war aber mehr übrig geblieben.

Bereits unter Karl III. wurde es üblich, Westfranken als

Gallia und Ostfranken als Germania zu bezeichnen, doch selbst bezeichneten sich die Menschen als Baiern, Schwaben, Sachsen.[360] Nur aus dem Vorurteil einer nationalstaatlichen Normalität um 1900 ist es begründet, dies als schlecht zu betrachten, ansonsten zeigt es, daß sich die Deutschen nicht so schnell dazu bringen ließen, die Interessen ihrer Dynastie für ihre eigenen zu halten. Denn auch in Frankreich ist die Nation von oben uniformierend gegen die ursprünglichen Volkscharaktere der Provinzen durchgesetzt. Freilich konnte eine starke Dynastie die an die Sprache gebundene Kultur fördern und verbreiten.

In der Zeit bis zum Regierungsantritt Heinrichs I. (918) sieht es eigentlich so aus, als würde das ehemalige Reich der Karolinger sich wieder in seine ursprünglichen Bestandteile, die Stammesherzogtümer, auflösen. Auch ist Heinrich eigentlich nur in Norddeutschland König, im Süden nur eine Art Ehrenkönig, der mit der Anerkennung seiner nominellen Oberhoheit zufrieden sein muß.[361] So kann man von 907 bis 947 von einem jüngeren Stammesherzogtum unter den Luitpoldingern sprechen. Erst Otto der Große stellt 955 die Reichsgewalt wieder her, 962 wird er zum Kaiser gekrönt.

Der eigentliche Träger der Reichseinheit ist die Kirche beziehungsweise die geistlichen Herren, die sich nicht mediatisieren lassen wollen. Diese Machtbasis macht Glanz und Ende des Kaisertums (918-1250) aus. Jene geistlichen Herren muß man sich als Fürsten von viel stärker politischer als religiöser Gesinnung vorstellen, sie reiten zur Jagd und in den Krieg. Was sie von anderen Fürsten unterscheidet und zu Vertretern des Einheitsgedankens macht, ist nur die Nichterblichkeit ihrer Macht. Ein leuchtendes Beispiel ist Ulrich von Augsburg, der 955 selbst in die Schlacht auf dem Lechfeld zieht, um die Ungarn zurückzudrängen.

Ulrich ist der erste Bayer, der heilig gesprochen wird, ja die erste in päpstlicher Kanonisation heiliggesprochene Persönlichkeit der Kirchengeschichte.[362] Interessant ist, daß es eine Reihe Quellen gibt, die ihm geweiht werden, wahrscheinlich in Verchristlichung älterer Quellheiligtümer, als Attribut hat er den Fisch[363], der freilich in der Legende so begründet wird, daß er in der Fastenzeit ein Stück Fleisch in einen Fisch verwandelt habe. Doch auch hier ist seine Verbindung zu Quellen, insbesondere solcher, deren klares Wasser für klaren Blick sorgen soll, wichtiger.

Mit dem Sieg über die Ungarn beginnt die deutsche Kolonisation bis an die Leitha, ein Österreich entsteht, das politisch noch bis 1156 zu Bayern gehört, aber einen anderen Charakter trägt, denn die Rekolonisation der ungarischen Gebiete versteht sich nicht mehr als Stammes-, sondern als deutsche Leistung. Die Awaren- und Ungarnstürme haben insbesondere im Donautal zu einer Welle von Ent- und Wiederbevölkerung geführt, die Traditionen abbrechen hat lassen, die in von den Bergen geschützten Gebieten und im westlicheren Bayern überlebten. Zwischen der Vernichtung des bayrischen Heeres an der Leitha 907 und dem Jahr 970 fehlen zum Beispiel jegliche Nachrichten über das steirische Mittel- und Unterland.[364] Erst der Sieg über die Ungarn schafft die Voraussetzung für eine dauerhafte Unterwerfung der Lombardei (961). Damit wird Bayern Binnenland. Mit der Westerweiterung nach Burgund (1034) und damit der Beherrschung der Schweizer Pässe nimmt auch die Bedeutung Bayerns als Durchgangsland nach Italien ab. Insofern spiegelt die Abtrennung Österreichs (erstmals unter diesem Namen 996) und der Steiermark Ende des 10. Jahrhunderts und endgültig 1180 eine Realität wieder. Baiern ist jener Teil des bajuwarischen Siedlungsgebietes, der Innen- und nicht Grenzcharakter hat. Der wirtschaftliche Unterschied zwischen Alpen- und Voralpenbauern spielt dabei nicht die entscheidende Rolle.[365]

Natürlich sind die geopolitischen Vorgänge den einfachen Leuten relativ egal. Politisch denken außer den geistlichen Herren eigentlich nur die Fürsten.[366] Die Realisierung eines neuen Römischen Reiches ist gebunden an ihre Mitwirkung und ihren politischen Willen. Es handelt sich um einen Kriegerstaat, „der erobern muß, wenn er seine Natur und seine Stärke behalten will"[367].

Die Fürsten tragen die Orientierung der deutschen Politik nach Süden (trotz der geographischen Barriere der Alpen), weil hier allein etwas zu gewinnen ist. Hierin liegt eigentlich so etwas wie die Identitätsstiftung einer deutschen Nation, die Übernahme des Römischen Reiches, soll heißen: die Eröffnung einer Nord-Süd-Achse in Mitteleuropa, einer Vermittlung von römischen und nordischen Traditionen.

Dieses neue Römische Reich aber zerbricht an der kirchlichen Reformbewegung, die die Kirche entweltlichen will, ohne aber deshalb ihre Macht preiszugeben. Heinrich III. hat die Reform aus Überzeugung unterstützt, doch bereits unmittelbar nach seinem Tod (1056) schlägt sie um. Bereits 1059 wird zum erstenmal das Verbot der Laieninvestitur festgeschrieben. Im selben Jahr verbindet sich das Papsttum, was die Machtpolitik angeht, mit dem Normannenreich in Unteritalien, gegen das es zuvor beim Kaiser Schutz gesucht hat. Das Endergebnis dieses Kampfes muß als Erweis des himmelschreienden Realitätsverlusts der „Reformer" ausgelegt werden. Schon im Investiturstreit ist die Macht der Bischöfe in der Lombardei zusammengebrochen, die Städte hatten sich unabhängig gemacht und traten als neue Herren des Landes auf.[368]

Auch die Entwicklung der Bischofssitze Regensburg (Privilegien von Philipp II. und Friedrich II.) und Augsburg (Stadtrechsturkunde von 1256, die die bischöflichen Rechte einschränkt) zu reichsfreien Städten wird entscheidend von den Kaisern nach dem Investiturstreit gefördert. Auch hierin ist der Versuch, die Herrschaft einer entweltlichten Kirche aufzurichten, ein Schuß nach hinten geworden.

Wesentlich für die Identität der bayrischen Herrschaft ist, daß fast alle größeren Städte, die noch aus der Römerzeit stammten, den Status der Reichsfreiheit erlangten oder in bischöflichem Besitz blieben und dadurch Bayern zu einem Flächenstaat wurde, was andererseits die Wittelsbacher zu ihrer Politik des Ausbaus zwang.

Die Zerstörung des Kaisertums wäre nicht möglich gewesen, wenn nicht die Partikularfürsten, zum Teil noch Stammesherzöge, eine Allianz mit der Kirche eingegangen wären, die das Unabhängigkeitsstreben der Stammesherzogtümer ideologisch unterstützte. Dies ist unter Heinrich IV. so und erst recht nach dem Tod des Staufererben Heinrich VI. Der Versuch einer Wiederaufrichtung durch Barbarossa war nicht von vorneherein so chancenlos, wie sein Ende vermuten läßt. Hier wird tatsächlich ein neues Römisches Reich errichtet, das Italien einschließlich Sizilien umfaßt und die Herrscher von Zypern und Kleinarmenien ihre Herrschaft vom Kaiser zu Lehen nehmen läßt. Auch der Welfe Otto IV. macht keine andere Politik als die Staufer. Erst mit Friedrich II., der sich als Italiener fühlt, beginnt die Zeit des Aufstiegs der Landesfürsten.

Die Wittelsbacher

Die bayrische Geschichte ist von 1180 bis 1918 untrennbar mit der des Hauses Wittelsbach verbunden, und auch aus dieser langen Tradition ist so manches entstanden, was Bayern anders macht.

1113 hatte Otto IV. Graf von Scheyern seinen Stammsitz zugunsten von Wittelsbach oberhalb Aichach aufgegeben.[369] Um 1120 sind dann die Wittelsbacher zu Pfalzgrafen, das heißt, zu Vertretern der königlichen Rechte in Bayern ernannt worden.[370] Später, im 13. Jahrhundert, ist diese Institution der Pfalzgrafen mit dem Schwinden der königlichen Macht überall zugrundegegangen, nur einer der Pfalzgrafen, der „bei Rhein", wurde nicht von einem Landesherzog verdrängt, sondern konnte selbst landesherrliche Rechte erlangen. Er nannte sich weiterhin Pfalzgraf. So wurde die Rheinpfalz zur Pfalz schlechthin. Da sie 1314 an die Wittelsbacher fiel und bei den Wittelsbachischen Landesteilungen 1329 Teile Bayerns zur pfälzischen Linie gelangten, entstanden auch in Bayern pfälzische Gebiete. Die Oberpfalz trägt diesen Namen bis heute; es hat auch ein Pfalz-Neuburg gegeben, wovon noch das prächtige Renaissanceschloß zeugt.

Ihren Aufstieg verdankten die Wittelsbacher ihrer Parteinahme für die Staufer. Daß Otto von Wittelsbach Friedrich Barbarossa 1155 an der Veroneser Klause gerettet hatte[371], wurde ihm 25 Jahre später mit der Erhebung zum Herzog vergolten. Doch das Herzogtum, das er übernahm, war nicht mehr das alte Stammesherzogtum. Schon 980 waren Kärnten, 1156 Österreich und 1180 schließlich auch noch die Steiermark als selbständige Herzogtümer abgetrennt worden.[372] Die Staufer hatten zwar vor allem wegen des frühen Todes von Heinrich VI., dem Sohn Barbarossas, nicht die Kraft, das Reich dauerhaft zu neuem Glanz zu führen, aber gerade noch die Kraft, die alten Stammeseinheiten zu zerschlagen. Bis 1800 handelte es sich bei dem wittelsbachischen Bayern um Klein- oder Altbayern mit Binnenlandcharakter.

Barbarossa hatte Otto von Wittelsbach eingesetzt, weil dieser treu staufisch war und ungefährlicher schien als mächtigere bairische Adelige, etwa die Andechs-Meranier. Aber es folgte ein rasanter Aufstieg. Das Austerben anderer Adelsgeschlechter, das damals durch häufig blutige Fehden und durch Mangel ehelicher Nachkommen der ständig untereinander heiratenden Geschlechter bestimmt war, und dem die Wittelsbacher manchmal auch noch ein bißchen nachgeholfen haben, spielte dabei eine wichtige Rolle. Entscheidend war, daß 1248 der umfangreiche Besitz der Grafen von Andechs-Meranien an die Wittelsbacher fiel. Schon vorher war der beträchtliche niederbayrische Besitz der Grafen von Bogen und mit ihm auch das weiß-blaue Rautenwappen an die Wittelsbacher gekommen.

Landesausbau

Wichtig für die wittelsbachische Machtstellung war auch ein planmäßiger Landesausbau mit Städtegründungen insbesondere an Donau und Isar. Sie waren zunächst meist rechteckig nach dem Muster römischer Gründungen angelegt. Zu nennen sind: Landshut (1204), Straubing (1218), Landau (1224), Ingolstadt (um 1250), Deggendorf (um 1250), Dingolfing (1251), Kelheim (um 1270 auf alter Grundlage), Braunau (1260), Neustadt an der Donau (1273). Die auf Dauer wichtigste Gründung war aber bereits Erbe der Welfenherrschaft: München.

München, Stadt des Neuen

München hat keinen Anteil an Antike und Frühmittelalter, das heißt, an der Formierung des bayrischen Stammes. Allerdings findet sich in der Umgegend eine auffällige Häufung keltischer Viereckschanzen. Der Boden, auf dem München steht, ist durch diese Zeiten nicht geprägt. Münchens Stellung beruht real wie übertragen auf dem Fluß. Die Stadt verdankt Existenz und Wohlstand dem, was von anderswo herkommt. Der Fluß wird ihr in besonderer Weise zum Genius Loci. In antiken Mythen firmieren oft Flußgötter als Stadtgründer. München wäre so ein Fall, wäre es in mythischen Zeiten entstanden. Der Fluß ist zugleich Hindernis (Herausforderung) und Weg (Chance). München ist nicht nur eine junge Stadt, sondern auch eine Stadt des Neuen.

Mit seiner Gründung 1158 steht München gegen einen der bedeutendsten Repräsentanten hochmittelalterlichen Geistes, den Bischof und Geschichtsphilosophen Otto von Freising. Er ist Repräsentant jener mittelalterlich-christlichen Gesinnung, die die Vorstellung eines irdischen Fortschritts ablehnt. Demgegenüber ist die Stadt das Produkt der modernen Verdichtungstendenz zwischen den alten Stützpunkten Augsburg und Salzburg. München ist Produkt der von Fürsten - in seinem Fall Heinrich dem Löwen - geförderten Handelsprosperität, die zugleich mit der Dominanz der bürgerlichen Kaufmannsschicht deren Heilsunsicherheit zu geschichtlicher Bedeutung bringt. Hier liegt der Keim zur Auflösung des Mittelalters. München wird gegründet gegen Freising, den alten Kulturmittelpunkt dieser Gegend, der mit dem Namen des Korbinian - und das heißt, mittelbar mit der fränkischen Vereinnahmung - verbunden ist. Auf Freisinger Gebiet in Oberföhring liegt der aus der Römerzeit stammende Übergang der Salzstraße, den Heinrich der Löwe nach München verlegte.

Die Münchner Geschichte beginnt mit einem Paukenschlag, nicht wie die Geschichte der Orte ringsum, die alle viel früher in die Geschichte eintreten, aber mit irgendeiner kleinen Schenkungsurkunde. An ihrem Anfang steht eine kaiserliche Urkunde, ein Schiedsspruch auf einem Fürstentag in Augsburg. An Münchens Wiege stehen die beiden mächtigsten Männer des Reiches, Friedrich Barbarossa und Heinrich der Löwe. Denn die Verlegung der Brücke von freisingischem auf herzoglich bayrisches Gebiet ist eine Frage der großen Reichspolitik. Und widerstrebend steht da auch Otto von Freising. Nicht nur Reichsbischof ist er, Oheim des Kaisers, sondern einer der bedeutendsten Geschichtsschreiber des Mittelalters. Der Titel „Chronica mundi", Weltchronik, ist bei ihm ernst gemeint. Sie reicht von der Erschaffung der Welt bis zu ihrem Untergang, ja darüber hinaus zu den Verhältnissen im ewigen Leben. Ob die Frauen als Frauen auferstehen ist zum Beispiel eine der Fragen, die Otto im letzten Buch beschäftigen. Dahinter steht die Frage, ob Frausein eine natura oder ein vitium (ein Makel) ist, denn „jeder Makel wird von ihnen genommen sein".

Neben so viel Berühmtheit geht der erste Münchner, der in der Gründungsurkunde Münchens genannt wird, fast unter. Es ist der Zöllner. Über ihn wissen wir wenig. Ob ihn auch beschäftigt hat, ob die Frauen als Frauen auferstehen?[373] Nehmen wir an, daß er zumindest soweit Christ war, daß er hoffte, daß es im Jenseits keine Steuern und Zölle gebe. Der Glaube oder Unglaube der frühen Münchner Bürger ist uns nicht zugänglich. Allenfalls können wir etwas über ihre geographische Herkunft vermuten. Ein nicht geringer Teil der ersten Münchner Bürger scheint aus dem Schwäbischen zugewandert.

Bloß, allzu gut sah es schon im Jahr 1180 nicht mehr aus. Der erste Wittelsbacher Herzog, Otto, der unmittelbar Heinrich den Löwen beerbt hatte, sah sich erst einmal der Tatsache gegenüber, daß Barbarossa alsbald den Augsburger Schiedsspruch widerrief. Er war Heinrich nur deshalb entgegengekommen, damit dieser nicht seiner Italienpolitik in den Rücken fallen sollte; und auch der Freisinger Bischof hatte nur zugestimmt, weil ihm die Kaiserpolitik seines Neffen wichtiger war als der Besitz seines geistlichen Fürstentums. Nun hätte ein solcher Widerruf in der Konsequenz die Rückverlegung des Brückenübergangs nach Oberföhring bedeutet. In einer Chronik heißt es sogar, München sollte zerstört werden. Beides ist nicht passiert, es ist eher wahrscheinlich, daß München eine Zeitlang zu Freising gehört hat. Hätten die Freisinger aber Ahnung gehabt von der Macht des Genius Loci, sie hätten die Zerstörung vollzogen. Denn die

Wittelsbacher traten nur allzubald in die Fußstapfen des großen Heinrich.

Ganz normaler Adel

Die Wittelsbacher waren einerseits ein ganz normales
Adelsgeschlecht, das, wie die meisten konkurrierenden, über
Jahrhunderte hinweg hauptsächlich ein Ziel hatte: die Erweiterung der eigenen Machtbasis. Um irgendwelche ideel-
len Ziele ging es dabei - vielleicht mit Ausnahme von Ludwig dem Bayern und Maximilian I. - nie. Daher haftet den
ständigen Kriegen das Odium ermüdender Sinnlosigkeit an,
und ich verzichte darauf, sie auch nur zu nennen. Aus ihnen
setzt sich eine bayrische Geschichte zusammen, die über die
Köpfe der Bevölkerung hinwegging, sie zwar in Mitleiden-
schaft, aber nicht in Leidenschaft zog und sie nicht formte.
Auch geistesgeschichtlich sind diese Kriege unbedeutend.
Das ist keine Verurteilung: Es könnte sein, daß diese Art der
Loslösung der Machtkämpfe von Geistes- wie von Sozial-
geschichte, wie sie der Trennung in drei Stände entspricht,
letztlich die humanere Art ist, Mars sein Recht zukommen
zu lassen. Wenn man sich anschaut, daß der Versuch zur
Einrahmung des Furor durch Zentralisierung der Macht zum
Leviathan-Staat des Absolutismus und zu den Volks- und
Weltkriegen des 19. und 20. Jahrhunderts geführt hat, dann
wird man auch diesem „Fortschritt" skeptischer gegenüber
stehen.

Die Wittelsbacher traten ihre Herrschaft in dem Jahrhundert an, in dem das alte Reich mit der staufischen Konzeption zusammenbrach. Sie übernahmen ein Bayern, dem inne-

re Einheit ebenso wie Zugehörigkeit zu einer größeren Einheit fehlte. Der Kaiser oder König ist nach 1250 etwas ganz anderes, er stützt sich nur noch auf seine Hausmacht, und die Geschichte der Deutschen Reiche von 1250-1800 ist eigentlich eine Geschichte der konkurrierenden Fürstenhäuser, von denen keinem der Durchbruch zur Hegemonie gelingt, wenn auch Habsburg ab dem 15. Jahrhundert eine nicht mehr einholbare Rolle zufällt, die schließlich in den preußisch-österreichischen Dualismus mündet und 1866 mit der Herausdrängung Österreichs aus dem deutschen Bund zum Abschluß kommt. Dies bedeutet, daß das nordverschobene Bayern nach 1000 Jahren doch wieder in seine alte Position als Außenposten im Reich einrückt.

Die Wittelsbacher prägten dieses Land ebensowenig wie andere Fürstenhäuser, sie verblieben im Bereich einer Politik, der, wenn sie sich nicht von Ideen leiten läßt, immer die Größe fehlen muß. Natürlich pflegten diese Fürsten Kultur, aber das ist europäische Universalkultur, die in Wien oder Brüssel nicht wesenlich anders war als in München.

Anders wird die Situation erst im 19. Jahrhundert. Interessanterweise mit der Abwendung vom Traum einer bayrischen Großmachtstellung werden bei den Regenten Kapazitäten für eine Kulturpolitik frei, die nun tatsächlich das Volk prägt. Natürlich geht diese Politik von Bedingungen aus, die das Land und die bisherige Geschichte (durch ihre Grenzziehungen) geschaffen hat.

Doch ein Großteil des Überbaus bayrischer Identität ist erst in den letzten zwei Jahrhunderten des großen Wandels geschaffen worden, jenen zwei Jahrhunderten, seit es ein Bayern in etwa den heutigen Grenzen gibt, das heißt, diese zwei

Jahrhunderte, die Altbayern und Beutebayern gemeinsam haben, haben nicht nur durch größere technische Umgestaltungskraft, sondern auch durch bewußte Kulturpolitik stärker prägend gewirkt. Nun wird aber dieses Bayern durch eine Tendenz zur Verlangsamung des Fortschritts gerade seiner Grundtendenz des fließenden Übergangs gerecht.

Bayrischer Kaiser, franziskanischer Geist

Der einzige Wittelsbacher, der es schaffte, eine Zeitlang unangefochten die Kaiserkrone zu tragen, war Ludwig, dessen Beiname „der Bayer" zu seiner Zeit keinesfalls ehrenvoll gemeint war. Es war der Papst, der ihn so nannte, weil er ihn nicht König oder Kaiser, ja nicht einmal Herzog nennen wollte (und Bavarus klang so ein bißchen wie Barbarus), denn er hatte ihn all seiner Ämter für verlustig erklärt. Für Bayern aber, insbesondere für München, spielte Ludwig durchaus keine „barbarische" Rolle.

Im 13. Jahrhundert hatte München noch keine überregionale Bedeutung. Die Weltgeschichte spielte sich anderswo ab. Doch in dieser etwas abseitigen Lage verband sich die aufstrebende Stadt mit dem aufstrebenden Geist des Franziskanertums, was symbolisch im Stadtwappen des Mönchleins mit Kapuze zum Ausdruck kommt. Sie tut dies sicher nicht aus subjektiv bewußten Impulsen. Dies ist nicht einmal bei ihrem Stadtherren, Ludwig dem Bayern, der Fall. Das Bündnis ist äußerlich, aber so folgenschwer, daß es kaum zufällig zu nennen ist.

Ludwig des Bayern historische Bedeutung besteht sogar

hauptsächlich darin, daß er in München einen Raum schuf, wohin die Macht der Kirche nicht mehr reichte, und in dem neue Ideen wachsen konnten, die für die Neuzeit bedeutend wurden. Ansonsten schuf Ludwig zwar mit der Stadterweiterung die äußere Gestalt, die München bis 1800 haben sollte und die sich heute noch im Stadtbild als Altstadt abzeichnet, doch dieser Stadt eine dauerhafte Mittelpunktsfunktion in Europa zu geben, gelang ihm nicht. Sein Nachfolger Karl IV. verlegte das Reichszentrum nach Prag, und durch die Landesteilung unter Ludwigs Nachkommen sank München sogar zur Residenz eines Teilherzogtums herab. Das machtpolitische Hin- und Her in der Geschichte Ludwigs des Bayern wäre angesichts dieses Ergebnisses nicht der Rede wert, doch was in seinem Schutz in München von den franziskanischen Asylanten entwickelt wurde, bedeutet nicht nur die erste Weltbedeutsamkeit Münchens, sondern vielleicht sogar seine bisher größte Ausstrahlung überhaupt.

Die Verbindung von Geistesgeschichte und Machtgeschichte bringt der legendäre Ausspruch des Franziskaner-Philosophen William Occam auf den Punkt: „Schütze Du uns mit dem Schwert, wir wollen Dich mit der Feder beschirmen." Die Franziskaner hatten sich zum Kaiser geflüchtet, weil sie dort vor den Nachstellungen des avignesischen Papsttums geschützt waren, denn der Kaiser war ja selbst mit dem Papst aneinandergeraten. Der machtpolitische Anlaß ist für unsere Betrachtung ohne Bedeutung. Der Konflikt, in dem die Franziskaner stehen, ist ein theologisch-philosophischer, der Streit von sogenannten „Nominalisten" und „Realisten". Das ist zunächst ein philosophisch abstrakter Streit, es geht um die Frage, welche Rolle den Ideen oder

Begriffen in der Welt zukommt, ob sie die eigentliche Wirklichkeit (Realia) sind oder bloße Namen (Nomina). Wir stehen heute, ohne es zu wissen, so sehr in der Tradition des Nominalismus, daß wir ganz selbstverständlich zu letzterem tendieren. Wir würden dem Nominalisten recht geben, wenn er sagt: „Wirklich ist der Tisch, den ich anfassen kann, sekundär der Begriff, den die Menschen davon haben, auch ob sie ihn tabula, table oder Tisch nennen. Wenn es keine Tische gäbe, hätte auch nie ein Mensch den Begriff Tisch gebildet." Aber hören wir einmal probeweise dem mittelalterlichen Realisten zu, der würde sagen: „Umgekehrt wird ein Schuh daraus: Wenn nicht zunächst ein Tischler die Idee Tisch hätte, gäbe es keinen Tisch..."

Bedeutung gewinnt die recht akademisch-scholastisch anmutende Auseinandersetzung, weil sie mit theologischen Fragestellungen verknüpft ist, zum Beispiel mit der Rolle Gottes als Schöpfer. Hat Gott nach zunächst bestehenden Ideen geschaffen, dann wird der eigentliche Schöpfungsakt rückverlegt in eine Schöpfung der Ideen, oder aber Gott war bei der Schöpfung nicht frei - oder nicht allein, da die ewigen Ideen so etwas wie selbständige Geistwesen (Götter, Geister oder Engel) wären. Tatsächlich sind die „Ideen" geistesgeschichtlich gesehen so etwas wie abgeblaßte Götter. Das schmiedet Occam zur politischen Waffe. Er wirft nämlich der Gegenpartei, den Realisten, und damit dem Papst, vor, daß ihre Konzeption von Ideen mit der Allmacht Gottes unvereinbar sei. Das wäre freilich eine Ketzerei und ein Grund, den Papst als Irrlehrer abzusetzen - und genau diesen Grund braucht Ludwig...

Verweilen wir ganz kurz bei dieser philosophischen Debatte der Franziskaner. Das Verständnis dafür hilft uns, die Bedeutung Münchens und Bayerns in der damaligen Zeit zu verstehen. Wer darauf verzichten möchte, springe zwei Seiten vor bis zum Kapitel „Geteiltes Land".

Es ist nicht ganz leicht, den Impuls zu fassen, der sich unter dem Schlagwort Nominalismus verbirgt. Neuere Darstellungen haben plausibel gemacht, daß unser gängiges Bild des Nominalismus als Vorform des heutigen Konstruktivismus für die Münchner Franziskaner nicht zutrifft. Wäre der Nominalismus ein solcher Intellektualismus, dann stünde er auch in völligem Widerspruch zur Aufbruchsidee des Ordensgründers Franz von Assisi, dessen Spiritualität doch auch von einer unmittelbaren, geradezu naiv erscheinenden Naturzuwendung gekennzeichnet ist. Gerade die franziskanische Suche nach einer direkten Beziehung zu Gott und die Erfahrung, daß ein Leben wie Christus und seine Jünger möglich ist, war es, die den Mut gab zum Aufgeben der Konstruktionen der mittelalterlichen Weltordnung, wie sie der Nominalismus mit sich bringt. Nicht auf ein gesetzlich verfaßtes Sein der Welt in konstanten Ideen, sondern allein auf die Macht und Gnade Gottes soll Vertrauen gesetzt werden.

Die Konsequenz gegenüber der Welt ist doppelgesichtig. Einerseits tritt Gott zur Natur, die nicht mehr als Ausprägung der Ideen gedacht wird, in viel schärferen Gegensatz, andererseits fordert der Gedanke der radikalen Freiheit Gottes, der, was heute so ist, morgen anders machen kann, eine strikte Orientierung an dem der Erfahrung Vorliegenden. Nicht mehr aus Prinzipien, an die Gott ja dann nicht gebunden ist, nur noch aus dem eigenen Hinschauen lassen sich wahre Aussagen gewinnen. In dieser Zuwendung zum Be-

gegnenden ist durchaus eine Anknüpfung an die liebevolle
Zuwendung des Heiligen Franziskus zum Einzelwesen in
der Natur gegeben.[374]

Occam geht es zentral um die Rettung des Individuell-
Geistigen gegenüber dem Entindividualisiert-Allgemeinen,
mit Goethe gesprochen, darum, daß die Dinge zunächst einmal Ausdruck ihrer selbst und nicht für etwas anderes sind.
Dazu kommt als zweiter Hauptimpuls - unter den Asylanten im Münchener Franziskanerkloster am stärksten vertreten von Marsilius von Padua - die Vergeschichtlichung der
Welt: Es erscheint nur als konsequent, daß sich die Methode
der Wahrheitsfindung ändern muß, wenn Wahrheit so ganz
grundsätzlich etwas anderes ist, als sie bisher verstanden
wurde. Der Pyramide der Ideen, die in der Idee des Guten
gipfelte, entsprach die Hierarchie ihrer Vermittlung. Die
Wahrheit kam von oben. Wenn Wahrheit aber auf der individuellen Wahrnehmung beruht, dann ist die rationalste
Form der Wahrheitsfindung der Gedankenaustausch all derer, die mit einer Sache befaßt sind. Deshalb folgt für Marsilius ganz selbstverständlich, daß das Konzil, in dem die In-
tuitionen und Definitionsbemühungen vieler zusammen-
kommen, über dem Papst steht. Hier artikuliert sich die Suche nach der Wahrheit mit menschlichen Kräften gegenüber
dem Hütertum nicht mehr verstandenen Traditionsgutes.

Bei Marsilius finden sich ungeheuer modern anmutende
Denkformen, etwa wenn er ganz nebenbei in krassem Gegensatz zur augustinischen Verfallsvorstellung eines Otto
von Freising die Fortschrittsidee formuliert: „Denn vom
weniger Vollkommenen zum Vollkommneren führt immer
der Gang der Natur und der menschlichen Schöpferkraft,

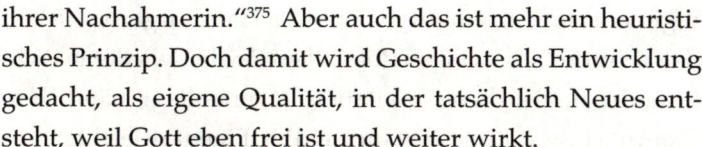
ihrer Nachahmerin."[375] Aber auch das ist mehr ein heuristisches Prinzip. Doch damit wird Geschichte als Entwicklung gedacht, als eigene Qualität, in der tatsächlich Neues entsteht, weil Gott eben frei ist und weiter wirkt.

Auch dieses Fortschrittsdenken und die konziliare Demokratie sind zweischneidige Schwerter. Demokratie ergibt sich für Marsilius nicht aus Gerechtigkeits-, sondern aus Erkenntnisgründen. Nicht Interessen sollen demokratisch abgewogen werden, sondern Gründe. Nicht die Abstimmung, der Disput ist das produktive Element. Die Fortschrittsidee, die Idee der Vervollkommnung kann ebenfalls ein Anstoß zur Bemühung sein. Da aber, wo Fortschritt zum Dogma, wo schlicht der Geschichtsverlauf normativ gesetzt wird, da wird die Fortschrittsidee gerade zur Falle für die wirkliche Entwicklung und Freiheit der Menschheit. Auch hier gibt es eine unabgegoltene Seite des Nominalismus, und diese spielt bemerkenswerter Weise in der Geschichte der Münchner Impulse eine bedeutsame Rolle.

Zwei Bereiche sind es also, die in dem Freiraum, der durch Ludwigs Konflikt mit dem Papsttum in München entsteht, ganz neu formiert werden: die Naturbeziehung und die Sinngebung menschlicher Gemeinschaft. Das eine ist die Wurzel der empirischen Naturwissenschaften, das andere die Wurzel der Demokratisierung.

Das geteilte Land

Nach dem Tod Ludwigs im Oktober 1347 verliert Bayern rasch an politischer Bedeutung. Das Land wird unter sechs Erben aufgeteilt. Aber dadurch, daß nach dem Übergangsregiment der Luxemburger mit der Habsburgerherrschaft das Zentrum des Heiligen Römischen Reiches wieder in Richtung der natürlichen Gravitation Bayerns liegt, nämlich in Österreich, wird die Bewahrung der Eigenart leichter, die der Eigenständigkeit schwieriger.

Schon 1255 war Bayern zum ersten Mal geteilt und damit München Hauptstadt von Oberbayern geworden. Die Wiedervereinigung von 1340 war von kurzer Dauer. Ludwig der Bayer hatte seinen Bruder Rudolf nach mehreren Auseinandersetzungen mit der Rheinpfalz abgefunden. Festgelegt wurde im sogenannten Wittelsbachischen Hausvertrag, daß bei Erlöschen einer der beiden Linien die andere ungeteilt und ohne Rücksicht auf Heiratsverbindungen erbberechtigt sein sollte. Eingetreten ist dieser Fall erst 450 Jahre später und hat zur Vereinigung und gemeinsamen Geschichte von Bayern und der Pfalz 1778 bis 1945 geführt.

Durch die immer fortgesetzten Teilungen des Spätmittelalters wird aber ein Gegengewicht zu einem straffen Zentralismus grundgelegt. Vor allem Ingolstadt und Landshut (die späteren Universitätssitze vor München) bilden hier städtische Zentren, die zum Land gehören, nicht freie Reichsstädte oder bischöflich sind, wie Freising, Augsburg, Regensburg, etc. Aber auch Neuburg ist zu nennen, ebenso Amberg in der Oberpfalz und Burghausen, wo die längste Burganlage Deutschlands steht.

Im Spätmittelalter waren die niederbayrischen Herzöge die Reichen, aber mit der Wiedervereinigung des Landes verloren ihre Sitze drastisch an Bedeutung. Daß die Landshuter Hochzeit noch heute gefeiert wird, zeigt, wie sehr sich die Stadt auf das 15. Jahrhundert als ihre Glanzzeit beziehen muß. München dagegen bezieht sich mit dem Oktoberfest auf die Hochzeit Ludwigs I. im Jahr 1810. Dabei hat die Hochzeit kein Glück, sprich: keinen Thronfolger, und damit schließlich den Landshuter Erbfolgekrieg und das Ende der niederbayrischen Selbständigkeit gebracht.

Niederbayern und die Oberpfalz wurden zunehmend von der Entwicklung abgehängt. Schon Aventinus beschreibt Niederbayern als rückständig, weil dort das kodifizierte verschriftlichte (d.h. freilich auch römisch geprägte) Recht noch keine Rolle spielt.

Bereits Albrecht, genannt der Weise (er regierte von 1465-1508), bezeichnet einen neuen Typus des Regenten: Nicht mehr vom Sattel, sondern vom Schreibtisch aus einte er Bayern und erließ zur Sicherung seines Lebenswerks das Primogeniturgesetz von 1506, das Landesteilungen in Zukunft untersagte.

Doch bald standen neue Konflikte ins Haus, im Zentrum die Forderung nach einer Reformation der Kirche. In dem Moment, in dem das Christentum wirklich verinnerlicht wird, wendet es sich gegen die Institution, die seine Ausbreitung getragen hat.

Reformation und Renaissance

Die vielleicht wichtigste Prägung, die die Wittelsbacher dem Land mitgegeben haben, war der Ausfall der Reformation. Dabei spielten neben dem persönlichen Geschmack der Herzöge auch politische Überlegungen eine Rolle: zunächst die Rücksicht auf das mächtige Nachbarland Österreich, das

zumindest ein Protestantischwerden Bayerns als Kriegs-
grund hätte nutzen können – zu dieser Zeit galt noch nicht
der spätere Grundsatz „cuius regio huius religio". Auch die
Handelsbeziehungen, die stark auf Italien und Österreich
ausgerichtet waren, mögen mitgespielt haben, daß die
bayrischen Herzöge im Katholizismus einen höheren Gewinn
sahen, als die zu erwartenden Reichtümer aus Klosterauf-
lösungen.

Später überwogen mehr innenpolitische Gründe: Der Katholizismus versprach Ruhe und Ordnung im Land. Besonders Albrecht V. befürchtete von einer Politik der Nachgie-
bigkeit eine Aushöhlung der fürstlichen Autorität überhaupt.
Eine angebliche Adelsverschwörung unter Führung des pro-
testantisch gewordenen Grafen von Ortenburg gab schließlich den entscheidenden Anstoß, auch religiös den Zügel an-
zuziehen. Tatsächlich waren auch in Bayern der Adel und
das Stadtbürgertum die Vertreter der Reformation. Reformation und Demokratie gehören vom Menschenbild her zusammen. Demokratie ist die Umsetzung der reformatori-
schen Prinzipien auf den Staat.[376]

Der Bauer aber ist, wie schon 1748 der Staatstheoretiker
Montesquieu festgestellt hat, weniger daran interessiert,
überall mitzureden, als vielmehr von politischen Händeln
und ihren Auswirkungen möglichst verschont zu bleiben.
Diese bäuerliche Mentalität besiegelte in dem bäuerlichen
Bayern das Schicksal der Reformation und lange auch das
Schicksal der westlichen Form der Demokratie, von der
Montesquieu sagte, sie sei ein Produkt des englischen Kli-
mas, das Mißmut und Lebensüberdruß fördere und eine
Staatsform nötig mache, „in der die Leute keinen einzelnen

als Urheber ihres Ärgers dingfest machen können".[377] Der bairische Grant aber ist mehr eine zur Schau getragene Unzugänglichkeit, weil einer seine Ruh haben möchte, als wirkliche Unzufriedenheit.

Kampf den Bildern, es leben die Bilder!

Renaissance und Reformation stehen in einem merkwürdigen Spannungsverhältnis zueinander. Gerade in der spätgotischen Kunst erscheint uns eine grandiose Spannung von Weltzugewandtheit und Vergeistigung, von intimer Naturwahrnehmung, ohne diese doch zu entgöttlichen. Der Fluß im Tal ist Bild der Demut, und der Hirsch an der Tränke Bild der Seele, die nach dem Wasser des Geistes dürstet. Es erscheint unverständlich, wo in dieser Welt der lichten Klarheit der Einbruch für die Dämonie des 16. Jahrhunderts möglich ist. Aber das Sprengende ist die immer weiter treibende Individualisierung. Hier ist das Gemeinsame von Reformation und Renaissance. Kritik an der Kirche gibt es auch im Hoch- und Spätmittelalter, aber erst um 1500 kann ein einzelner Mönch tatsächlich die innere Sicherheit aufbringen, sich einer tausendjährigen Geschichte entgegenzustellen. Gerade als Augustiner steht Luther in der Tradition des erwachenden Ich-Bewußtseins, freilich auch der dogmatischen Unduldsamkeit.

Die Renaissance ist der große Aufbruch des Individuums. „Keiner soll einem anderen gehören, der sein eigener Herr sein kann." Dieser Wahlspruch des Paracelsus bringt die Tendenz der führenden Köpfe der Zeit zum Ausdruck. In Italien hat diese Entwicklung schon früher eingesetzt, begünstigt durch die politischen Verhältnisse: In der Stadt-diktatur wie auch in der Demokratie verliert die ständische Eingebundenheit an Bedeutung. Damit verbindet sich auch eine neue Zuwendung zur Natur, zunächst aber noch nicht zu Naturgesetzen, sondern zum Individuellen in der Natur. Von der Zuwendung zum einzelnen Natursymbol schreitet der Prozeß zum landschaftlichen Erleben fort. Burckhardt nennt neben Dante und Petrarca insbesondere Papst Pius II. (Mitte des 15. Jahrhunderts) als Entdecker der Landschaft.

Die Zuwendung zum Individuellen in der Natur ist ver-bunden mit einer Wiedervergöttlichung der Natur. Darin kann die Renaissance nicht nur auf die Antike, sondern auch auf viele Elemente des Volksglaubens zurückgreifen. Die Dä-monen erleben ihre Renaissance. Gegen sie erhebt sich die Reformation. Mit dem Protestantismus fegt, tiefgreifender als je zuvor, der bilderstürmerische alttestamentarische Geist übers Land. Jetzt erst ist das gefühlsmäßige Heidentum wirk-lich bedroht und muß künstlich und bewußt gepflegt und tradiert werden.

Aus seinem Abstand heraus sah im 20. Jahrhundert ein japanischer Kulturphilosoph in der Reformation eine durch die westeuropäische Düsterkeit hervorgerufene Metamor-phose der Renaissance. „Während südlich der Alpen die schönen Künste zu voller Blüte gelangt waren, tauchte im Norden derselbe Geist der Antike nur nach innen gewandt in Gestalt des Humanismus auf."[378]

Luther will, hierin ganz mittelalterlich, die notwendige Erneuerung der Kirche als eine Radikalisierung des Bruchs mit dem Irdischen. Auch er greift in die Antike zurück, auf das kämpferische Urchristentum, das dem Heidentum entgegentritt, so erneuert sich in Re-naissance und Re-formation der Kampf von Diesseitsreligion und Jenseitsreligion. Eine Rettung der Seele durch das Handeln im Diesseits scheint dem Protestanten undenkbar, allein die Gnade Gottes in Christo kann retten. Dies ist eine Botschaft der Befreiung von der Werkgerechtigkeit und gleichzeitig eine Verstärkung dualistischer Askese und ein Rückschritt im Bezug auf das Selbstvertrauen. Im Verlauf des Mittelalters war die Gnade immer unsicherer geworden.

Luther ist nicht zufällig Augustiner. Aus dem Gedankengut des Augustinus heraus kann am ehesten die zentrale Sehnsucht der Zeit, die Sehnsucht nach einem unmittelbaren Bezug zu Gott formuliert werden.

Auch das Traditionsverständnis wird durch Luther radikalisiert. Augustinus hatte die Vorstellung, daß frühere Menschen näher an der Wahrheit waren, daß die Verfallsgeschichte der civitas terrena (irdischer Staat) auch den Verfall des Wissens bedeutet, und daß deshalb Texte umso gehaltvoller genommen werden sollen, je älter sie sind. Die Skepsis gegen Privatoffenbarungen liegt hier begründet. Luther nun beschränkt die Offenbarung auf die Bibel.

Im irdischen Leben können wir Überirdischem nicht mehr begegnen (daher der Kampf gegen die Vorstellung von der Wirklichkeit der Transsubstantion in der Wandlung), wir können es nur noch glauben. Dieses Glauben ist das Augustinische. Aber es ist enthistorisiert und entkollektiviert. Der Einzelne, nicht mehr die Gemeinschaft, ist die Stätte des Heils. Das neugeborene Ich, das sich bedroht fühlt, will erlöst werden.

Im Endeffekt wird alles weggestrichen, was den unmittelbaren Bezug zu Gott behindert, die sakramentale Funktion des Priestertums ebenso wie Maria und die Heiligen. Unmittelbarer Bezug ist nur zu einem augustinisch-existenzialistisch reduzierten Gott möglich. Das sage dem Bayern, der aus seiner Erfahrungsreligion heraus ganz andere Wege zum alltäglichen Heil kennt!

Und nun sollten auch noch die Bilder verschwinden, jene Bilder der mittelalterlichen Kirche, die das Bewußtsein der Gläubigen viel mehr als Worte prägten. Die Reformation will dem Einzelnen ermöglichen, innere Bilder zu formen, dazu muß er von der Macht der äußeren Bilder befreit werden. Und es muß ihm das Wort als bildschaffender Keim gegeben werden.

Betrachtet man einmal, wo beide Konfessionen Popularität erlangen konnten, so ist dies bei der Reformation der Rückgriff auf den Wortlaut einer Befreiungsbotschaft: Wo steht denn geschrieben, daß manche beim Abendmahl nichts zu trinken bekamen? Wo steht denn, daß die Jünger die Sünden dem vergeben sollten, der dafür zahlte, dem anderen nicht?

Bei der Gegenreformation dagegen ist es der Appell an die eigene Erfahrung, und zwar besonders die Erfahrung des Hineingestelltseins zwischen Licht und Finsternis. So wirkt die Reformation als weiterer Schritt in Richtung der Vereinseitigung der europäischen Intellektualkultur, während sich die Gegenreformation auf eine nicht systematisierbare, gestalthafte Erfahrung beruft und diese bewahren will.

Nun leuchtet ein, daß die Reformation in Bayern auch von der Mentalität her besonders wenig Nahrung hatte. Das Luthersche „sola gratia" (allein durch die Gnade) kann nur

178

dann als Befreiung erscheinen, wenn zuvor die Willens-
komponente sehr stark ist. Und das scheint in Bayern nie
der Fall gewesen zu sein. Dem widerspricht scheinbar, daß
überall, wo es die Möglichkeit dazu gab, auch hier die Leute
zum Protestantismus überliefen, und daß das Verbot des
Laienkelchs eine für München nicht unbeträchtliche Aus-
wanderungswelle nach sich zog. Aber das waren vermö-
gende Städter. Zwar lag auch bei ihnen wohl noch kein bewußter Individualisierungsimpuls vor, aber tatsächlich eine
tiefergehende Christianisierung, die sich Sorgen machte um
die heilsnotwendigen Gnaden. Und sicher ist der Protestantismus konsequenteres Christentum. Der Katholizismus dagegen ist Offenheit gegenüber erfahrungsreligiösen Traditionen. Das eine läßt sich in Propagandaparolen fassen, das
andere nicht. Aber die besseren Argumente haben eben nicht
immer recht, auch wenn die Kultur der Schriftlichkeit dies
nahelegt. Die Kelten, so möchte man sagen, wußten schon,
was sie taten, als sie mit der Verweigerung schriftlicher Tra-
dierung zugleich das endlose Argumentieren und Prozes-
sieren ausschalteten. Aber in einer Zeit der Flugschriften
braucht das Beharren auf Unsagbarem den Rückhalt der
weniger wort- als schwertgewaltigen Macht.

Es gibt also viele Gründe, warum sich die Reformation in
Bayern nicht durchsetzte, warum Bayern als einziger nicht
geistlicher Flächenstaat katholisch blieb. Fassen wir sie noch
einmal zusammen: Bei den Regierenden war es die Angst
vor dem übermächtigen Nachbarn, dem katholischen Habsburg, die Angst vor einem Überspringen der religiösen Bewegung in politische Aufstandsbewegungen, die Gegner-
schaft gegen allzuweite Emanzipation des Landadels und

städtischen Großbürgertums, die persönliche Frömmigkeit und Verwurzelung des Volkes in einer farbenprächtigen Festkultur. Hinzu kommt beim Volk die spezifisch bayrische Tendenz zur Vermeidung von Brüchen – die damit natürlich auch wieder einmal gestärkt wird. Daß die Gegenreformation politisch gewollt wurde, ist Anteil der Herzöge, daß sie Erfolg hatte, einer des Volks. Die Gegenreformation war lange sprachlos, weil ihre wirklichen Antriebskräfte nicht wortfähig waren. Zwar fand auch der Bauer die reformatorische Kritik am Klerus sympathisch, doch daß ihm zugleich seine Wallfahrt genommen werden sollte, machte ihn skeptisch. Wallfahrten sind bis heute ein wesentlicher Teil seiner Kultur, die Heiligen für ihn oft wichtiger als Christus. Das läßt sich theologisch genauso schlecht verteidigen wie, daß der Ablaßhandel einfach praktisch zur Geldbeschaffung für Kirchenbau ist. Aber die Jesuiten machten diese Art Pragmatik wortfähig, und der Bauer erkannte darin seine eigene Haltung wieder.

Barocke Wallfahrten statt Moralpredigt

Die gegenreformatorische Politik der Wittelsbacher beinhaltet weitreichende Weichenstellungen, sie öffnet Bayern wieder dem Süden und schließt es gegen den protestantischen Norden Deutschlands ab. Die Öffnung nach Süden kommt am deutlichsten im Einzug des Barocks zum Ausdruck.

Das Wesen des Barocks ist der offene Himmel, und die prägnanteste Kunstform dieses Lebensgefühls ist die Votivtafel, hier sehen wir einerseits den Stifter, andererseits den

Alltag in Form des Ereignisses, das das Gelöbnis notwendig machte, und, meist durch eine Wolkenbank vom Diesseits getrennt und durch einen niederstrahlenden Lichtkegel verbunden, die eingreifende himmlische Macht, den Heiligen, das Marienbild.[379] Das ist die Form von irdischer Relevanz und sinnlicher Präsenz des Göttlichen, gegen die alles protestantische Gerede von Gottesunmittelbarkeit abstrakt bleibt. Die weltlichen Behörden fördern neue Wallfahrten und Gnadenorte dabei mit noch weniger Bedenken als die geistlichen.[380] Um 1700 liegt der Durchschnitt von Wallfahrten in den niederbayrischen Pfarreien bei 15 pro Jahr. Dies findet seinen baulichen Niederschlag in der Landschaft: Überall schießen jetzt noch stärker als im Mittelalter Feldkreuze und Marterl oder kleine Kapellen aus dem Boden. Kalvarienberge mit ihren Kreuzwegstationen gestalten die Landschaft zu einer Terra sancta (einem heiligen Land) um. Straßen werden zu Wegen des Heiles. Sie führen buchstäblich und übertragen alle nach Rom.

Katholiken, Protestanten und die Dämonen

Vieles, was wir gerne als finsteres Mittelalter bezeichnen, Teufelsglaube und Hexenprozesse, blühen erst in dieser Zeit der Verunsicherung auf. Die letzte „Hexe" wurde in München gar erst 1721 verbrannt. Der Hexenwahn ist Kampf gegen die Reste von Erfahrungsreligion, die noch lebendig sind. Der Ulmer Rat sieht sich zum Beispiel noch 1530 veranlaßt, das Herumfahren von Pflug und Schiffen als fasnächtlichen Rest des Isis-Nerthus-Holda-Kultes zu verbieten. Protestantismus und gegenreformatorischer Katholizismus haben hier gleichermaßen gewütet.[381] Beide sind verschiedene Reaktionsweisen auf die gleiche Grundgegebenheit der Zeit.

Ein bemerkenswertes Phänomen ist, daß die Hexenverfolgung in Altbayern und Österreich bei weitem nicht so schlimm wütete wie in Franken und Schwaben. In Österreich zudem noch mit erheblicher zeitlicher Verschiebung in die zweite Hälfte des 17. Jahrhunderts. Gerade hier war die erste große Welle von Hexenverfolgung um 1480 am Widerstand des Volkes und der Obrigkeit gescheitert.[382] Der Grund dafür liegt weniger in Unterschieden der Volksreligion, sondern in der unterschiedlichen Haltung der Obrigkeit. Religiös minder interessierte oder traditionell gestimmte Regierungen wie die reformfeindlichen Fürstäbte von Kempten haben sich gegen die Hexenideologie gesträubt.[383] Das wird verständlich, wenn man begreift, daß sich im Hexenwahn zwei Haupttriebkräfte begegnen:

1. Die Reaktion des magischen Volksglaubens auf die ökologische und wirtschaftliche Katastrophenzeit von Mißernten und Teuerung, die bösem Zauber (von direktem Wettermachen und Schadenszauber einerseits bis zum Zorn Gottes über die Verderbtheit des Volkes) zugeschrieben wurde.

2. Die zunehmende Entfaltung der im protestantischen wie im gegenreformatorischen Bereich zu einer „Neumodellierung des Affekthaushalts" führenden religiösen Reform.[384] Auch diese ist durch die Krisen und die damit zusammenhängende Verdüsterung des Weltbildes zumindest verstärkt.

So verhinderte Traditionsverhaftung eher die Verfolgung. Die protestantische Wissenschafts-Legende, daß besonders die katholisch-rückständigen Regionen bei den Hexenverfolgungen führend gewesen seien, hat Realitätsgehalt höchstens insofern, als hier noch im 18. Jahrhundert die letzten Hexenverbrennungen stattfanden, die letzte ausgerechnet 1775 in Kempten, das sich so lange der Verfolgungswelle verschlossen hatte.

Dennoch bleibt ein wesentlicher Unterschied zwischen reformierten und nichtreformierten Regionen: Während der Katholizismus vor allem in Gestalt der Jesuiten die Integration des Dämonischen versucht - gerade in der mit äußerster Anspannung geführten Auseinandersetzung mit den dunklen Mächten soll der Mensch die Kraft gewinnen, und nicht zufällig wird Michael zum Programmheiligen der Jesuitenkirche - will der Protestantismus die Geister durch nüchterne Bildlosigkeit verbannen.

Man kann es auch so sehen: Der Gegenreformation bleibt als Kraftquelle nur das Zweck-Bündnis mit den heidnischen (erfahrungsreligiösen) Mächten. Das Verhältnis zu ihnen ist der kulturell entscheidende Punkt in Reformation und Gegenreformation. Auf katholischer Seite fehlt freilich ein beherrschender Kopf. Die Grundalternative im Verhältnis zur wesenhaften Natur stellen insofern vielleicht am klarsten Luther und (der in mancher Hinsicht freilich zur Reformation hinneigende) Paracelsus dar; der eine sieht in den Wassergeistern hilfreiche Wesen, der andere Blendwerk des Teufels. Luther, Paracelsus und die Jesuiten teilen miteinander den Glauben an die Wirklichkeit der Wesen und Bilder. Luther und die Jesuiten teilen miteinander die negative Bewertung. Aber während Luther auf Ausrottung durch Mißachtung setzt, beschwören die Jesuiten diese Wesen gerade. Freilich integrieren sie die Sagenmotive in ein christliches Weltbild und verbiegen dadurch manches.

Deutlich wird das bei der Sage vom Kaiser im Untersberg. Schriftlich belegt ist sie zum ersten Mal im Jahr 1582 im Zusammenhang mit der Magie-Anklage gegen den Salzburgischen Beamten Dr. Martin Pegius und seine Frau.[386] Pegius' Frau soll im Untersberg übernatürliche Erlebnisse gehabt haben, die Pegius in einer heute verschollenen Schrift „Was Wunders im Untersberg bei Salzburg von Bergmännchen, Bergfrauen, Frau Venus, Von Gold, Karfunkel, Korallen, Rubin etc." festhielt.

(Besonders in ehemals keltischen Gebieten ist die Vorstellung verbreitet, daß die Götter der Erfahrungsreligion sich in die Anderswelt, greifbar in den Bergen, zurückgezogen haben.[385] Die Regenten der alten Zeit sind jetzt tot, soweit eben Götter tot sein können, das heißt sie sind zu Herrschern der Anderswelt geworden, die zu bestimmten Zeiten durchbricht.)

Die Bilderhandschrift aus dem frühen 18. Jahrhundert, die einen Mann namens Lazarus von seiner Einführung in den Untersberg berichten läßt, geht wahrscheinlich auf eine von Pegius während seiner Gefangenschaft verfaßte zweite Version zurück, die sich im Rahmen gegenreformatorischer Rechtgläubigkeit hält. Von Frau Venus ist nicht mehr die Rede, aber von einem himmlischen Jerusalem mit dem Lebensborn (der fons vitae) im Berg.[387] Ein typisches Beispiel für Umbiegung heidnischer in christliche Motive, hier wohl von der Angst vor der Inquisition diktiert.

Sagen über im Berg verborgene Schätze haben vielfach ihren Ursprung in der Assoziation von Hügel und Grab. Die Toten sind die zunächst greifbarste Form der Anderswelt. Frau Venus im Berg ist die Frau des Bergkönigs Kronos-Saturn-Wotan und seiner irdische Erscheinungsformen, den großen Herrschern (Theoderich, Karl, Friedrich), sie ist die Rhea-Kybele. Rhea als Gattin des Kronos ist ja ohnehin die Frau des Alten im Berg. Und auch Wotan ist zumindest nach seiner Entthronung Verkörperung dieses Archetyps. Es ist kein Zufall, daß in der mythologischen Landschaft um Leutstetten/Mühltal in der Nähe des Starnberger Sees die Geschichten von schatzhütenden Frauen und eine Karls- mythologie so nahe zusammenstehen und daß es sich um ein Gebiet mit Hügelgräbern aus der Bronzezeit handelt. Der Karlsberg ist das im Großen, was die Gräber im Kleinen sind, Hügel, in denen die Vergangenheit schläft, aus denen sie aber auch immer wieder erscheint.

Das geographische Zentrum der Kultlandschaft Mühltal bildet die „Bethenquelle". Sie wird einerseit in den letzten Jahren verstärkt von heidnischen Gruppen als Kultplatz be- nutzt, was sich am Bänderschmuck der umstehenden Bäu- me und Sträucher zeigt, andererseits hat das Landratsamt Starnberg erstaunlich unsensibel einen Radweg fast direkt über die Quelle gebaut. Wer bei der Quelle verweilen will, wird zumindest am Wochenende jeglicher Ruhe entbehren und fluchend vorbeirasenden Bikern im Wege stehen. Da der Weg aber auch sonst unmittelbar am Hangquellen- horizont läuft (eine Nachbarquelle wurde direkt über- schottert und mit einem Plastikrohr abgeleitet), könnte es sein, daß sich das Problem in absehbarer Zeit durch Unter- spülung buchstäblich auflöst.

Bei vielen Sagen können wir oft die Herkunft nicht klä- ren. So gibt es für zwei Erhebungen am Ostrand des Mur- nauer Mooses eine Version der Hero und Leandersage.[388]

Auf dem Osberg, der auch einen gute und schlechte Jahre anzeigenden Quell mit Namen Kiket beherbergte[389] (heute Moosberg, wo es vor der Abbaggerung durch die Gewinnsucht der Stadt Weilheim römische Ruinen gab), wohnte ein Burgfräulein und gegenüber auf dem Fesch bei Ohlstadt (der Veste Schauenburg) ein Ritter. Zwischen den Burgen lag damals ein breiter See. Allnächtlich schwamm der Ritter hinüber, ein Licht, das die Geliebte ins Fenster stellte, zeigte ihm den Weg. Eines Abends aber, bei stürmischem Wetter, erwartete sie keinen Besuch mehr und löschte das Licht, so daß ihr Geliebter ertrank. Sie verfluchte den See, er floß ab, bildete den Staffelsee und hinterließ das Murnauer Moor.

Auch andernorts gibt es solche Sagen. Auf der Fraueninsel im Chiemsee zeigte man noch um 1900 einen Sarg, in dem - im Tode vereint - ein Mönch und eine Nonne bestattet sein sollen. Auch hier soll der Mönch infolge des Erlöschens des Lichts untergegangen sein und die Nonne dann den Tod in den Fluten gesucht haben.[390]

Es ist schwer zu sagen, ob es sich bei diesen Sagen um Übernahme eines durch Ovid und die Humanisten überlieferten Sagengutes handelt, das über die Predigt eines Pfarrers (der vielleicht vor den Torheiten der Verliebtheit warnen wollte) ins Volk gelangen und sich festsetzen konnte, gerade weil es einem Archetyp entsprach, der von Indien bis Neuseeland vorkommt.[391] Malten meint, daß Sagen dieses Typs angesichts der „menschlich einfachen Voraussetzungen der Sage, soweit es um die Liebe zweier durch ein Hindernis getrennter Liebenden geht", sich „spontan und unabhängig" voneinander neu bilden könnten.[392] Zudem sind in der Murnauer Version die ursprünglichen übermenschlichen Kräfte der Sagenfiguren noch deutlich in der Macht des Fluchs präsent. Ritter und Burgfräulein sind nur Zeitkostüme eines Archetyps. Andererseits weist der Name einer frommen Klausnerin Herluka vom Starnbergersee, deren Geliebter zwar nicht schwamm, sondern mit einem Nachen fuhr und in stürmischer Nacht unterging, auf Hero.

Da Hero nach griechisch-römischer Überlieferung Aphroditepriesterin in Sestos ist, Abydos dagegen den Dionysos zum Hauptgott hat, dürfte der Mythos in diesen Kreis gehören. Das Zurücklassen von Gewand und Schwert, was auch auf antiken Darstellungen gezeigt wird, deutet auf eine Initiation. Die Verbindung von Hero mit Turm und Licht könnte eine Kybele-artige Form der Aphrodite meinen, zu denken ist an die thrakische Göttin Alektrona, die unter verschiedensten Namen als Parthenos, Hekate und Elektra ins Griechische übernommen wurde.[393] Der Fesch bei Ohlstadt wird in der Volkssage auch mit dem Dreimadlkult von Schlehdorf verbunden. Die Drei Madl von Schlehdorf sollen ein langes Seil bis dorthin gespannt haben.[394]

Schlehdorf seinerseits ist das Zentrum der mythologischen Landschaft um den Kochelsee mit seinen charakteristischen haubenartigen Erhebungen, eingerahmt durch eine Michaelskirche unterhalb der Haupterhebung in Kochel und eine Georgskirche, die in Großweil über der Loisach thront.

Nicht nur in Erzählung und Architektur war die mythische Vergangenheit gegenwärtig, sondern auch in Festen und Prozessionen: Aus dem Jahr 1733 stammt die erste Auflage einer in Kupfer gestochenen Darstellung der Landshuter Fronleichnamsprozession. Hier stellten die einzelnen Zünfte Bilder aus der Heilsgeschichte dar, die einen Bezug zu ihrem Gewerbe hatten, so die Maler die Erschaffung des Lichts am ersten Tag der Schöpfung, die Floßmeister die Teilung von Wasser und Land am zweiten Schöpfungstag, die Taglöhner die Aufnahme des verlorenen Sohnes, die Kürschner die Darbringung eines Schaffells durch König Gideon, das Gott zum Zeichen des bevorstehenden Sieges mit Tau beträufelt usw.[395] Daß es sich bei der Gideon-Episode um ein in verschiedensten Kulturen vorkommendes Regenzauberritual mit der Analogie von Wolle und Wolke (Schäfchenwolken) handelt[396], dürfte den Teilnehmenden nicht bewußt gewesen sein, aber so erhalten sich eben archetypische Bilder über alle kulturellen Wechsel hinweg.

Auch der Bauernkrieg fehlt

Nicht nur die Reformation, auch der Bauernkrieg von 1525 fehlt in Bayern, während er in Franken und Schwaben besonders heftig wütete. Politisch ist dies darauf zurückzuführen, daß die starke herzogliche Gewalt die Bauern vor der Ausplünderung durch zu viele Zwischeninstanzen, die alle für sich etwas abzweigen wollten, schützte.[397] Eine große Rolle dürften dabei die Waldverhältnisse gespielt haben. Freilich gab es auch in Bayern Probleme mit überhandnehmendem, von fürstlichen Förstern gehegtem Wild, doch die Reaktion darauf war eher die Bildung örtlicher Wildererbanden, die, wie im Fall des bayrischen Hiasl, der 1771 in Dillingen hingerichtet wurde, auch über den Anlaß hinaus für Unruhe sorgen konnten. Der in Bayern als edler Räuber glorifizierte und sich selbst als bairischer Hiasl bezeichnende spätere Volksheld veranstaltete übrigens vor allem im angrenzenden Schwaben seine Raubzüge, da dort durch die vielen Territorialgrenzen die Verfolgung durch die weltliche Obrigkeit schwieriger war. Die bairischen Behörden schrieben außerdem eine Amnestie für Mitglieder der Bande und überhaupt Wilderer aus, die sich auf bairischem Territorium den Behörden stellten und unterschrieben, daß sie nie mehr wildern würden.

Auch das Erbrecht bestimmte die Lage der Bauern. Geschwister wurden, wenn irgendmöglich, ausgezahlt, sonst mußten sie als Dienstleute auf dem eigenen oder einem anderen Hof ein Auskommen finden. Heiratsverbote für Nichtbegüterte verhinderten eine Bevölkerungsexplosion, machten aber auch Ventile wie das Ausleben der Sexualität im Zusammenhang mit Maibräuchen und Wallfahrten notwendig. Auch das Klischee von der Sennerin als Freiwild wurzelt hier. Tatsächlich ist weibliches Sennpersonal eine Eigentümlichkeit des bajuwarischen Raumes, während im alemannischen Bereich (Schweiz, Vorarlberg) traditionell nur Sennen und Hüterbuben auf die Alp geschickt wurden.[398] Für die zu spät oder zu früh Geborenen war es zwar bitter, keinen Anteil am Hof zu bekommen, aber es verhinderte, daß die Höfe durch Teilung zu klein wurden und ihre Besitzer nicht mehr ernähren konnten, und das war ein Faktor politischer Stabilität.

Wir sind nun am Ende der Reformation angekommen, die Gegenreformation hat in Bayern gesiegt, kein Bauernkrieg hat in Bayern zu einem Bruch geführt, zu einem Bruch der Tradition. Bayern ist wieder einmal einen anderen Weg gegangen.

Die identitätsbildende Tat für Deutschland lag im Aufgreifen der römischen Tradition und der Bildung einer mitteleuropäischen Achse quer zur geographischen Gliederung. Die identitätsbildende Situation für München bestand darin, Freiraum für von außen kommende Nonkonformisten zu sein, für Bayern war es die Frontstellung gegen den Norden im Namen der Tradition. Der Identitätsstifter Bayerns ist dann Maximilian I. (der auch das Zeichen der Patrona Bavariae stiftet), so wie es für Deutschland Otto der Große, für München Ludwig der Bayer ist. Im Zeichen der Muttergöttin steht der Kampf gegen den Protestantismus, später gegen seelenlosen Rationalismus und das Preußentum.

Man kann sich fragen, wem die Zusamenhänge in welcher Form und welcher Klarheit bewußt waren, aber es ergibt sich insgesamt ein Bild von erstaunlicher Konsequenz. Bayern war ein Land relativ ungebrochener heidnischer Traditionen und des Bauerntums. Beides gehört zusammen, weil der naturverbundene Bauer auf ganz andere Weise mit den Umraumkräften, den Atmosphären und Mächten verbunden ist, als der Handwerker oder Handelsherr. Der Fürst stützt dieses Bauerntum sozial gegen die kleinen Herren, und er weiß darum, daß es seine Machtbasis ist. Und weil diese Politik erfolgreich ist, sinkt die Macht des Bürgertums und mit ihr die radikalchristliche Sache in dem Augenblick, wo es hart auf hart kommt.

Bayrisch-katholische Großmachtträume

Reformation und Gegenreformation als Gesamtheit sind entscheidend für eine Stärkung des herrscherlichen gegenüber dem bürgerlichen Element. Der Herzog gewinnt durch die Entscheidungsgewalt über den Glauben der Untertanen eine neue Stellung, gerade auch gegenüber der Kirche. So führt Albrecht V. schon vor 1600 eine staatliche Schulaufsicht ein, die die Rechtgläubigkeit kontrollieren soll. Ebenso ist die Bücherzensur ein erster Schritt zur staatlichen Einmischung ins kulturelle Leben. Maximilian I. läßt in seinem katholischen Fanatismus sogar die Beichtzettel seiner Untertanen von weltlicher Polizei einsammeln. Er ist auch einer der Mitschuldigen dafür daran, daß aus dem Böhmischen Krieg ein Dreißigjähriger wird, denn aus Glaubenseifer scheint ihm die Stunde günstig, nach der Niederlage der Protestanten am Weißen Berg 1620 eine Rekatholisierung weiter Teile Deutschlands in Angriff zu nehmen. Gerade der anfängliche Erfolg dieses Unternehmens ruft dann einen Glaubenseiferer gleichen Formats aber größerer Waffengewalt auf der Gegenseite herauf. Und so kommt es, daß Gustav Adolf von Schweden München 1632 seinen Besuch abstattet.

Der Dreißigjährige Krieg wirft Bayern wirtschaftlich enorm zurück. Die Einwohnerzahl Münchens sinkt zeitweilig von 24 000 auf 9000.[399] Als er zu Ende ist, bleibt ein Land übrig, in dem sich der Wald wieder ausbreiten kann, weil weite Landstriche nicht mehr bewirtschaftet werden. Das Landvolk ist vor der plündernden Soldateska in die Städte geflüchtet und trägt dort zu einer Provinzialisierung derselben bei. So wirkt letztlich auch der Dreißigjährige Krieg konservierend, bürgerlicher Geist ist erst einmal fortgeblasen.

Es gibt unter den bayrischen Herrschern noch einige glänzende Gestalten, die wenigstens eines leisteten, nämlich der Erinnerung des Volkes Stoff zur Identitätsbildung geben. So

zum Beispiel Max Emanuel, der „blaue Kurfürst", der 1688
Belgrad einnahm, und, weil der Kaiser ihn sonst nicht für
die 30 000 bayrischen Gefallenen und die Kriegskosten ent-
schädigen konnte, eben Kriegsgefangene mitnahm; diese
Türken, die aber hauptsächlich wohl islamisierte Südslawen
waren, wurden die ersten Münchner „Gastarbeiter", nicht
zuletzt daher kommt vielleicht ein gewisser physiognomi-
scher Einschlag in der Münchner Vorstadtbevölkerung.[400]

Mit dem spanischen Erbfolgekrieg verbunden ist der Auf-
standsversuch der bayrischen Bauern, der in der Schlacht
von Aidenbach und der Sendlinger Mordweihnacht von 1705
erstickt wurde. Kurfürst Max Emanuel hatte sich, von Habsburg enttäuscht, mit Frankreich verbündet, aber die Schlacht
um Bayern in Höchstätt 1704 verloren. Darin kommt die er-
drückende Übermacht des östlichen Nachbarn zum Ausdruck. Der Kurfürst setzte sich nach Belgien ab, das damals
Habsburg gehörte, aber seinerseits von den Franzosen besetzt war, während die österreichischen Besatzer in Bayern
das Äußerste an Abgaben aus der Bevölkerung heraus-
preßten und damit den Aufstand provozierten. Der fehlge-
schlagene Aufstand mit seiner zentralen und populärsten
Figur, dem Schmied von Kochel, ist bald mythisch überhöht
worden, weil er das bayrische Lebensgefühl ausdrückte: auf-
rührerisch, aber nicht revolutionär, grandios scheiternd.

1985, zum 280. Jubiläum, hat der Tölzer Historiker Probst
einen Festvortrag dazu gehalten, in dem er nach der Einleitung sofort darauf zu sprechen kam, daß Widerstand auch
heute nötig sei, und den Rest des Abends sprach er über die
Wiederaufbereitungsanlage in Wackersdorf. Probst verkörpert einen Typus von leicht depressivem, aber auch angriffs-

lustigem, bodenständigem und doch intellektuellem „königlich bayrischen Anarchisten". Obwohl CSU-Mitglied, rief er mehrfach zur Wahl der Grünen auf, da er sie zu diesem Zeitpunkt für die wirklichen Vertreter einer Bewahrung der Schöpfung hielt.

In gewisser Weise zeigt sich auch in dem Verhältnis zu seinem Kurfürsten Max Emanuel des Bayern typischer Charakter: Auch wenn jener in seinem Brüsseler Exil darüber nachdachte, Bayern eventuell gegen Belgien einzutauschen – sollte er nicht Bayern gegen Belgien tauschen, wenn Bayern strategisch einfach nicht gegen Österreich zu halten war und damit keine Basis für eine eigenständige Politik bot?– dankte ihm das Volk seine später (1725) eingerichtete Einsiedlerklause im Nymphenburger Schloßpark und pilgerte noch 150 Jahre danach scharenweise zu diesem Magdalenenquell, eine vom Kanalwasser gespeiste Attrappe übrigens.[401] Das bayrische Volk verzeiht seiner Obrigkeit vieles, wenn nur die „Ausstattung" stimmt. So ist es bis heute.

Max Emanuels Sohn Karl Albrecht, obwohl dem Namen nach für einige Jahre (1740-45) Kaiser (der einzige Wittelsbacher außer Ludwig dem Bayern), ist gegenüber seinem Vater die glanzlose Version jenes Typus' eines aller höheren Ziele baren Dynasten. Erst mit seinem Tod (1745) ist in Bayern das Zeitalter der Erbfolgekriege beendet, damit auch das Zeitalter bayrischer Großmachtträume, und damit einher geht eine Besinnung auf die eigene Identität.

5.

Königlich bayrischer Ausgleich mit der Moderne

Der nächste Kurfürst verhilft der Aufklärung in Bayern zum Durchbruch. An ihm, Max III. Joseph, zeigt sich in besonderer Weise die Ironie der Geschichte. Er propagiert neben anderen aufklärerischen Errungenschaften, wie dem Kartoffelanbau, auch die Pockenimpfung - noch nach der türkischen Technik. Das Risiko ist hoch, nicht wenige sterben an den Folgen der Impfung, aber statistisch gesehen ist die Überlebenschance mit Impfung höher. Das gilt für die durchschnittlichen Untertanen. Beim Herrscher zählt das Individuum, und deshalb läßt sich der Fürst selbst nicht impfen und stirbt - an Pocken.

Diese „Aufklärung" stößt in Bayern auf besonders hartnäckigen Widerstand. Die Menschen wollen nicht zu ihrem Glück gezwungen werden. Und sie verstehen nicht, daß in den Augen der „Aufklärer" Glück mit materiellem Volkswohlstand gleichzusetzen ist, während doch bisher die Obrigkeiten immer den Blick aufs Jenseits befördert hatten.

Gerade der wird nun abgeschnitten. Der Tod wird aus dem Leben gedrängt. Symbol dafür ist die Auslagerung der

194

Friedhöfe aus der Stadt, offiziell aus Hygienegründen. Aber
auf der anderen Seite wächst die Angst. Charakteristisch für
das Ende des 18. Jahrhunderts ist die Angst davor, lebendig
begraben zu werden. Dies ist eine direkte Folge der verkürz-
ten Aufbahrungszeit und des Wegfalls der damit verbunde-
nen Riten.

Die sogenannte Aufklärung ist in gewisser Weise nur ein
verspäteter und radikalisierter Protestantismus, mit seiner
Vergötzung der Arbeit, seinem Haß auf alles Unnütze, seiner notorischen Intoleranz in der Maske der Freiheit. In diesem Protestantismus kommt zum ersten Mal die Signatur
der Moderne deutlich zum Ausdruck; er bewirkt genau das
Gegenteil dessen und zerstört das, wofür er angetreten ist.
„Der werkfeindliche Protestantismus mündet in eine Glori-
fikation der weltlichen Dinge: des Staats, der Obrigkeit, der
Familie, des Handwerks, der Wissenschaft, sogar des Krieges. Der weltliche Katholizismus gipfelt in der tiefsten Ver-
achtung all dieser Dinge (...) Dabei ergab sich im historischen
Verlauf noch die weitere Paradoxie, daß der reaktionäre
Katholizismus oft viel toleranter, konzilianter und anpas-
sungsfähiger war als der ‚freiheitliche' Protestantismus."[402]

Der „aufgeklärte Absolutismus" ist die zweite Phase des
Absolutismus, in der er sich gegen den organisierten „Staat
im Staate", die Kirche, richtet und dazu der Ideologie der
Aufklärung bedarf. Diese Aufklärung, wie sie etwa bei dem
Pollinger Augustiner Prior Amort zum Ausdruck kommt,
ist durchaus noch christlich eingefärbt. Amort wendet sich
etwa gegen bestimmte Feiertage, Heiligenverehrung und
Wallfahrten im Namen der Reinheit der Lehre, schützt vor,
daß es sich um heidnische Relikte handle oder umgekehrt

um Neuerungen, und meint, daß das wahre Christentum doch nur die Religion der Vernunft sein könne. Verboten wird zum Beispiel der Flurumgang mit dem Stab des St. Mang oder Magnus, der gegen Schädlinge helfen soll[403], schon unter Maria Theresia verboten wurde der Bozener Drachenstich. Der von Furth im Wald konnte sich durch eine Auskopplung aus dem Fronleichnamsfest halten. Der Further Drachenstich ist ein zunächst kirchlich vereinnahmtes, unter Aufklärungstendenz bekämpftes und dann von der Kirche entkoppeltes, volkstümliches Spektakel.[404]

Der Pockentod des Kurfürsten bringt symbolisch die immer gleiche Struktur zum Ausdruck: die Wahrheit der Statistik gegen die Wirklichkeit des Individuums. Statistisch geht es der durchimpften Bevölkerung besser, dem Individuum, das Impfopfer wird, nutzt das nichts. Statistisch gesehen bringt höheres Volkseinkommen einen Zuwachs an Wohlergehen, aber der Einzelne empfindet gestrichene Feiertage als Verlust an Lebensqualität. Man kann das als irrational abtun, man kann die verengte Rationalität aber auch als nicht menschengemäß beschreiben, daran entscheidet sich, ob man das, was bayrisch ist, im Kern versteht.

In vielen Bereichen wird in jener Zeit des 18. Jahrhunderts nachgeholt, was andernorts bereits die Reformation besorgt hat. Dagegen formiert sich eine Opposition, die als ihre organisatorische Basis nur die Kirche haben kann. Jetzt erst in der Abwehr entsteht die Union von bayrischem Selbstbewußtsein und Katholizismus. Nicht die herrschaftliche Ausrufung von Bayern als Bollwerk des Katholizismus und München als deutschem Rom 200 Jahre vorher ist die Grundlage, sondern die oppositionelle Koalition gegen die Aufklärung. Ein Leichenprediger beim Tod Max III. hat seinen frühen Tod plausibel als Strafgericht erklärt, weil der Fürst zu sehr der Aufklärung Bahn brach.[405] Die Aufklärer dagegen gaben die Schuld am Tod des Fürsten den Medizinern, die ihm zuletzt sogar Heiligenbildchen zum Schlucken gegeben hätten. Symbolischer ist der Konflikt dieser Zeit nicht zu beschreiben.

Ohne Wallfahrt kein Zehnter

In der Frühphase der Aufklärung war es die Kirche selbst, die versuchte, die volkstümlichen Bräuche abzuschaffen, weil „bey vielen Pfarrkirchen das Jahr hindurch soviele Creuz-Gäng gehalten werden, daß bey mancher Pfarr im Sommer an wenig Sonntägen die pfarrlichen Gottesdienste und Predigten verrichtet werden können". Wohl hatte die Kirche ihre Chance erkannt, im Zuge der Aufklärung ihrerseits mit so manchem Heidnischen im Volk aufräumen zu können, das Freiluftleben der Volksreligion in den Kirchenraum zu drängen und das Anarchische durch eine überschaubare Ordnung zu ersetzen. Es mißlang, weil die Menschen sich wehrten. Sie verweigerten den Pfarrern, welche die Wallfahrten ausfallen ließen, die Naturalabgaben, gaben bei der Sonntagssammlung nichts mehr her oder behielten den Zehnten zurück. Direkt warf man Pfarrern, die die Bittgänge nicht hielten, vor, für Hagelschäden, Trockenheit etc. verantwortlich zu sein.

Gegen Ende des Jahrhunderts war es der Staat selber, der auf Abschaffung drängte. Man wußte sehr wohl, daß es dabei um Freiräume des Volkes ging. In einem Mandat von

1780 heißt es: „Man hat bisher aus der traurigen Erfahrung wahrgenommen, daß die allzuhäufigen Kreuzgänge und Wallfahrten, sonderbahr wann sie auf entlegene Orte gehen und einen oder mehrer Tag erfordern, die schlimmsten Folgen sowohl auf die zeitliche als auf die geistliche Wohlfahrt des Menschen nach sich ziehen. Bei solchen langwührigen Kreuzgängen wird die Berufsarbeit, sonderbahr die Feldarbeit aufm Land zum Nachteil des ganzen Nährstandes verabsäumt. Haus und Hof wird großentheils offen gelassen (...) und was das schlimmste ist, wird Gott der Allerhöchste, welcher bey solchen Kreuz- und Bittgängen versöhnt werden solle, gar oft viel mehr durch neue Sünden und Laster schwerlich beleidigt, indem man sich solcher Kreuzgänge, wo man über Nacht ausbleibt, meistens zur Gelegenheit zu Ausschweifungen und zum verbothenen Umgang mit dem anderen Geschlecht zu bedienen pflegt."[406] Doch auch jetzt machte die Münchner Regierung einen Rückzieher. Man fürchtete Unruhen wie im benachbarten Österreich, wo die Bevölkerung teilweise mit Knüppeln und Pistolen die Öffnung versperrter Gnadenkirchen erzwang.[407]

So wirkt das 18. Jahrhundert in Bayern recht uneinheitlich. Auf der einen Seite die Bemühung um „Reinigung" des Glaubens von heidnischen Relikten, auf der anderen Seite das Aufkommen neuer volkstümlicher Kulte. Ein besonders nettes Beispiel ist der Heilige Expeditus, „sonderbahrer Patron um glückliche und fertige Ausrichtung aller Geschäfften, Ambts-Standes-Hauß-Verrichtung und Reisenden". Irgendein um die Volksfrömmigkeit bemühter Geistlicher hatte den Namen ohne irgendwelche Lebensbeschreibungen in armenischen Märtyrerakten gefunden. Der Name aber verhieß einen besonderen Nothelfer, sozusagen einen Expreß-Helfer, und so wurde er als römischer Soldat dargestellt, zu Füßen ein Rabe, der als Symbol der Trägheit galt und dem noch das lateinische „cras" für „morgen" beigeschrieben wurde, während der Heilige das Wort „hodie" (= heute) als Schriftzug buchstäblich in seinem Schilde führt.[408] Solche Darstellungen können wir als die Vorläufer unserer Comics ansehen, und der Heilige Expeditus, der Heilige der eiligen Angelegenheiten, ist ein rechtes Produkt einer beginnenden Beschleunigung. Aber immerhin ist das 18. Jahrhundert noch nicht so weit alten Zeiten enteilt, daß nicht noch ein neuer Heiliger entstehen könnte.

Weiß man, wie gefährdet die Grundlage der Volksfrömmigkeit schon im 18. Jahrhundert war, wirkt die enorme Produktivität, der Reichtum und Prunk der Kunst dieser Zeit, die zu einem großem Teil von den Klöstern getragen wird, noch erstaunlicher. Wie ein geschädigter Baum, der Angsttriebe und besonders viele Zapfen treibt, wird allerorten gebaut und ausgemalt. Dabei mischen sich Elemente des Volksglaubens mit antiken Formen. Auf dem Freskenzyklus von Johannes Zick im Prämonstratenserkloster Schussenried erscheint der Lech, den St. Mang überschreitet, als antiker Flußgott mit erhabenen Händen, in der Antike der Gebärde des Erstaunens, vor dem leuchtenden Kreuz des Heiligen. Mit seinem Stab reinigt der Heilige auch ohne Mühe die Luft von Dämonen. Dagegen wird er auf einem Fresko von Franz Georg Hermann in der Vierzehn-Nothelfer-Kapelle in Füssen in freier Natur lesend von allerlei Dämonenvolk umgeben, das Schabernack mit ihm treibt, dargestellt. Eine weißbärtige Pangestalt gießt ihm Wasser ins Gesicht, ein Totenköpfiger

mit Kuhhörnern setzt sein Blasrohr an, und ein Schweins-
köpfiger mit Sepperlhut versucht, ihm den Mantel wegzu-
ziehen.[409]

St. Mang, umgeben von Dämonenvolk,
in der Füssener Vierzehn-Nohelfer-Kapelle

Wollte sich Hermann über den heroischen Sieg eines Heiligen lustig machen? Keineswegs! Aber er schildert die ganz
unheroischen täglichen Anfechtungen, die jemand erleidet,
der sich inmitten der Natur von ihr abwenden will, weil er
glaubt, das Wesentliche sei im Jenseits zu finden.

Der Pfälzer wird ungemütlich

Kurfürst Max III. Joseph, der letzte bayrische Wittelsbacher, ist 1777 ohne Nachkommen gestorben, sein Nachfolger ist der Pfälzer Karl Theodor. Unter diesem ersten Kurfürsten der pfälzischen Linie verschärft sich der Konflikt. Karl Theodors Zunftgesetzgebung, die einer „freien Marktwirtschaft" Raum geben will, stößt auf erbitterten Widerstand. Die Konkurrenzwirtschaft bedroht die Gemütlichkeit. Und deren Verteidigung kann nun in unmittelbaren Zusammenhang mit der bayrischen Eigenständigkeit gebracht werden. Denn der Fürst, der die bayrische Eigenart bedroht, opfert beinahe auch seine Selbständigkeit. Ähnlich wie 70 Jahre zuvor Max Emanuel, tragen auch ihm die Habsburger einen Tausch gegen die österreichischen Niederlande mit Hauptstadt Brüssel an. Karl Theodor, der ohernhin nur ungern von Mannheim nach München übergesiedelt ist, wäre einverstanden, doch zum Garanten der bayrischen Selbständigkeit wird - oh Wunder! - der preußische König. Der alte Fritz setzt auf Bayern, nicht aus übertriebener Bayernliebe zwar, sondern weil er einen österreichischen Machtzuwachs von diesem Ausmaß als unzumutbar empfindet.

Es ist eine interessante Frage, was heute wäre, wenn der Preußenkönig 1778 die Norderweiterung Österreichs und da-mit eine Wiedervereinigung der bajuwarischen Lande - allerdings mit Machtschwerpunkt im Osten und unlösbarer Bindung an die ungarische und böhmische Geschichte - nicht vereitelt hätte. Dann wäre das bajuwarische Siedlungsgebiet wieder zusammen gewesen, es hätte 1806 keine Beutebayern gegeben. Ein kleindeutsches Reich unter preußischer Führung wäre wirklich nur ein norddeutsches gewesen und ihm gegenüber wäre ein wirklicher süddeutscher Staat, freilich geprägt von seinem Grenzcharakter, gestanden.

Der pfälzische Fürst, der Bayern gar nicht haben wollte, bedroht als Aufklärer nun überdies seine Identität. Kein Wunder also, daß Karl Theodor der „ungeliebte" Kurfürst wird. Und als ihn 1799 beim Kartenspiel der Schlag trifft, kann das Volk, so Lorenz Westenrieder, aus Angst, „daß es wieder besser gehen könnte, nicht essen, nicht schlafen und nicht denken". Sein Tod ein paar Tage später wird mancherorts sogar mit Freudengeläut begrüßt. Der nach dem Fürsten benannte Karlsplatz ist auch nie volkstümlich geworden, und im Volksmund hat sich eher der Name Stachus (nach dem dortigen Wirt, der den im 18. Jahrhundert durchaus noch gebräuchlichen Vornamen Eustachius trug) durchgesetzt. Auch alle gutgemeinten Volksbeglückungen Karl Theodors, die Öffnung des Schloßparks von Nymphenburg und der fürstlichen Gemäldegalerie und die Anlage des Englischen Gartens nutzten wenig. Unter seiner Regierung wurde das geistige Klima in Bayern eng und muffig; um freisinnige Zeitungen zu lesen, mußten die Münchner ihren Sonntagsspaziergang nach Norden wenden, wo die bayrische Grenze am nächsten war: nach Föhring auf Freisingisches Gebiet.[410]

Karl Theodor verkörpert die Gespaltenheit eines Konservatismus von oben. Nachdem der bigotte alte Karl Theodor am Beispiel der französischen Revolution gesehen hatte, wohin die Aufklärung führen konnte, bremste er die antikirchlichen Aktivitäten, trieb aber gleichzeitig die wirtschaftliche Liberalisierung voran. Als ob man das hätte trennen können; aber nur allzu rasch hat sich die Kirche auf diese Halbherzigkeit eingelassen.

Hätte sich die Kirche mit ihrer Kritik an der Aufklärung und ihrem funktionalistischen Menschenbild dagegen am Empfinden der Menschen orientiert, hätte sie populär sein können. So aber schielte sie nach den Mächtigen, versuchte diese zu überzeugen, daß ihr Rationalismus Tradition und Kirchenbindung im Volk unterminiere und damit zu einer Revolutionsbereitschaft führe – aber sie wollten nicht wahrhaben, daß das Anarchische wesentlicher Bestandteil wirklicher bayrischer Kultur ist. Das ging so weit, daß heute auch in Bayern weitgehend aus dem Blick geraten ist, daß Konservativismus ursprünglich gar nichts mit starkem Staat zu tun hat, sondern geradezu Anti-Etatismus ist, entstanden aus dem Widerstand von Adel und Klerus gegen den aufgeklärten Absolutismus, dessen geldfressender Bürokratisierung und Verrechtlichung der sozialen Beziehungen sie die patriarchalen, auf Tradition und persönlichem Kontakt beruhenden Sozialformen entgegenstellten.

Zwischenzeitlich aber nahte die Rettung in Form des Königtums.

Es lebe der König!

Mit dem Kurfürsten Max IV. Joseph, ab 1806 als Maximilian I. König von Bayern, zieht 1799 ein Regent in München ein, der die tiefe Sehnsucht der Bayern nach einem volksnahen Herrscher verkörpert. Berühmt geworden ist der Münchner Bräu, der beim Einzug auf den Kurfürsten zustürzt und ausruft: „Weilst nur grad da bist, Maxl!" Und als sich

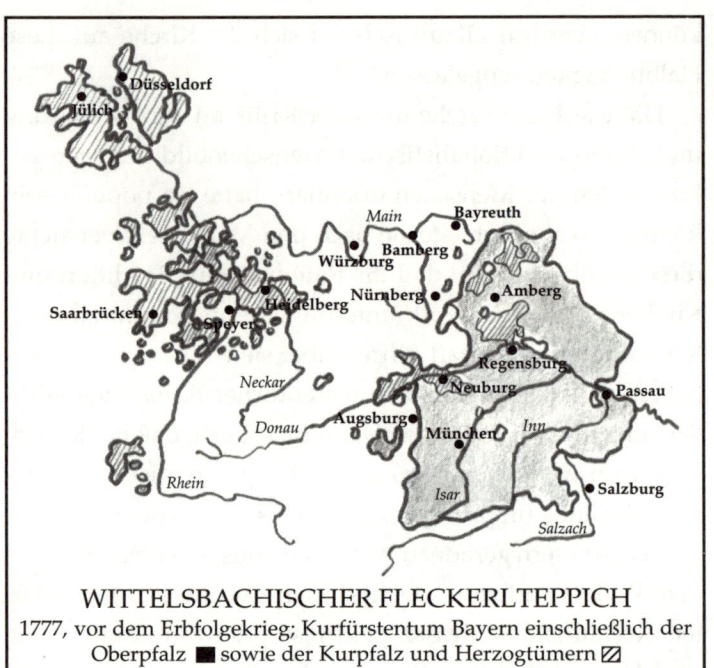

WITTELSBACHISCHER FLECKERLTEPPICH
1777, vor dem Erbfolgekrieg; Kurfürstentum Bayern einschließlich der
Oberpfalz ■ sowie der Kurpfalz und Herzogtümern ▨

der frisch ausgerufene König am Neujahrstag 1806 seinem
Volk vorstellt, sagt er: „Es freut mich, Euch zu sehen. Ich
wünsche Euch allen ein gutes Neues Jahr. Und wir bleiben
die alten!"

Ganz die alten aber konnten die Bayern erst einmal nicht
bleiben. Mit der seit 1806 neuen äußeren Gestalt bedeutete
die Regierung des ersten Königs auch eine Umbruchzeit, die
nicht von ihm, dem König, gewollt oder herbeigeführt war,
der er sich aber anpassen mußte. Der Name des leitenden
Ministers Montgelas steht für die Errichtung des modernen
Bayerns, für einen verschärften Kampf gegen die Tradition,
der schon 1802 zu dem großen Münchner Wallfahrerkrawall

DAS KÖNIGREICH BAYERN
Nach Wiener Kongreß und Folgeverträgen 1817 eingeteilt in 8 Kreise:
I Oberdonaukreis, II Isarkreis, III Unterdonaukreis, IV Regenkreis, V
Rezatkreis, VI Obermainkreis, VII Untermainkreis, VIII Rheinkreis.

geführt hatte, als Berittene eine von Andechs kommende
Prozession auseinanderjagten. Aber bereits nach 1810 ist eine
deutliche Rücksichtname auf die religiösen Gefühle des Volkes festzustellen, die Behörden tolerieren Verstöße gegen
Wallfahrtsverbote häufig, und nach dem Sturz von Montgelas im Jahr 1817 werden Bittgänge innerhalb der Pfarrei-
grenzen offiziell wieder erlaubt.[411]

Montgelas, der Schöpfer der äußeren Form des neuen
Bayern, dem schon Zeitgenossen ein mephistophelisches
Aussehen bescheinigten[412], war so unbayrisch wie nur möglich, ein echter Realpolitiker, der an Machtzuwachs des Staates einstrich, was jeweils gerade ging, egal ob auf Kosten der

Hohenzollern oder der Kirche oder auch des eigenen Volkes; so knüpfte er Steuernachlässe an den Nachweis, daß der Steuerpflichtige auch an den jetzt abgeschafften Feiertagen gearbeitet hatte.[413] Der vielleicht beste Treppenwitz der bayrischen Geschichte ist, daß Montgelas am Lichtmeßtag 1817 auf Betreiben des Kronprinzen fristlos entlassen wurde; Maria Lichtmeß war der Tag, an dem man den Dienstboten den Platz aufkündigen konnte. Daß dies erst am Ende des Winters möglich war und nicht zum Ende der Arbeitssaison, war eine sehr soziale Einrichtung. Den Feiertag Maria Lichtmeß hatte Montgelas abgeschafft...[414] Das Volk lastete ohnehin alle unpopulären Maßnahmen allein dem Minister an, um den König weiter verehren zu können.[415]

Die Zeit des Königreichs ist aber auch die Zeit der Herausbildung von Fremd- und Selbstbild der Bayern. Anfang des 19. Jahrhunderts gelangten zum ersten Mal in nennenswertem Umfang Fremde in das bayrische Oberland. Die Landschaftsmaler waren es, die die Institution der Sommerfrische begründeten. Ihnen folgten andere Reisende und nicht zuletzt sammelnde Volkskundler. Schnell waren dann auch Stereotypen wie der des allzeit jodelnden, wildernden, zu Raufhändeln aufgelegten Bauernburschen, der abends Fensterln geht, geboren. Als besonders typisch galt zunächst die Tegernseer und Schlierseer Gegend, der von München aus am schnellsten zu erreichende Gebirgsraum.[416]

Trachten wurden unmittelbar vom Königshaus gefördert. Darin wurzelt auch der Trachtenumzug zu Beginn des Oktoberfestes. Anläßlich des 1. Oktoberfestes 1810 wurden acht Kinderpaare in extra dafür angefertigter Tracht als Vertreter der acht bayrischen Kreise aufgestellt. Beim Oktoberfest

1842 ließ Max II. 36 Paare aus dem gesamten Königreich in heimischer Tracht aufmarschieren, und nun wurde auch verlangt, daß an dieser nichts „falsch" sein dürfe. Gerade nach 1919 wird das Oktoberfest zur alljährlichen Zelebration der Einheit von Stadt und Land.

Bayern war aber in der ersten Hälfte des 19. Jahrhunderts vielleicht der modernste Staat Deutschlands. 1818 gewährte der König eine Verfassung und eine Gemeindeordnung. Sie nahm den am französischen Vorbild orientierten Zentralismus, den Montgelas 1808 eingeführt hatte, wieder zurück. Die Bürgermeister wurden nicht mehr von oben eingesetzt, sondern wieder gewählt.

Die bayrische Verfassung von 1818 kennt kein Wahlrecht nach Einkommensklassen wie in Preußen, aber auch keinen Parlamentarismus im heutigen Sinn. Die Regierung war vom König eingesetzt und ihm verantwortlich, nicht dem Parlament. Aber das Parlament mußte den Haushalt genehmigen, das heißt, die Regierung mußte sich durch Zugeständnis bei einer, und sei es wechselnden, Mehrheit des Parlaments die Zustimmung erkaufen. Umgekehrt konnte die Landtagsmehrheit mit der Streichung einzelner Etatposten gezielt Druck ausüben. Dieses System begründete eine vielleicht bessere Gewaltenteilung zwischen Legislative und Exekutive als wir sie heute haben, wo die jeweiligen Mehrheitsparteien zum Wurmfortsatz der Regierung degeneriert sind. Im Königreich Bayern war es, seit Mitte des 19. Jahrhunderts die Parteien überhaupt eine zentrale Rolle zu spielen begannen, üblich, gerade nicht einen Exponenten der Mehrheitspartei zum Regierungschef zu bestellen. Als dieses Prinzip 1912 verlassen und mit Graf v. Hertling ein Exponent der katholischen Partei zum Ministerpräsidenten berufen wurde, war dies bereits der Vorbote des Niedergangs der Stellung des Landtags. Eine Regierung aus Parteileuten, die sich auf die Mehrheit im Landtag stützt, wird immer auf diese achten. Noch mehr aber geht die einstige Stellung des Landtags als Kontrollorgan der Regierung verloren. Denn die Mehrheit des Landtags ist nun interessiert, diese Regierung, die ja jetzt „ihre" ist, zu erhalten, sie wird ihr kaum noch wirklich kritisch gegenüberstehen. Zudem verwischen sich in einem solchen System auch die personellen Schranken zwischen Exekutive und Legislative, denn die Parlamentarier sind nun Regierungsmitglieder in spe, sie wollen Karriere machen, geben sich ministrabel und staatsmännisch. Ihre Aufgabe wäre aber, die Interessen derer, von denen sie gewählt sind, ruhig einseitig zu vertreten. Die Nichtregierungsparteien andererseits haben in einem solchen System gar keine Chance mehr, ihre Kollegen zu überzeugen und Mehrheiten zu gewinnen. Ihre Reden sind nur nur noch Schaufensterreden. Heute ist das Parlament zum permanenten Wahlkampf geworden. Die Ergebnisse stehen schon vorher fest, die Reden werden nicht gehalten, um jemand zu überzeugen, sondern um mit einem Satz ins Fernsehen zu kommen oder mit dreien in die Zeitung.

Ludwig I. und die Kulturhauptstadt

Schon Max III. Joseph hatte die bayrischen Großmachtpläne nach dem Fiasko des zweiten bayrischen Kaiserunternehmens 1745 aufgegeben. Aber erst Ludwig I., König seit 1825, sorgte für einen vollwertigen Ersatz. Er schuf die „bayrische Doppelmonarchie" und teilte seine Arbeitszeit zwischen seinen beiden Reichen als König von Bayern und Herrscher im Reich der Kultur. Ludwig I. war das genaue Gegenteil des beharrlichen aber prinzipienlosen Montgelas: sprunghaft im Handeln, fest im Grundsätzlichen.

Das Besondere an Ludwigs Wirksamkeit war nach Max Spindler „daß er in einer Zeit, in der die fürstliche Gewalt auf der ganzen Linie im Rückzug begriffen war, den erstaunten Zeitgenossen noch einmal das faszinierende Schauspiel eines genialen fürstlichen Bauherrn darbot, der alle entgegenstehenden Schranken niederwarf - ehe die große Entpersönlichung Wirklichkeit wurde"[417]. So wenig Ludwig ein Demokrat war, so sehr war er volksverbunden, geleitet von Goethes Maxime: „Der Erzieher muß die Kindheit hören, nicht das Kind; der Gesetzgeber und Regent die Volkheit, nicht das Volk."[418]

König Ludwig I. glaubte in seiner Idee des Kulturkönigtums noch an die Vereinbarkeit von Rückbesinnung auf Tradition und Schöpferischem.

Ausdruck dafür ist, daß der Bau gegenüber der Glyptothek (heute „Antikensammlung") ursprünglich als Raum für jährliche Kunst- und Gewerbeausstellungen dienen sollte, dem klassischen Vorbild der Antike so eine ebenbürtige Gegenwart an die Seite stellend. Ebenso wurde der alten Pinakothek die neue und die Akademie als Ausbildungsstätte zukünftiger Künstler gegenübergestellt. Ludwig glaubte auch an die Vereinbarkeit von deutschem Nationalbewußtsein und bayrischer Eigenständigkeit, Bayern sollte der Hort der Nation der Dichter und Denker zwischen preußischem Komißgeist und österreichischer Balkanisierung sein. Für

Ludwig war es kein Widerspruch, eine Wallhalla für die großen Deutschen im Stil eines griechischen Tempels zu bauen. Mit einem Denkmal des bayrischen Nationalstolzes tat er sich schwerer. Seine Feldherrnhalle, ein Nachbau der Loggia di Lanzi in Florenz, beherbergt nur zwei Feldherren, von denen der eine kein Bayer und der andre kein Feldherr ist, und auch zur martialischen Mittelfigur, einem Krieger mit Frau im Arm, hat der Volksmund einen nur bedingt heldischen Kommentar erfunden: „D'Fahna kennt's ham, aber 's Mensch net!"[419]

Ludwigs Versuch, den Bayern eine National-Geschichte zu stiften, ist die Reaktion auf den Verlust der alten volkstümlichen, ganz anderen Art der Erinnerung. Die Form, in der die eigene Geschichte erinnert wurde, waren nicht zuletzt Prozessionen. Nicht nur, daß in Lenggries bis ins 19. Jahrhundert an Fronleichnam als Panduren verkleidete Gestalten mitzogen[420], zur Erinnerung an den Überfall von 1742, bei dem der Sage nach die verstorbenen Lenggrieser aus ihren Gräber aufstanden und ihren Friedhof verteidigten. In Ebersberg waren beim Pfingstumzug, der aus der Darstellung des Sieges des Sommers und Regenbittgebräuchen verschmolzenen war, germanische Riesen, die Perchtfrau und der römische Bacchus dabei, aber auch Martin Luther mit den Bratwürsten, die er bei seiner überstürzten Flucht aus Augsburg nach einem katholischen Spottlied vergessen hatte zu bezahlen, ein Wunderdoktor in Tracht des 18. Jahrhunderts und der bayrische Hiasl zogen mit.[421] Sie alle waren bereits mythische Figuren, und aus solchen setzte sich das Geschichtsbild des Volkes zusammen.

Ludwig wandelte sich, enttäuscht von der Substanzlosigkeit der deutschen Nationalbewegung und ihrer Verbindung mit dem Liberalismus, immer mehr zum Konservativen. In dieser Epoche wird zum ersten Mal der bayrische Konservativismus Regierungsprogramm. Seine frühesten Wurzeln hat er bei den Exjesuiten, die nach 1773 in Augsburg besondes gefördert wurden, und den Rosenkreuzern, wie sie Eckhardtshausen vertritt. Aus diesem Geist heraus hat Franz von Baader von München aus das Stichwort zur „Heiligen Allianz" der christlichen Fürsten Europas gegen den Geist des Unglaubens und der Revolution gegeben.

Als Kronprinz war Ludwig Hoffnungsträger der geistigen Opposition gewesen; Opposition sowohl gegen die antinationale, napoleonfreundliche als auch gegen die antiklerikale, aufklärerische Politik seines Vaters und vor allem dessen allmächtigen Ministers Montgelas. Montgelas' Leistung war es, einen modernen Verwaltungs-Einheitsstaat analog zu den Stein-Hardenberg'schen Reformen in Preußen geschaffen zu haben. Beide Unternehmungen sind Anpassungen an den französischen Geist der Aufklärung mit dem Ziel, dem nachrevolutionären Frankreich militärisch wieder ebenbürtig zu sein. Darauf beruht die Dialektik der sogenannten Befreiungskriege. Sie erringen den Sieg über die Franzosen um den Preis, selber halbe Franzosen zu werden. Zunächst war für Ludwig die Moderne synonym mit französisch, die Romantik synonym mit deutsch. In der Regierung zeigte sich die nationale Komponente sehr schnell als Problem, denn sie hätte verlangt, von der Souveränität der Einzelfürsten abzugehen. Die klerikale Identitätsstiftung wurde deshalb für Ludwig umso wichtiger, zumal auch der Kulturimpuls der Romantik kein durchwegs deutsch-nationaler war. Auch die führenden Denker der Spätromantik flüchteten sich in den Katholizismus und oft auch nach München, wie Schelling und Brentano. Ludwig konnte dabei in gewisser Weise den Kurfürsten Maximilian als seinen Vorläufer ansehen, wie dies der katholische Publizist Görres, der mit seinem Kreis zu den einflußreichsten Persönlichkeiten der damaligen Münchner Kultur gehörte und dessen Werk über die christliche Mystik eine Menge erfahrungsreligiöses Material zu Tage brachte, schon bei seiner Thronbesteigung angeregt hatte. Zwar nicht in der Art des Beichtzettel einsammelnden Katholizismus', aber doch in dem Impuls, das, was man für das Alte hielt, zu bewahren, und in dem Willen, den Staat einem Menschheitsprogramm zu unterstellen. Daß Ludwig persönlich die Nichtübereinstimmung mit der kirchlichen Morallehre in Gestalt seiner Affäre mit der Tänzerin Lola Montez zum Anlaß des Sturzes wird, ist symptomatisch für seine Gespaltenheit.

Ludwig begründete Münchens Ruf als Kulturhauptstadt. Der wichtigste Kopf seiner Kunstpolitik, was die museale Seite angeht, war Johann Georg Dillis (1759-1841), der über seinen vielen Verpflichtungen kaum noch selbst zum Malen kam. Dillis zählt trotzdem mit Wagenbauer, Kobell und Quaglio zu den Begründern der Münchner Landschaftsmalerei; Dillis ist der Maler des Alpenvorlands und nicht zuletzt des stadtnahen Isartals und des Englischen Gartens.

Was Dillis von seinen klassizistischen Kollegen unterscheidet, ist, daß er die Atmosphäre in den Mittelpunkt stellt, während bei jenen Wetter und Beleuchtung doch immer akzidentiell wirken und stattdessen Staffage und Symbolik im Mittelpunkt stehen.

Georg Dillis: Das mittlere Lechtal

Dillis´ Bilder wurden von den Zeitgenossen eher als Studien angesehen, weil sie nicht die klassischen Kompositionsschemata wie Rahmung durch Bäume, Staffagefiguren etc. aufweisen. Sie sind Impressionen und weisen tatsächlich auf den Impressionismus voraus, nur daß Dillis daraus nicht gleich wieder einen Ismus gemacht hätte. Dillis Bilder vom Starnberger See, vom Lechtal, von Dietramszell geben das wieder, was wir auch heute noch als die Essenz dieser Landschaft empfinden, während seine Zeitgenossen wie Wagenbauer die selben Landschaften doch meist zu Kulissen für Genreszenen machten.[422]

Interessanterweise ergab sich die Möglichkeit zu einer dem Alpenvorland gemäßen Auffassung der Landschaft eher aus der noch ganz dem Barock verpflichteten Ausbildung von Dillis. Dazu kommen mußte freilich seine persönliche Liebe zur Natur. Dillis entstammte einer Förstersfamilie.

Carl Rottmann: Der Kochelsee

Durch ihn wurde das Isartal ein klassischer Ort, so sehr
daß man die Legende erfand, der große Meister barocker
Landschaftsmalerei, Claude Lorrain, hätte hier eine Zeitlang
gelebt. Ludwig I. ließ Claude ein Denkmal neben dem Harlachinger Kirchlein setzen. Auch wenn sich herausstellte, daß
der Besitzer des Harlachinger Schlößchens, Mair, nicht mit
dem Auftraggeber von Claude Lorrain identisch war[423], so
bezeichnet das Denkmal doch einen wichtigen Zusammenhang: Es war das Licht Claude Lorrains, in dem man um 1800
die bayrische Landschaft zu sehen und schätzen lernte.

Die heroischen Themen der Alpen überließ Dillis seinem
Kollegen Rottmann, der 1825 mit seinen Bildern vom Eibsee
und Hohen Göll Maßstäbe setzte.[424] Diese Landschaften er-
schlossen sich eher der romantischen Weiterentwicklung und
Übersteigerung der klassizistischen Kunst. Auch bei Rottmann dominiert das Atmosphärische, aber es verdrängt ge-

radezu die Formen und Konturen. Die Beleuchtung einer Landschaft spiegelt vor allem im Griechenlandzyklus ihre geschichtliche Bedeutung. Die konkrete Gegenständlichkeit einer Ruine ist demgegenüber zweitrangig. Historische Landschaft ist für ihn nicht die Landschaft einstiger Größe, sondern gerade die Landschaft vergänglicher Größe.

Max II. und die Mächte der Beharrung

Ludwigs Sohn Max, zu dessen Bildung er niemand geringeren als Hegels großen Gegenspieler Schelling bestimmt hatte, führte als König Max II. die Tendenz des Kulturkönigtums mit Schwerpunktsetzung auf Literatur und Wissenschaft fort. Er engagierte sich auch im Bereich der sozialen Frage.[425] Bereits 1851 holte er Wilhelm Heinrich Riehl (1823-1897) nach München, den großen Kopf einer konservativen Sozialpolitik und „Vater der Volkskunde". Riehl kann man als den „wohl bedeutsamsten Antipoden seiner Zeitgenossen Marx und Engels"[426] bezeichnen. Mit der „Naturgeschichte des deutschen Volkes" lieferte Riehl die erste groß angelegte Anthropogeographie. In seinen Äußerungen zur Zeitgeschichte stellte er „Mächte der Bewegung" und „Mächte der Beharrung" einander gegenüber.

Franz Seraphim Leinfelder, Geheimer Sekretär im Ministerium des königlichen Hauses, schrieb, die Terminologie Riehls benutzend: „In Bayern sind die Kräfte des sozialen Beharrens vorherrschend, denn Bayern ist weder ein industrieller noch ein Handelsstaat, sondern die weitaus überwiegende landwirtschaftliche Bevölkerung, zu welcher naturgemäß die Kleinbürger auf dem Lande zählen, verleiht ihm den Charakter eines Agrikulturstaates mit allen demselben anklebenden Eigenschaften. Aus dieser agrikolen Lebensweise, Naturanlage und religiösen Gefühlen erklärt sich die Neigung zu Althergebrachtem und Überliefertem, welche den Grundzug im Charakter der Bayern bildet. Im Politischen äußert sich dies durch einen tief eingewurzelten Glauben an das Königtum und Ehrfurcht vor demselben, aber auch einen Mangel an Neigung und Geschick zum Selfgovernment und durch einen hohen Grad von Indifferenz in politischen Streitfragen in den Gewerbeverhältnissen durch zähes Mißtrauen gegen neue Methoden und Erfindungen, insbesondere gegen Gewerbe- und Handelsfreiheit."[427]

Was die Bayern mit Freiheit meinen, ist eben nicht eine des Selbstverkaufs, wie sie der Liberalismus versteht. Riehl formuliert etwas, was zutiefst im bayrischen Charakter verwurzelt ist, wenn er meint: „Was helfen den Engländern ihre freien Gesetze, da sie nur gefesselte Parke, da sie kaum noch einen freien Wald haben? Der Zwang der Sitte ist in England und Nordamerika einem deutschen Manne unerträglich. Da die Engländer nicht einmal mehr den freien Wald zu schätzen wissen, so ist es kein Wunder, daß sie fordern, man solle zu dem Eintrittsgeld, welches man für Theater und Konzertbesuch bezahlt, auch noch einen schwarzen Frack und eine weiße Halsbinde mitbringen. Deutschland hat eine größere Zukunft der sozialen Freiheit als England, denn es hat sich den freien Wald gerettet. Den Wald ausrotten könnte man vielleicht in Deutschland, aber ihn sperren, das würde eine Revolution hervorrufen."[428] In Riehls Betrachtung liegt die Wurzel dafür, daß 1948 der freie Zugang zu den Naturschönheiten in Bayern Verfassungsrang bekam.

Leinfelders Gutachten für Max II. fährt fort: „Die Mächte der sozialen Bewegung dagegen sind in Bayern verhältnismäßig wenig zahlreich, da sie nur aus dem Bürgerstande im weiteren Sinn (Gelehrte, Künstler, Beamte, Advokaten, Ärzte und dergleichen inbegriffen) bestehen; aber sie beginnen in politischen Dingen eine aktive Rolle auch in Bayern zu spielen, wenngleich dieselbe hinter ihrer Bedeutung in Mitteldeutschland weit zurückbleibt." Liest man Leinfelder, dann merkt man, was der Großteil auch der akademischen Geschichtsschreibung doch für ein bürgerlich-liberalistisches Tendenzunternehmen ist, das so tut, als sei der Weg zum wirtschaftsliberalen Nationalstaat alternativlos gewesen.

Die Lasall'sche Vorstellung, das Königtum müsse das Bündnis mit der Arbeiterschaft gegen die Liberalen suchen[429], ist bei keinem König seiner Zeit besser denkbar als bei Max II., und auch nirgendwo so wie in Bayern. Und trotzdem stellte sich auch hier die Monarchie letztlich auf die Seite der Besitzenden, die zumindest scheinbar die Träger der Kultur waren. Sie waren aber mehr noch bereits Träger der bürgerlichen Unkultur, die alles vermarktet und nur nach Marktwert einschätzt.

Die Monarchie wiederholte den Fehler der Kirche im Kampf gegen die Aufklärung – sie orientierte sich nicht an den Bedürfnissen des Volkes. Die Folge war, daß die Arbeiterschaft eine Gegenkultur entwickelte, die immer mehr allein die praktische Transzendenz[430], die Sinngebung des Einzelnen durch den Dienst am Menscheitsfortschritt, betonte. Diese Gegenkultur wurde mit der Demokratisierung im 20. Jahrhundert zur herrschenden Kultur und, nachdem auch die Hoffnung auf eine sozialistische Erlösung zusammengebrochen war, zum Grundstock einer Unkultur, die nur fragt, was ist hier zu holen?, nicht, was bin ich hier schuldig?

Nirgends waren, trotz des Verrats des Königstums an der konservativen Gesinnung des Volkes, Königstreue und Zusammengehörigkeitsgefühl so stark verbunden wie in Bayern. So mußte Bismarck 1865 feststellen: „Bayern ist vielleicht das einzige deutsche Land, dem es durch materielle Bedeutung, durch die bestimmt ausgeprägte Stammeseigentümlichkeit und durch die Begabung seiner Herrscher gelungen ist, ein wirkliches und in sich selbst befriedigtes Nationalgefühl auszubilden."[431]

Während Ludwigs I. Hoffnung war, aus dem Museum eine neue kulturelle Blüte zu erwecken, wird der Reformimpuls schließlich selbst museal. Es ist geradezu ein Symbol, daß der konservative Riehl zum Direktor des bayrischen Nationalmuseums wird. Die Architektur dieses Museums gestaltete Gabriel von Seidl, der größte der historistischen Architekten Bayerns. Jeder Raum sollte die jeweiligen Kunstwerke in einem ihrem Stil entsprechenden Kontext präsentieren. Seidl hat nicht nur neuromanisch, neugotisch, usw. gebaut, sondern auch den Barockstil wieder zu Ehren gebracht, so im Erweiterungsbau der Thalkirchner Flößer-Wallfahrtskirche.

Seidl verdanken wir auch den ersten groß angelegten Ensembleschutz in der Geschichte des Denkmalschutzes, die Gesamtrestaurierung der Tölzer Marktstraße.[432] Freilich war dies in Verbindung mit den Anfängen einer Kanalisation für eine Stadt wie Tölz damals noch eine übergroße Aufgabe, die dem verantwortlichen Bürgermeister eine Rüge von der Regierung wegen Überschuldung einbrachte.

Ebenso wie bezüglich der Denkmäler der Kultur, und
zwar nicht nur des Altertums und des Mittelalters, sonderen
auch des Barocks und der Volkskultur, entwickelte sich nun
entgegen der immer mehr um sich greifenden Technik ein
Bewußtsein für die Bewahrung der Natur. Und bezeichnenderweise sind es dieselben Menschen, die hier Pionier-
funktionen übernehmen. Gabriel von Seidl ist Gründer und
Vorsitzender des Isartalvereins, oder wie er mit seinem vollen - gleichsam neubarocken - Namen hieß: „Verein zur Erhaltung der landschaftlichen Schönheiten Münchens, besonders des Isartals"[433]. Anlaß waren die ersten Kraftwerks-
projekte an der Isar. Der Name, der um 1900 einsetzenden
Bewegung, die Naturschutz und Denkmalschutz verband,
war „Heimatschutz". In Bayern institutionalisierte sie sich
im „Landesausschuß für Naturpflege", einem aus Vereins-
vertretern zusammengesetzten Gremium, das beratend dem
Innenministerium zugeordnet wurde. Auch der wichtigste
Initiator des Heimatschutzes in Preußen, der Musiker Ernst
Rudorff, betrachtete Wilhelm Heinrich Riehl als seinen wichtigsten Vordenker.

Ludwig II. und das Ende der Souveränität

Der Wittelsbacher, der zur Kultfigur geworden ist, ist
Ludwig II. Tatsächlich zeigt sich in ihm ins Phantastische
gesteigert, was ein Volk, das eigentlich weiterträumen will,
von einem Monarchen erwartet. Ihm verzeiht man sogar die
preußische Mutter und daß er die bayrische Eigenstaatlichkeit an seinen Großvater Wilhelm I. verkauft hat. Tatsächlich waren die 100 000 Reichsmark, die nach 1871 jährlich

aus dem Welfenfond bezahlt wurden[434], nur ein Geschenk, das die Aufgabe der nominellen Souveränität versüßen sollte. Bismarcks Unterstützung seiner Bauten beruhte nicht zuletzt darauf, daß er von Ludwigs Bruder eine Bevorzugung der Patriotenpartei und ein stärkeres antipreußisches Engagement befürchtete. Andere realpolitische Optionen gab es zu diesem Zeitpunkt kaum. Es hätte ein entschiedener Preussenhasser und Prophet des ersten Weltkriegs sein müssen, der trotz der Weichenstellungen von 1866 nun Bayern hätte abseits stehen lassen. Zwar gab es solche Stimmen. Noch 1871 fragte der Abgeordnete Dr. Kraetzer im Landtag: „Sollen wir in den Einheitsstaat eingehen, der Frankreich nicht glücklich gemacht hat? Wozu führt die Gründung eines solchen Staates? Zu Kriegen, zur Bekämpfung anderer Staaten! Die Sucht, die Herrschaft über Europa zu bekommen, liegt zugrunde. Und diese Anspannung aller Kräfte wird über kurz oder lang zum Kriege führen!"[435] Und Doktor Sigl erklärte im „Bayrischen Vaterland", die Kaiserkrone sei nur die vergrößerte preußische Pickelhaube und das Ergebnis seien „mehr Kriege, mehr Krüppel, mehr Totenlisten und mehr Steuerzettel."[436] Erst 1918 erschien das prophetisch.

Ludwig II. mußte einsehen, daß ein Festhalten an der Souveränität eine politische Unmöglichkeit war, wenn Volk und Militär sich dagegen stemmten und die Krone allen Rückhalt im Lande verlieren würde.[437] Die Lage durchaus richtig einschätzend, schrieb er an seine frühere Erzieherin Sybille Meilhaus: „Viel fürchte ich von dem Einfluß der nun bald zurückkommenden Truppen, die jene verdammten, preußenfreundlichen, deutschschwindlerischen Ideen im ohnehin angesteckten Volk noch mehr verbreiten werden."[438]

Eigentlich war Bayern ja nur 60 Jahre wirklich souverän gewesen. Die Entwicklung führte freilich nicht zwangsläufig zum Kleindeutschen Reich. Vielmehr schien die mit den Befreiungskriegen gestellte Frage, wie ein monarchisch-legitimistisches Prinzip und die Nationalbewegung, die ihm allein die Kraft gegen Napoleon verliehen hatte, in Mitteleuropa zu vereinbaren sein würden, geradezu unlösbar. Denn die Habsburger Monarchie hing am übernationalen Prinzip, und Deutschland ohne Österreich war kein Ganzes. Aber das Ende des Krieges von 1866, wobei Preußen nur für ein geheimes Schutz- und Trutzbündnis auf größere Gebietsabtretungen Bayerns verzichtete, ließ nur noch die kleindeutsche Lösung offen. Bismarcks Kalkül war aufgegangen.

Man kann natürlich darüber spekulieren, ob die bayrische Regierung nicht einfach zu vertrauensselig gewesen ist, den Verträgen des deutschen Bundes von 1815 die Nibelungentreue hielt, während Habsburg, skrupellos wie immer, auf Kosten seiner Bundesgenossen Seperatverhandlungen führte. Man kann sich fragen, ob Bayern nicht in Erkenntnis der Kräfteverhältnisse und Zukunftschancen, Bismarcks Angebot ergreifen hätte sollen, in Süddeutschland eine ähnliche Rolle zu übernehmen wie Preußen im Norden, mit einer Option auf Einverleibung der deutschen Teile der Habsburger Monarchie, die Bismarck dem französischen Botschafter Benedetti gegenüber angedeutet hatte.[439] Bernhard Ücker meint, den Bayern fehlte eben das Talent zur Weltmacht. Man könnte auch sagen, es fehlte ihm in dieser Stunde ein Montgelas. So unbayrisch Montgelas in seinem ganzen Wesen war: Er war Realpolitiker, der sich nicht darin beirren ließ, das jeweils Mögliche an Machtzuwachs zu nehmen und dann weiterzusehen. Natürlich wäre die süddeutsche Vormachtstellung 1866 eine von Preußens Gnaden gewesen, aber die Geschichte wäre dann anders weitergegangen, eventuell hätte sich auch wieder einmal die Chance zu einer bayrisch-französischen Allianz ergeben. Es sind „Was-wärewenn"-Überlegungen. Der kleindeutsche Nationalstaat war zumindest deshalb unausweichlich, weil Bayern zu diesem Zeitpunkt keinen charismatischen Kopf hatte, der skrupellos genug gewesen wäre, alte Loyalitäten fallen zu lassen. Das ist vielleicht auch unvereinbar mit bayrischem Wesen.

Auf Wagners Rat hin berief Ludwig den Preußenfreund Hohenlohe-Schillingsfürst als neuen Premier. Die Reaktion war der Wahlsieg der Patriotenpartei. Seit diesem Tag, verstärkt noch durch den Kulturkampf nach 1871, ist die bayrische Politik gekennzeichnet von zwei einander entgegenstehenden Koalitionen von liberalem Machterhaltungswillen, Antiparlamentarismus und Preußenfreundlichkeit auf der einen, kirchlicher Machterhaltung, Betonung der bayrischen Eigenstaatlichkeit und demokratischen Forderungen auf der anderen Seite. Der jeweilige Monarch muß sie zum Ausgleich bringen, dabei ist er, um einer Stärkung des Parlaments vorzubeugen, auf die liberale Seite verwiesen, um die bayrische Position im Reich zu wahren, dagegen auf den politischen Katholizismus angewiesen.

Märchenkönig und immerwährendes Bayern

Bereits nach 1866 hat sich Ludwig II. in seine Märchenwelt zurückgezogen. Schließlich war er selbst für seine Minister kaum noch zu sprechen, und der Kabinettssekretär wurde zum einzigen Mittelsmann der Außenwelt. Ende 1883 quittierte Friedrich von Ziegler den Dienst, der letzte dieser Kabinettssekretäre, der selbst noch eine gebildete Persönlichkeit darstellte.

Ludwig war kein geschickter, ja überhaupt kein Politiker, und das wurde ihm schließlich zum Verhängnis. Der Grund seiner Absetzung war hauptsächlich der Machttrieb seines Ministers Lutz und seiner liberalen, preußenfreundlichen Partei. Lutz regierte ohne parlamentarische Mehrheit, auf das Vertrauen des Königs gestützt, wie es die Verfassung vorsah.[440] Die katholisch-antipreußische Mehrheit wollte dem König mehr Geld aber nur gegen das Zugeständnis eines katholisch gesinnten Kabinetts bewilligen. Lutz ließ sich vom eventuellen Nachfolger Luitpold, dem Onkel des Königs (Ludwig nannte ihn zuletzt den „Prinzrebellen"), die Zusicherung geben, im Amt bleiben zu können und betrieb die Entmündigung des Königs durch ein Gutachten, dessen Federführung bei einem mit Lutz befreundeten Psychiater lag, jenem Dr. Gudden, den der auf Schloß Berg internierte König dann mit in den Tod gezogen hat.

Weder Gudden noch seine Mitgutachter, darunter sein Schwiegersohn, hatten den König persönlich untersucht oder auch nur gesehen. Das Ende des Königs im Starnberger See paßte zu seinem Leben als romantischer Tragödie und vollendete es. Es schien doch, daß dieser König scheitern mußte in dieser modernen Zeit, und dennoch blieb er der König schlechthin, eben weil er das, was in dieser Welt keinen Platz mehr hatte, hochgehalten hatte, ihm treu geblieben war bis zum Tod. Das Königtum war selbst romantische Institution geworden.

Der unvollendete Thronsaal in Neuschwanstein, dem eben der Mittelpunkt, der Thron fehlt, vermittelt den Eindruck hilflosen Pomps, der keine Richtung mehr hat. Tatsächlich hatte Ludwigs Untergang weniger Tragisches als Groteskes an sich. Als die Fangkommission zum erstenmal in Neuschwanstein erschien, telegraphierte der König zwar noch an Bismarck, der ihm riet, sich in München in der Öffentlichkeit zu zeigen; dazu brachte Ludwig aber genausowenig mehr die Kraft auf wie zur Flucht nach Tirol.[441] Ludwig wird zur Symbolfigur der Ausweglosigkeit der äußerlichen Selbstaufgabe Bayerns.

Der König war schon zu Lebzeiten ein Märchenkönig gewesen, im positiven Sinn durch seine phantastischen Schlösser und Launen, im negativen Sinn durch seine Ungreifbarkeit, die Gerüchte von nächtlichen Ausfahrten, durch sein Image als träumerischer, scheuer, zauberhaft schöner König, zu gut für diese Welt.[442] Es ist nicht zufällig, daß Ludwig sowohl an das Mittelalter als auch mit Herrenchiemsee an die Rokokozeit anknüpfte, an jene Glanzzeit, die dem bayrischen Wesen so gut entspricht. Der Rückgriff auf die Architektur Ludwigs XIV. war aber zugleich eine gezielte antipreußische Provokation.

Und auch wenn die Grotte in Linderhof, die durch Lichtschalter von rot auf blau, von Tannhäusers Venusberg auf die blaue Grotte in Capri mit Erinnerung an den unglücklichen Kaiser Tiberius umgeschaltet werden konnte, etwas Beliebiges, Pop-Art-Ähnliches hat, ja, als historisch maskierte Traditionslosigkeit bezeichnet werden könnte[443], auch wenn der Waschtisch in Neuschwanstein eine Kombination von Taufbecken und Tabernakel war und Tannhäuser und Parzi-

Der unvollendete Thronsaal auf Neuschwanstein

fal wild durcheinander gingen, ja, wenn Ludwig all dies nur
für sich inszenierte und die Idee hatte, nach seinem Tode
sollten alle seine Schlösser wie Theaterdekorationen in Flam-
men aufgehen, so handelt es sich doch nicht nur um die Spin-
nerei eines einzelnen, der - zufällig als König geboren - die
Mittel hatte, sie umzusetzen. In seiner versatzstückartigen
architektonischen Hinterlassenschaft wirkt doch bis heute
etwas, was besonders Neuschwanstein zum internationalen
Wallfahrtsort macht. So sehr gerade Neuschwanstein als
Kulissenarchitektur bezeichnet werden kann und überall
sonst so wirken würde, so paßt es doch auch wieder zum
Alpsee und seiner Kulisse. Es ist die Akzentuierung eines
Ortes, dessen Verzauberung dadurch erst deutlich wird.
Neuschwanstein ist ein Tempel im griechischen Sinn, kein
Schloß. Aber der Tempel hat nicht zufällig Schloßform, denn

er ist Tempel jener Leerstelle, die einst der König füllte, und die in ihrer auf den Himmel verweisenden Funktion heute nötiger denn je gebraucht wird. Die Zeit war nur 1880 schon abgelaufen, als in solchen Tempeln noch ein Mensch mit Krone wohnen konnte. Der Tempel erinnert daran, daß die Götter nach dem goldenen Zeitalter und schließlich auch die Könige sich zurückgezogen haben, aber daß es gilt, den Bezug zu dem, was sie repräsentierten, aufrecht zu erhalten.

Die Suche nach neuen Konservativen

Wenn es einen Mann gibt, der die Substanz des Bayerntums in der zweiten Hälfte des 19. Jahrhunderts verkörpert und der eigentlich hätte sein Repräsentant werden müssen, dann ist das der Tölzer Politiker und Mythologe Dr. Johannes Sepp. Sepp war schon 1848 Parlamentarier in der Frankfurter Paulskirche. Später schloß er sich der bayrischen Patriotenpartei an. Bei der Debatte um den Eintritt Bayerns in den Krieg Preußens gegen Frankreich 1870 spielte er die entscheidende Rolle. Während die Patriotenpartei zunächst für bewaffnete Neutralität stimmen wollte, änderte Sepp während der Debatte seine Meinung und riß mit einer flammenden Rede einen Teil der Fraktion zugunsten eines Waffengangs herum. In der heutigen Zeit des Fraktionszwangs sucht man solche Orginale in unseren Parlamenten vergebens. Seit der Zeit der knappen Mehrheiten in den 70er Jahren sind die Abgeordneten im Bundestag vollends Stimmvieh. Um zu verhindern, daß der Krankenstand darüber entscheidet, ob die Regierungs- oder die Oppositionsvorlage angenommen wird, schickt der parlamentarische Geschäftsführer der

Opposition einige seiner Leute vor Abstimmungen auf den Gang, wenn sie sonst die Mehrheit hätten. Schließlich hatte ja der Wähler eine Mehrheit für vier Jahre gewollt! Das kann man so sehen, aber dann braucht man eigentlich kein Parlament mehr, sondern nur noch garantierte Sendezeiten und Gehälter für die Oppositionspolitiker zur Aufrechterhaltung der veröffentlichten Meinungsvielfalt.

Das war in den besten Zeiten des bayrischen Landtags ganz anders. Da konnte ein Redner tatsächlich hoffen, durch eine gute Argumentation Mehrheiten zu verändern. So begann denn Sepp seine Rede 1870: „Ich wollte für bewaffnete Neutralität sprechen und habe mir Wort für Wort aufgezeichnet, um ja keinen Ausdruck zu improvisieren Und jetzt komme ich mir vor wie der Prophet, der ausgezogen war, um zu fluchen, und er mußte segnen (...) Gestern konnte man noch an das Weh von 1866 denken, heute ist der Zorn gegen die Welschen bei allen deutschen Männern erwacht"[444] - und tatsächlich zog er die Hälfte der Patriotenpartei auf seine Seite...

Sepp gehörte also zu denen, die an der bayrischen Tradition hingen und trotzdem meinten, seine Eigenständigkeit preisgeben zu müssen, um gute Deutsche zu sein. Mehr als die politische verteidigte er die kulturelle Identität Bayerns.

1890 brachte Sepp sein Buch „Die Religion der alten Deutschen und ihr Fortbestand in Volkssagen, Aufzügen und Festbräuchen bis zur Gegenwart" heraus. In seinem „Altbayrischen Sagenschatz" geht er von den Sagen des Isarwinkels, also seiner engeren Heimat, aus und sucht dazu Motivparallelen in aller Welt. Sepp findet überall heidnische Vorstellungen in christlicher Verkleidung, will sie damit aber

nicht wie seine aufklärerischen Vorgänger als überlebt darstellen, sondern sie gerade als besonders tief in der menschlichen Seele verankert erweisen. So erscheint bei ihm St. Leonhard als der „altbayrische Herrgott" und die drei heiligen
Jungfrauen als die Nornen. Auch wenn viele seiner Theori-
en heute durch die Forschung überholt scheinen, das Bemühen, die aufklärerische Wendung gegen das Christentum
aufzugreifen und in Richtung Anerkennung des Heidentums
umzubiegen, ist Ausdruck bayrischer Grundtendenz.

Johannes Sepp spricht der Kirche zum Beispiel das Recht
ab, die oft im Sommer durchgeführten Leonhardiritte auf
den Herbst zu verlegen, weil es sich bei ihnen um einen volkstümlichen, nicht eigentlich christlichen Brauch handle. An
den Jesuiten kritisiert er nicht mehr die Förderung zweifel-
hafter Bräuche, wie die Aufklärer, sondern umgekehrt Neue-
rungssucht: „In aller Welt war Nikolaus Wasserpatron, statt
seiner führten sie den Dienst des Johannes Nepomuk ein."[445]
Tatsächlich fehlt der Nepomukfigur die mythische Vieldeu-
tigkeit. Und erst recht hatte das Wiederaufleben des Katholizismus im 19. Jahrhundert gegenüber der Farbigkeit des
Rokoko doch etwas papieren Farbloses. Es ist eben doch viel
Tradition verlorengegangen und gerade viel Verdrehtes wiederbelebt worden. Das Christentum des 19. Jahrhunderts
stand ganz im Zeichen des Kreuzes und nicht mehr so sehr
in der Farbenpracht der Heiligen. Symbol dafür ist, daß es
die Alpengipfel mit Kreuzen überzog und so die Vielfalt der
Ortscharaktere uniformierte zu lauter Kalvarienbergen.[446]

Mit Sepp wendet sich der bayrisch Konservative erstmals
zaghaft gegen die Kirche, die ihre Rolle als Traditionsstifterin
langsam verliert und selbst ihren Frieden mit den Mächten

der Bewegung zu machen versucht. Anders gesagt, die Kirche hat ihre Bedeutung als Traditionsstifterin preisgegeben und damit das eigentlich katholische Prinzip. Das hat im 20. Jahrhundert noch ganz andere Dimensionen angenommen. Der Anpassung an den Tatsachenfetischismus wurden die volkstümlichsten Heiligen geopfert, wie Christopherus, weil es nach der Vorstellung heutiger Glaubenshüter eben keine Riesen gibt, und Georg (1969 aus dem offiziellen Heiligenkalender gestrichen), der einfach zu unsicher belegt ist. Das Unfehlbarkeitsdogma von 1870 ist eigentlich Traditionsverneinung in traditionaler Verkleidung, denn es schafft einen Absolutismus im Geistigen, Tradition bildet sich langsam, Dogmen werden diktiert. Natürlich ist das Unfehlbarkeitsdogma bereits eine Reaktion auf den Bindungsverlust der Kirche, aber eine, die das Problem nur verschärfte. Nicht zu unterschätzen ist der ersatzreligiöse Charakter der deutschen Nationalbewegung. Je mehr in den gebildeten Schichten die Kirche an sinnstiftender Kraft verlor, desto stärker wandten sie sich der Kultur der deutschen Klassik zu und mit ihr dem Land der Dichter und Denker, das sie scheinbar hervorgebracht hatte. Sepp verkörpert auch diesen Prozeß.

Die Patriotenpartei Sepps bezeichnet einen veränderten bayrischen Konservatismus, einen, der sich mehr auf das Volk ausrichtet und damit eine demokratische Tendenz bekommt. Nicht mehr Eliten wie der Klerus und Adel erscheinen als Träger der kulturellen Substanz, sondern das einfache Volk, und zwar gerade je einfacher, desto mehr. Jede Absenkung der Einkommensgrenze für das Wahlrecht bringt den Katholisch-Konservativen Verstärkung. Allerdings auch die Gefahr der Illusion. Der kleine Mann hat nämlich gewöhnlich auch einen Hang zur Preisgabe seiner Würde für kleine Vorteile – und deshalb kann man auf der Masse keine idealistische Politik gründen, auch keine Bewahrung der Tradition.

Der Prinzregent - später Glanz und geistiger Aufbruch

Daß Ludwig II. der „Kini", der bayrische König schlechthin und der letzte eigentliche blieb, lag nicht nur an einer gewissen Blässe seiner Nachfolger.

Sie standen zwar wieder ganz auf dem Boden der Tatsachen, aber gerade deshalb konnten sie eine wesentliche Aufgabe von Königtum, nämlich die Erinnerung an jenen Bereich der Wirklichkeit, der nicht in der bürgerlichen Rationalität aufgeht, nur noch im Kleinen und quasi symbolisch erfüllen. Ein solches kleines Symbol war die Unterbrechung der ersten elektrischen Straßenbahn am Residenzplatz, über den sie mit Vorspannpferden gezogen werden mußte. Drähte sollten wenigstens hier nicht die Wirkung des Platzes beeinträchtigen. Es geht hier ebensowenig um Technikfeindlichkeit wie es bei Ludwigs II. Benutzung der Technik für seine illusionistischen Effekte nicht um Technikgläubigkeit ging.[447]

Der Prinzregent Luitpold nun gab sich in der Art der Bürgerkönige Max I. und Max II., er legte nicht nur bei Jagdausflügen seine höfische Uniform ab und kleidete sich in oberbayrische Tracht. Nominell führte der Bruder Ludwigs II., Otto (bei ihm war 1873 der Wahnsinn offen ausgebrochen), den Königstitel, auf ihn schworen zum Beispiel die Soldaten den Treueeid. Das Königtum dämmerte in seiner Person

unter der Aufsicht von Irrenärzten in Fürstenried dahin.

Das Faszinierende an der Prinzregentenzeit ist die Mischung aus Spätglanz und geistigem Aufbruch.

Der Schwepunkt bayrischer Eigenart verschiebt sich nun wie die Malerkolonien aufs Land. Auf der geistigen Ebene der städtischen Intelligenz beginnt ein Vakuum zu entstehen. Der Hauptstrom der Malerei führt die Linie weiter, die Dillis und die großen Impressionisten gewiesen haben. Der zufällig wirkende Landschaftsausschnitt ohne Rahmung durch Bäume und Staffage, das bewußte Weglassen einer gewollten „geistigen" Aussage ist Teil einer Bewegung, die an der Natur Halt sucht und die Natur als Gegenpol zum Geordneten, Gewollten sieht. Zwar sind es Kulturlandschaften, die gesucht werden, und der Mensch als Bauer oder Gänsemagd oder auch vertreten durch seine die Landschaft akzentuierenden Bauten ist Teil der Darstellung, aber es soll zufällig aussehen, als würde uns ein unbeobachteter Blick erlaubt und als wären wir gar nicht aktiv, als dürften wir „Mäuschen" sein.

Es ist zum Beispiel in Dachau die Moorlandschaft mit ihrer intensiven Farbigkeit, ihrem unmittelbaren Hervortreten der Elemente, die eine Künstlerkolonie anzieht. Auf manchen Bildern ist kaum ein Unterschied zu Worpswede zu erkennen, doch auf vielen wirkt doch der blaue Saum der Berge.[448] Von Dachau aus hat man den Eindruck, als erstrecke sich bis zu den Bergen eine riesige Ebene. Damit vermittelt Dachau etwas Dualistisches.

Die Künstler des Blauen Reiter fanden ihren Inspirationsmittelpunkt in der Landschaft des Murnauer- und Kochler Moors. Gisela Kleine schreibt dazu: „Die farbige Klarheit der

Otto Strützel: Ansicht von Dachau

großflächigen Vorgebirgslandschaft mag den vier Münchnern zu einer neuen Bildauffassung verholfen haben. Ähnlich hatte sich einst die tonig verschwebende Atmosphäre des Dachauer Mooses auf die Scholle-Maler oder das Teufelsmoor bei Bremen auf die Worpsweder Künstlergruppe als ein ihrem Stilwollen entsprechendes Erscheinungsbild der Natur gewirkt. Wer vom Murnauer Hügel auf das breit hingelagerte Moos schaut, steht vor einer Landschaft ohne tiefenperspektivische Fluchtpunkte. Hintereinander gestaffelte Wiesen und Hügelketten erzeugen vielmehr eine horizontale Gliederung. Darüber versperrt der Querriegel des Wettersteinkammes den Fernblick. Trockene Fallwinde vertreiben jede dunstige Zwischentönung und lassen weiträumige Farbflächen unabgestuft zusammenstoßen. Dieses

Gabriele Münter: Blick aufs Murnauer Moos

großartige Panorama fordert eine von Einzeldingen abgelöste Zusammenschau geradezu heraus."[449]

Ganz physisch ist hier das Braune des Moors und die Bläue der Berge gegenwärtig. Ja, dieses Murnau ist vielleicht ein Kleinstbayern, das mit Gebirge im Süden, zentraler Ebene (hier durch das Moos) und Moränen-Hügelland im Norden, das hier das Element vertritt, den in Großbayern der Jura bildet, die Struktur Altbayerns im Kleinen wiederholt.

Franz Marc (1880-1916) war der Sohn eines Malers, der u.a. für Ludwig II. den Plafond des Salo de la Guerre in Herrenchiemsee ausgemalt hat. Er wollte zunächst katholischer Pfarrer werden.[450] Ihm geht es im Streit mit den Impressionisten um die Frage, wer dem Herzen der Natur näher sei. Die Pferde, Rehe oder auch der Tiger Marcs wollen nicht das Pferd zeigen, wie es der Mensch gewöhnlich sieht, sondern wie es an sich selbst ist, Wesensfarben werden gewählt, und auch die Umgebung ist die Ausstrahlung des Tieres, weiche fließende Formen beim Pferd, spitze beim Tiger, das grüne Dreieck nimmt seine Augenfarbe auf.

Bei den frühen Bildern werden die Konturen in den Komplementärfarben gezogen, das Wesen grenzt sich ab gegen seine Umwelt, indem es sein Gegenbild als farbigen Schatten der Aura hinterläßt. Denn jedes Wesen ist von der Art des Lichts, etwas, was erscheint. Auch Kandinskis „Romantische Landschaft" spricht die innere Bewegung des Betrachters an. Erst wenn sie zum inneren Bewegungserlebnis wird, ist die Landschaft wirklich von innen erfaßt. Dies gilt auch für Marcs Tiere, auch bei ihnen wird das Wesen zum inneren Erlebnis. Die Wirklichkeit der Wesen ist, was sie für sich sind, wie sie wirken, nicht in welchem Licht sie erscheinen, sondern was sie selbst an Licht über ihre Umgebung verbreiten.

Der „Blaue Reiter" führt das fort, was Occam und die Nominalisten in München 600 Jahre zuvor begonnen hatten: die Wesenhaftigkeit des Individuellen gegen die Generalisierungen stark machen.[451] Auch der blaue Reiter hat die typische Janusgesichtigkeit Bayerns, er ist nicht einfach Avantgarde, sondern sucht zugleich eine alte Geistigkeit in der Tradition. So sagt Franz Marc: „Die Mystik erwachte in den Seelen und mit ihr uralte Elemente der Kunst."[452] Daher der Bezug auf die Hinterglasbilder bayrischer Volkskunst und andere Formen „primitiver" und „naiver" Kunst.

Die moderne Kunst konnte den Durchbruch zum Wesenhaften nicht fortführen. Am ehesten verkörpert Gabriele

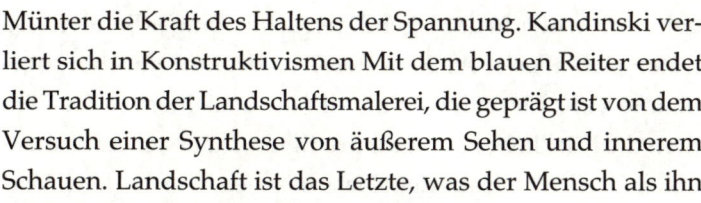

Münter die Kraft des Haltens der Spannung. Kandinski verliert sich in Konstruktivismen Mit dem blauen Reiter endet die Tradition der Landschaftsmalerei, die geprägt ist von dem Versuch einer Synthese von äußerem Sehen und innerem Schauen. Landschaft ist das Letzte, was der Mensch als ihn umfassend erleben konnte.

Ludwig der Letzte

Im letzten Wittelsbacher auf dem Thron, Ludwig III., spiegelt sich ein gewißer Niveauverlust wider. Ludwig III. trug den Spitznamen „der Millibauer", weil er sich am liebsten am wittelsbachischen Hausgut Leutstetten der Landwirtschaft widmete. Und so bedeutend das Bauerntum in Bayern war, von einem König erwartete man doch etwas anderes. Kulturelle Akzente, die im Verhältnis zu den Fragen seiner Zeit gestanden hätten, setzte er nicht mehr. Bezeichnend ist eine Anekdote, wonach er bei einer Gemäldeausstellung den anwesenden Maler eines „modernen" Bildes fragte, ob er die Welt wirklich so sehe. „Aber freilich Majestät, sonst würd' ich ja nicht so malen", war die Antwort. Und der König sagte: „Sie tun mir leid", und soll das Bild angekauft haben.

München, Kohlrabiapostel und Weltverbesserer

München galt zu Beginn des 20. Jahrhunderts immer noch als Oase gegenüber dem Anbranden der Moderne. Es war Zentrum der Lebensreformbewegung, und die Gärung spiegelte sich wider in der legendären Schwabinger Boheme. Da trafen sich allerlei Außenseiter. Das beginnt mit den sogenannten „Kohlrabiaposteln", die in sackleinernen Gewändern die Rückkehr zur Natur predigten. Ihr erster, der Kunstmaler Dieffenbach aus dem Nassauischen, war zugleich Vorkämpfer des Pazifismus' und des Nackbadens, was ihn einige Male mit der Polizei in Konflikt brachte. Immerhin brachte er es so weit, daß ein vegetarisches Restaurant in der Löwengrube sich „Zum Meister Dieffenbach" nannte.

Dieffenbachs Nacheiferer Gutzeit, ein ehemaliger preußischer Offizier, beantwortete die Frage, warum er sich gerade in München niedergelassen hatte, mit der Liberalität der bayrischen Polizei, mit der er am wenigsten Schwierigkeiten gehabt habe. Der letzte dieser Kohlrabiapostel, der aus Siebenbürgen stammende Gusto Gräser, der Hermann Hesse das Modell für seine Gurufiguren lieferte, starb 1958 in München. Niemand konnte genau sagen, wie er das tausendjährige Reich überlebt hatte.

Aber auch allerlei eingebildete und wirkliche Vorbereiter kommender Revolutionen ließen sich in Schwabing zeitweise nieder. Lenin war darunter und Stefan George, der sich für den Erneuerer der deutschen Dichtung hielt. Frauenbewegte der einen und anderen Richtung, Anita Augsburg, die Vorkämpferin von Frauenwahlrecht und Gleichberechtigung, und Franziska Reventlow, die die Rebellion lebte, indem sie ihrem Mann davonlief, ihrem Adelstitel entsagte, den Vater ihres unehelichen Kindes verheimlichte und sich und ihren Sohn recht und schlecht mit der eignen Hände Arbeit von Putzen bis Romaneschreiben sowie den Zuschüssen ihrer Verehrer durchbrachte. Ihr Idealbild war das antike Hetärentum, für die aufkommende Frauenbewegung hatte sie dagegen wenig übrig: Diese „Viragines unserer Tage mit Herrenweste und Lodenröcken" betrieben eine falsche Vermännlichung der Frau, statt deren eigene Potentiale zu entwickeln.[453]

Eine besondere Anziehungskraft hat bis heute der Kreis der „Kosmiker" behalten, dessen Hauptfiguren Karl Wolfskehl, Ludwig Klages und Alfred Schuler waren. Franziska Reventlow hat sie in ihrem Schwabinger Schlüsselroman „Herrn Dames Aufzeichnungen" sowohl lächerlich gemacht als ihnen ein Denkmal gesetzt. Auch in Thomas Manns Romane ist diese Schwabinger Szene eingegangen, wenn auch im „Doktor Faustus" bereits sehr durch die Erfahrungen mit den späteren Nationalsozialisten verzerrt, zu deren Ahnen er die Kosmiker zu Unrecht zurechtstilisiert.

Das München um 1900 kann man aber gerade nur verstehen, wenn man sich in eine Kultur hineinversetzt, in der ein Ludwig Quidde, liberaler Stadtrat und Pazifist, im ersten Weltkrieg immun gegen den nationalen Wahn und deshalb mehrfach im Gefängnis und 1927 erster deutscher Träger des Friedensnobelpreises, und ein Max von Gruber, Nachfolger Pettenkofers und einer der Vorkämpfer der Rassenhygiene (freilich nicht der antisemitischen Variante, so daß seine Vorlesungen in den zwanziger Jahren oft vom NS-Studentenbund gestört wurden), im Vorstand der Gartenstadtgesellschaft, also eines Vereins, dem es um Wohnmöglichkeiten im Grünen auch für Arbeiter und kinderreiche Familien ging, einträchtig zusammenarbeiteten.

Freilich lief es auch im München der leuchtenden Jahre nicht ohne Konflikte ab. In seiner Novelle „Der Weltverbesserer" zeichnet Hermann Hesse das Bild eines Münchner Lebensreformer-Kongresses, der sich wegen der widerstrebenden und intoleranten Richtungen in Chaos auflöst, so als handelte es sich um einen grünen Parteitag der frühen Achtzigerjahre. Tatsächlich waren die Ideen sehr verschieden. Heimatschutz und Lebensreform konnten durchaus aneinandergeraten, insbesondere in Fragen der Baupolitik: Der Drahtzieher des Heimatschutz, der den Englischen Garten vor der Zerschneidung durch Straßen und die Augustinerkirche vor dem Abriß rettete[454], indem er diesbezügliche Pläne an die Öffentlichkeit brachte und sich selbst die Bewegung schuf, um sie im Ministerium zu verhindern, war Gustav Kahr, damals Ministerialrat im Innenministerium. Er war es andererseits, an dem der Versuch der Anthroposophen, ihr Zentrum in München zu errichten, scheiterte. Er und seine Heimatschützer konnten sich einen Kuppelbau hinter der Erlöserkirche (dort hatte ein Steiner-Anhänger ein Grundstück) partout nicht als passend vorstellen: „Keine Hagia Sophia in München" war ihre Losung. So wurde der Zentralbau der Anthroposophie schließlich in Dornach bei Basel errichtet. Die Lehre Steiners paßt auch viel besser zur alemannischen als zur bayrischen Mentalität, und es ist kein Zufall, daß der Rhein ihre Verbreitungsachse wurde. Das bayrische Gemüt hat nicht so sehr das Bedürfnis nach Erklärung für alles und jedes. Und auch das gewollt-zauberhafte Element der Anthroposophie wirkt auf Katholiken, die davon selbst noch etwas haben, bei weitem nicht so anziehend. So ist es kein Zufall, daß die „Christengemeinschaft", die anthroposophische Freikirche, von protestanischen Pfarrern, die die Nüchternheit ihres Kultus' als Defizit empfanden, gegründet wurde. Kein Zufall ist es auch, daß gerade in den Niederlanden die Anthroposophie so eine starke Kraft wurde. Hier ist es die Anthropozentrik, die besonders einleuchtet; der Holländer hat mit einem gewissen Recht das Gefühl, daß sogar der Boden, auf dem er steht, menschengemacht ist und ständiger menschlicher Pflege bedarf, um zu bestehen, und daß das höchste Ziel der Mensch-Natursymbiose in einer Garten-Wirtschaft besteht.[455] Wer dagegen, wie wir es eingangs geschildert haben, an einem Wildfluß groß wird, der kann in der anthroposophischen Lehre vom Menschen als Dreh- und Angelpunkt der Schöpfung nur ein wenig verschrobene Aufschneiderei sehen.

Wetterleuchten über Bayern

Diese letzten Jahre vor dem großen Krieg sind aber auch schon Jahre eines Wetterleuchtens der kommenden Katastrophe. Auch wenn das Gros der veröffentlichten Meinung sich in plattem Fortschrittsgerede ergeht, die Sensibleren nehmen die Zeichen des Untergangs wahr. In gewaltigen Bildern stellt zum Beispiel der Ausdruckswissenschaftler und Philosoph Ludwig Klages, der sicher bedeutendste Kopf der Schwabinger Szene, die Zerstörung der Erde durch den Menschen dar:

„Rodung der Wälder, Ausrottung frei lebender Tiergeschlechter, Geländeentwässerung, Regelung und Vergiftung der Ströme, Ausbeutung und Vertilgung aller Schätze des Bodens sind einige der weithin sichtbaren Zeichen dessen. Wird aber die Wiege der Bilder zertrümmert, so entweichen und verlassen den geschändeten Planeten die Elementarseelen, und es stirbt ihnen nach die Gabe der Urerinnerung in den verödeten Seelen der Menschen."[456]

Auch Klages geht es, ähnlich wie Franz Marc, um die Freilegung einer Wirklichkeit, die durch unsere Fixierung auf Gegenständlichkeit und Gesetzlichkeit verstellt ist. Wirklichkeit ist für ihn das, was in der unmittelbaren Erfahrung wirkt, und dies nennt er die „Bilder". Um die „Wirklichkeit der Bilder" zu erfassen und sie nicht zu Dingen herabzuwürdigen, braucht es nach Klages einen anderen Typ von Wissenschaft, den er Erscheinungs- oder Ausdruckswissenschaft nennt.

Eine Wende erscheint nur möglich als „Bekehrung" zu den Grundlagen jeder Erfahrungsreligion: „Zur Umkehr hülfe allein die innere Lebenswende, die zu bewirken nicht im Vermögen von Menschen liegt. Wir sagten oben, die alten Völker hätten kein Interesse gehabt, die Natur durch Versuche auszuspähen, sie in Maschinen hinein zu knechten und listig durch sich selbst zu besiegen; jetzt fügen wir hinzu, sie hätten es als Asebeia, Verruchtheit, verabscheut. Wald und Quell, Fels und Grotte waren für sie ja heiligen Lebens voll. Von den Gipfeln hoher Berge wehten die Schauer - darum, nicht aus Mangel von Naturgefühl, bestieg man sie nicht, Gewitter und Hagelschlag griffen drohend oder verheißend in das Spiel der Schlachten ein. Wenn die Griechen einen Strom überbrückten, so baten sie den Flußgott für die Eigenmächtigkeit der Menschen um Verzeihung und spendeten Trankopfer. Baumfrevel wurden im alten Germanien blutig gesühnt. Fremd geworden den planetarischen Strömen, sieht der heutige Mensch in alledem nur kindlichen Aberglauben. Er vergißt, daß die deutenden Phantasmen verwehende Blüten waren am Baum jenes Innenlebens, welches tieferes Wissen barg als all seine Wissenschaft: das Wissen von der Webekraft allverbindender Liebe. Nur wenn sie in der Menschheit wiederwüchse, möchten vielleicht die Wunden vernarben, die ihr muttermörderisch der Geist geschlagen."[457]

Klages, selbst aus Niedersachsen kommend, hat gemeint, zu spüren, daß im ehemals römischen Gebiet „der Überlieferungsfaden, der uns mit dem Altertum verknüpft, nie so völlig zerriß als in Deutschlands protestantischen Gebieten. Das vallum Hadriani ist auch heute noch die Grenze, von der aus nördlich gerechnet die Traditionslosen, die Barbaren beginnen". So schrieb er als Dreißigjähriger.[458]

Über die Atmosphäre Münchens sagt Klages: „Kein Genius Loci läßt sich zerlegen, weil er Auszug und Essenz unübersehlicher Elemente ist (...) Und so müssen wir von den Elementen jener Ortsseele weiterhin nennen: die bayrische Hochebene mit ihren Seen und Hochmooren, ihren reißenden Bergströmen, ihren strahlenden Mittsommertagen, der Herbheit ihrer Luft, den herbstlichen Nebelschwaden, den schwülen Föhnstürmen und peitschenden Regenschauern. Wir haben Bedingungen aufgezählt, die Ortsseele selbst ist das nicht, man kann sie nicht aussprechen, man kann nur mit mehr oder weniger Glück ihre Sinnbilder aufsuchen. Wir finden deren zwei: rostbraunen Brodem und tiefdurchsichtiges Himmelblau. Symbole, wie wir hören werden, sind Wirklichkeiten, und Wirklichkeiten lassen immer auch ihre Spur zurück in der Realität der Dinge: Weißblau waren die bayrischen Landesfarben, blau die Briefkästen, die Trambahnen, die Uniformen, blau war im Wahrzeichen Münchens, der unvergleichlichen Frauenkirche, das mit Sternen durchstickte Deckengewölbe, blau ist oder sollte sein der Mantel der ‚Mutter Gottes'. Dem Altertum galten Städte als weiblich; heute gibt es männliche neben weiblichen: männlich zum Beispiel Florenz, Zürich, Berlin, weiblich Venedig, Bern, Paris; München stand im Zeichen der jungfräulichen Mutter. (...) Der rostbraune Brodem aber, der heimlich zur Nacht über jedem Bräuhaus und den sommerlichen Kastanienkerzen jedes Bierkellers zitterte, wölkte bei unbedecktem Himmel sichtbarlich über dem abendlichen Menschengewirr und Lärm und Dunst und Lichtergefunkel und Feuerschein jedes Oktoberfestes."

Rostbrauner Brodem und tiefdurchsichtiges Himmelblau - das sind die atmosphärischen Farben der Ortsseele, wie sie Klages wahrnimmt, von der er 1940 allerdings schreibt, daß sie vergangen ist.[58]

Der Krieg als Durchbruch?

Aufbruchshoffnung und Fin de siecle-Stimmung stehen auch im Bayern der Jahrhundertwende nebeneinander. Auch hier wird die Mobilmachung 1914 begeistert begrüßt, unter den Jubelnden vor der Feldherrnhalle schwenkt auch ein unbekannter Österreicher namens Adolf Hitler seinen Hut. Aber auch wesentlich nachdenklichere Menschen teilen die Kriegsbegeisterung und hoffen, der Krieg werde die Verkrustungen der Selbstzufriedenheit lösen und die Menschen dazu bringen, sich auf ihr Wesentliches zu besinnen. Franz Marc schreibt am 24. Oktober 1914 „westlich von Metz" an Kandinski: „Was Sie jetzt fühlen, weiß ich nicht. Ich selbst lebe in diesem Kriege. Ich sehe in ihm sogar den heilsamen, wenn auch grausamen Durchgang zu unseren Zielen; er wird die Menschen nicht zurückwerfen, sondern Europa reinigen, ,bereit' machen (...) die armen braven Menschen, die dort kämpfen, auf beiden Seiten! Um ein Ziel, das sie nicht wissen und das doch ist. Europa thut heute dasselbe an seinem Leibe, was Frankreich in der großen Revolution an sich that. Hoffentlich bleibt uns der Napoleon des Empire erspart! Davor hab ich freilich oft Angst, daß die Gelegenheit in Europa noch einmal verpaßt wird! Daß es nochmals zu früh war, das große Blutopfer. Daß das Vordergrundspiel der Politik, die große dumme Spinne ihr Netz behält; es muß zerrissen werden." Und am 16. November 1914 auf einer Feldpostkarte: „Mein Herz ist dem Krieg nicht böse, sondern aus tiefem Herzen dankbar, es gab keinen anderen Durchgang zur Zeit des Geistes, der Stall des Augias, das alte Europa konnte nur so gereinigt werden, oder gibt es einen einzigen Menschen, der diesen Krieg ungeschehen wünscht?"[460]

In den Krieg konnte zunächst jeder seine Wünsche projezieren, der Sozialist erhoffte sich einen entscheidenden Schritt zur Einebnung der Klassendifferenzen und in Richtung staatlicher Lenkung der Wirtschaft, der religiöse Mensch die Hinwendung der Menschen vom bloßen Gewinnstreben zu existenziellen Fragen, der Nationalist, daß nun endlich am deutschen Wesen die Welt genesen werde. Der primär als Bayer empfindende Zeitgenosse freilich konnte darin, daß nun dem König auch der nominelle Oberbefehl zugunsten des Reiches genommen war, nur ein schlechtes Vorzeichen sehen, was nach dem Krieg an neuem Schub der Uniformierung kommen würde.

Und auch der Pessimist Ludwig Klages ließ sich durch den Krieg zu keiner zeitweiligen Einschätzungsänderung hinreißen. Er sah, ganz im Gegensatz zu Marc, die endgültige Übermächtigung der Kultur durch das Ränkespiel der Macht voraus. Da er sich in der allgemeinen Begeisterung völlig isoliert sah, übersiedelte er 1915 ins neutrale Zürich. Franz Marc, der Repräsentant eines Bayern, das eine Synthese von Tradition und Moderne suchte, ist 1916 vor Verdun gefallen.

6.

Die königslose,
die schreckliche Zeit

Meine Großmutter (geboren 1891) ist bis an ihr Lebensende davon überzeugt gewesen, daß der 1. Weltkrieg deswegen gekommen ist, weil der Ludwig, der letzte, nicht hat warten können, bis der Thron frei wurde. Otto, der geisteskranke Bruder Ludwig II., starb nämlich erst 1916. Ein solches Empfinden zeigt, daß das Königtum bis zuletzt als eine mythische Institution empfunden wurde, quasi herausgehoben aus den Kausalketten von Thronfolgermord in Sarajevo und europäischer Machtpolitik, die auch meine Großmutter nicht geleugnet hätte.

Der Sturz des Königtums bedeutet den Wegfall der Differenz von Mythos und Macht in der Politik und damit der irdischen Greifbarkeit eines Reichs der Transzendenz. Es ist der Wegfall der Monarchie, der die Voraussetzung für den braunen Sumpf schafft. Die Monarchie hatte 1918 in den Augen der meisten das nicht geleistet, was im Nachhinein ihre Aufgabe gewesen wäre, dem preußischen Militarismus Einhalt zu gebieten. Außerdem schien sie dem Versuch im Weg zu stehen, wenigstens die einzige Frucht zu pflücken, die der Krieg auch in der Niederlage mit sich gebracht hatte: die Entschärfung der Klassendifferenz und die Beteiligung aller, die im Zweifelsfall ihren Kopf hinhalten mußten, an der Politik. Doch die zur Debatte stehenden Modelle, sei es die Räteverfassung oder der Parteienstaat, konnten das Ersehnte nicht wirklich einlösen. Die Änderung des Verhältnisses von Landtag und Regierung bewirkte nicht eine wirklich volksnähere Politik, und den Politikern wurde durch die Einbindung als parlamentarischer Mehrheitsbeschaffer der Regierung gerade diese Freiheit genommen.

Die alte Verfassung hatte viel mehr dem bayrischen Wesen entsprochen, oder genauer ausgedrückt, der Realität, die im bayrischen Wesen besonders zum Klingen kommt. Man wollte eine Regierung, die etwas Überirdisches hat, und ein Parlament, in dem die handfesten, eher lokalen als ideologischen Interessen vertreten werden. Die Bayerische Volkspartei (BVP) versuchte bis 1924 mit ihren Beamtenkabinetten noch ein Stück der alten Art der Gewaltenteilung fortzusetzen. Ihre Parteiführer wollten gar nicht das Amt des Ministerpräsidenten bekleiden.[461]

Der Literat und Politiker Kurt Eisner, dessen Antikriegshaltung durch das Ausbleiben des erwarteten Sieges und die Erfahrung der gar nicht heroischen, sondern nur mörderischen Seiten des Krieges von der Einstellung einer kleinen Minderheit zu der der Mehrheit geworden war, hatte einen Tag vor Scheidemann in Berlin die Republik ausgerufen und damit das Gesetz des Handelns an sich gerissen. Als Feind des preußischen Militarismus versuchte er, den Rätegedanken und bayrisches Unabhängigkeitsstreben zu verbinden. Zunächst proklamierte er Bayern als „Volksstaat", das heißt demokratische Republik, später wählte er den Namen „Freistaat", der sich bis heute gehalten hat.

Mit seiner These von der preußischen Kriegsschuld hat er freilich für Bayern nichts erreicht und den Alliierten Material für ihre Kriegsschuldthese geliefert. Diese gehört seit Fritz Fischer zum Glaubensbekenntnis des deutschen Selbsthasses, das, wenn auch abgemildert, auch an bayrischen Schulen gelehrt wird; richtiger wird es dadurch nicht.[462] Wenn es eine solche Kriegsschuld gibt, dann liegt sie schon viel früher in einer deutschen Selbstverfehlung. Die Deutschen hatten mit dem Modell Nationalstaat ein für sie unpassendes, westliches System angenommen, ohne eine Nation im französischen oder englischen Sinn zu sein. Sie waren eine Sprach- und Kulturgemeinschaft, deren Ausstrahlung in den slawischen Raum gerade durch unscharfe Grenzen gekennzeichnet war. Zu dieser Gemeinschaft gehörten Österreich, die Deutschschweiz und die Sprachinseln im Osten. Sie politisch territorial anzubinden, bedeutete Vergewaltigung der anderen in diesen Gebieten wohnenden Völker und hat die slawische Reaktion heraufbeschworen, ähnlich wie die deutsche Sehnsucht nach Nationalität eine Reaktion auf den französischen Expansionismus war. War der französische Griff nach der Macht in Europa getragen von der Ideologie der Aufklärung und der Revolution von 1789, so meinten die wichtigsten Intellektuellen des in den Krieg geschlitterten Deutschlands, den Ideen von 1789 Ideen von 1914 gegenüberstellen zu sollen. Gemeint war der Vorrang der Gemeinschaft vor dem Individuum, die Sinngebung des Einzelnen durch den Strom der Kultur. Nach dem Krieg behielt diese Konzeption ihre Anziehungskraft.

Müssen die Preußen helfen?

Die ersten Wahlen nach dem neuen Verhältniswahlrecht, bei denen zum ersten Mal auch die Frauen wahlberechtigt waren, brachten Eisner, der als Berliner und Jude für viele ein doppeltes Feindbild darstellte, eine vernichtende Niederlage, und er war auf dem Weg in den Landtag, um seinen Rücktritt zu erklären, als ihn der antisemitische Fanatiker Graf Arco erschoß. Ohne diesen Mord wäre Bayern wahrscheinlich die Räterepublik erspart geblieben, die ja doch hauptsächlich der verzweifelte Versuch der Linken war, sich nicht ganz um die Früchte der Revolution bringen zu lassen. Man kann natürlich auch in der Räterepublik den Ausdruck eines spezifisch bayrischen Anarchismus in der Tradition des bayrischen Hiasl sehen.

Schließlich waren es aber gerade die Wirren der Räterepublik, die den SPD-Ministerpräsienten Hoffmann zwangen, Reichshilfe anzufordern. Daß es preußischer Hilfe bedurfte, um die Revolution städtischer Intellektueller niederzuschlagen, versetzte dem bayrischen Selbstbewußtsein einen schweren Schlag. Es beeinträchtigte aber auch die Glaubwürdigkeit des bayrischen Auftretens zugunsten föderalistischer Rechte bei den Verhandlungen zur Weimarer Verfassung.[463] So gingen auch die wenigen Separatrechte, die das Bismarckreich dem Königreich Bayern noch gelassen hatte, wie eigene Staatsbahn und eigene Post, verloren, und der Titel „Freistaat" war wenig mehr als ein Wort. Und auch die dafür angesetzte Entschädigung von über zwei Milliarden Goldmark wurden vom Reich oder dessen Rechtsnachfolgerin, der Bundesrepublik, nie bezahlt.[464]

Die Räterepublik, vor allem in ihrer letzten, kommuni-
stisch beherrschten Phase, hinterließ ein Trauma, das die kon-
servativ-antisozialistische Reaktion so heftig ausfallen ließ
wie in keinem anderen deutschen Land.[465] Symptomatisch
ist der Kommentar von Ludwig Thoma im Miesbacher An-
zeiger zu den Morden an Eisner und dem führenden Kopf
der Räterepublik, Gustav Landauer: „In München haben wir
doch mit der Hinrichtung des Eisner (...) den Nachweis geliefert, daß es uns nicht an Temperament fehlt. Die Berliner
werden auch dankbar anerkennen müssen, daß wir ihnen
den Landauer durchgetan haben."[466]

Die Beisetzung des im ungarischen Exil verstorbenen
Ludwig III. im Jahr 1921 verschaffte Gustav von Kahr, der
im März 1920 zum Nachfolger von Hoffmann gewählt worden war, eine weitreichende Ausstrahlung als eine Art
Reichsverweser und Garant für die einstige Wiederkehr bes-
serer Zeiten. Er trat zwar schon 1921 wieder zurück, weil er
sich in der Frage der Einwohnerwehren nicht gegen die
Reichsregierung durchsetzen konnte, die in Erfüllung des
Versailler Diktats deren Auflösung angeordnet hatte; aber
gerade dadurch wurde er im Volk die Verkörperung einer
angeblich festen Haltung. Doch Kahr war ein Altkonser-
vativer ohne Gestaltungskraft, eigentlich kein Politiker, sondern ein Verwalter. Sein Vorbild war am ehesten der ungarische Reichsverweser Admiral Horty, und er liebäugelte wie
schon Eisner unter umgekehrtem politischen Vorzeichen mit
einer Donauföderation. Aber zu einer wirklichen Separa-
tionspolitik, zum Trennungsstrich gegenüber den Groß-
deutschen konnte er sich nicht entschließen, und es hätte
dafür auch keine Mehrheit gegeben. Das bayrische Sonder-

bewußtsein war nicht mehr stark genug, als daß man es nicht als schofel empfunden hätte, gerade in der Stunde der Not die verhängnisvolle Nibelungentreue zu brechen. Kahr und Hitler hatten nur die Feindbilder gemeinsam: die „Erfüllungspolitiker" in Berlin und den mit dem Etikett „jüdisch" belegten Geist der Moderne. Ihre Alternativen waren grundverschieden: ständisch-regionalistische Monarchie versus nationalistisch-völkische Diktatur.

Ohne die Deutsch-Nationalen oder Völkischen aber war eine Auseinandersetzung mit der Reichsregierung nicht zu gewinnen. Schon allein deshalb mußte Kahrs Politik symbolisch bleiben. Der Krieg hatte, wie es Ludwig II. schon vom 1870er Krieg beschrieben hatte, nun erst recht geistig uniformierend gewirkt. Er hatte eine nationale Schicksalsgemeinschaft heraufbeschworen, der gegenüber bayrisches Unabhängigkeitsstreben folkloristisch und vorgestrig wirken mußte. Den Völkischen aber war Kahr nicht geheuer. Zur Auslösung des Putsches vom 9. November 1923 trugen nicht zuletzt Gerüchte bei, denen zufolge Kahr für den 5. Jahrestag der Revolution die Ausrufung der Monarchie plante.[467] Dem wollte Hitler zuvorkommen.

Bayrische Eigenart im 20. Jahrhundert

Um zu verstehen, unter welchen Bedingungen bayrische Eigenart im 20. Jahrhundert bestehen kann, müssen auch die Gegenkräfte verstanden werden. Der Nationalsozialismus ist nicht nur Zerstörer bayrischer Selbständigkeit, er ist in seinem Wesen Verneinung von Liberalität, Nichtdualismus und qualitativem Denken gleichermaßen. Wie aber kommt es, daß er ausgerechnet in Bayern zuerst sein Haupt erhob? Der Putsch von 1923 hatte zum Hintergrund München nicht nur als Hauptstadt der „Ordungszelle Bayern" (die in Wirklichkeit eher eine Unordnungszelle war, in dem Rechtsterroristen im Poliizeipräsidium, die im Volksmund „Mörderzentrale" hieß, falsche Pässe bekamen), sondern auch als Hauptstadt der braun gewordenen Triebe der ehemals grünen Romantik- und Lebensreform. Schon mit Riehl ist ja in gewisser Weise der romantische Neuaufbruch museal und auch akademisch geworden. Unter Bayerns letzten Königen bereits hatte das romatische Wurzelwerk zu faulen begonnen, Ludwig II. mußte sich für seine romantischen Triebe von München verabschieden, wo bei aller Gebremstheit sich doch die neue Wirklichkeit ihren Weg bahnte. Ludwigs Nachfolger verkörperten die Unfähigkeit, noch einmal das Himmelblau stark zu machen gegen den überhandnehmenden Schmutz eines immer unverhüllteren Mammons.

Die romantische Bewegung verliert sich in zwei Etappen. Da ist einmal die Veräußerlichung im ersten Weltkrieg. Der Gegner wird nach außen projeziert: Französische Dekadenz, englischer Händlergeist, amerikanische Seelenflachheit und russische Barbarei haben sich, so meint man, zum Endkampf der bloßen Zivilisation gegen die Kultur verschworen. Das erklärt den Umschwung vom Kulturpazifismus des Jahrhundertanfangs, der sich die Barbarei eines Krieges in Europa gar nicht mehr vorstellen konnte, zur Verehrung der Kruppkanone, die vorher noch als Produkt des abgelehnten preußischen Großsprechertums und der Zerstörungstechnik erschien, zum Allheilmittel im Kampf der Kultur gegen die Zivilisation.

Die zweite Etappe der romantischen Sackgasse beginnt 1918, weil nach der Niederlage diese Projektion aufrecht erhalten wird, ja, sie scheint sich sogar zu bewahrheiten, indem die Westmächte allzu deutlich Machtinteressen mit abstrakten, moralisch klingenden Phrasen wie Selbstbestimmungsrecht der Völker, das aber für die Deutschen in Oberschlesien und Deutschösterreicher nicht gilt, und dem Kriegsschulddogma bemänteln.

Entsprechend der nicht mehr klaren äußerlich bestehenden Frontlinie wird das Feindbild nun auf einen diffusen Gegner bezogen. Alle Züge des Abgelehnten schießen nun zusammen im Bild des Juden. Antisemitismus gab es auch vorher schon, doch nun symbolisiert der Jude alles, was die Welt ungemütlich zu machen droht. Der „Jude" bezeichnet etwas, was nur schwer auf einen Begriff zu bringen ist, nämlich, was die Feinde des ersten Weltkriegs gemeinsam haben. Hitler zeigt dabei nur die brutalisierte Version eines Empfindens, das damals breit vorhanden war, eine Version freilich, die zutiefst angekränkelt ist von jenem Weltverhältnis, für das der Jude als Symbol steht: Materialismus und Biologismus ohne Blick für das Individuelle; sie lassen sich nutzen zur Zerschlagung der alten Sozialformen. Hitlers große Göttin ist die Natur, aber eine darwinistisch zur grausamen Königin verzerrte Natur. So ist der Nationalsozialismus zu einer Revolte gegen die Transzendenz überhaupt geworden. Durch eine Projektion des Abgelehnten auf eine Rasse wird die Verbindung von antimodernistischem Ressentiment mit preußischem Untertanengeist möglich.

Man kann unterscheiden eine strukturkonservative Richtung, die zurückwill zu den Zuständen vor 1914 mit ihrer

Sicherheit und Zuversicht, eine militaristische, die zurückwill zum Zustand von 1914, und eine elitistische, die eine
völlig neue Gesellschaft formen will. Die erste, die von Kahr
verkörpert wird, hat kaum realistische Handlungsperspek-
tiven, die zweite, die von Ludendorff verkörpert wird, will
Deutschland so schnell wie möglich wieder kriegsfähig machen, die dritte zerfällt in eine völkisch-rassenhygienische
Richtung, die ein Jahrhundertwerk vor sich sieht, und eine,
die über Führungsauslese aus dem vorhandenen Menschen-
material zu schnellem Erfolg kommen will.

Hitler hat nach 1923 eingesehen, daß mit der gefühlsmä-
ßig antisemitisch-antimodernistischen „Bewegung" kein
Staat, ja nicht einmal ein Putsch zu machen ist. Er setzte nun
auf andere Kräfte, ein klares Bekenntnis zur alldeutschen Tradition, zur Kruppkanone und zum Großkapital prägten den
Nationalsozialismus nach 1925. Die Perspektivlosigkeit der
Strukturkonservativen, die persönliche Schwäche Luden-
dorffs und die Kombination von völkischem Programm mit
gerade nicht elitärer, sondern massenbeglückender Haltung
machen ihn zur führenden Kraft auf der Rechten. Dieser
„zweite Nationalsozialismus" marschiert 1933 in Gestalt des
Ritters von der traurigen Gestalt, des Freikorpsführers Ritter von Epp, von außen in Bayern ein. War Epp 1919 als Befreier von den Umtrieben der Räterepublik in München ein-
gezogen, so nun als Totengräber der bayrischen Eigenstaatlichkeit.

In allerletzter Minute, aber eben zu spät, wäre es 1933
fast noch zu einem Bündnis von Monarchisten und Sozial-
demokraten gekommen.[468] Mit dem Vergeben dieser Chance hatte die Monarchie endgültig verspielt, auch wenn noch

bis zum Tode des Kronprinzen Rupprechts im Jahr 1955 die Ministerpräsidenten jeweils zum Regierungsantritt und nach Neujahr sich nach Leutstetten zum Kronprinzen begaben, der als erster Bürger des Landes fungierte. Rupprecht, der Sohn Ludwig III., hatte auch als General und Politiker noch einige Bedeutung; einen Nachfolger, der dies hätte aufnehmen können, wie etwa Otto von Habsburg, hatte das Haus Wittelsbach nicht.

Bayern war nicht das Zentrum der Bewegung, jedenfalls nicht des Nationalsozialismus, dem die Machtergreifung gelang. Der Nationalsozialismus, der 1923 als Kopie von Mussolinis Marsch auf Rom einen Marsch auf Berlin versuchte, war noch etwas anderes. Die Säuberungsaktion des sogenannten Röhmputsches von 1934 hat Friedrich Prinz einmal als Entbajuwarisierung des Nationalsozialismus bezeichnet.[469] Daß es die Oberlandler Einwohnerwehren nicht allein schafften, mit dem roten Spuk in München fertig zu werden und Reichshilfe und das Freikorps Epp anfordern mußten, ist symptomatisch für die Orientierungslosigkeit und Schwäche des königslosen Bayern und findet seine Konsequenz in der zweiten Besetzung Münchens durch Epp 1933.

München wird aber für die Nazis zur Stadt der Erinnerung an die Kampfzeit und des Totenkults. Das Kunststadtimage wird in protziger Weise gepflegt. Aber auch die Tradition Münchens und Bayerns als Hort der Liberalität geht auf ihre Weise weiter. Funktionäre wie Heß, Schulte-Strathaus und Todt decken Leute, die sich im Grenzbereich des von den Nazis noch Tolerierten bedinden.

Hitler ist bairischen Stammes, dinarischer Rasseprägung, er verkörpert das proletarisierte, weltanschaulich, entwur-

zelte Bayerntum. Er bewundert die Kirche mit ihrer Prachtentfaltung, aber er kann nicht mehr an sie glauben. Den Weg
zurück zur Naturanbetung sucht er, aber an die Stelle einer
lebensspendenden Allmutter tritt bei ihm eine funktionalis-
tisch reduzierte Natur vulgärdarwinistischer Betrachtung.
Daraus wird die Verherrlichung des Kampfes als Hersteller
der Gerechtigkeit, die eben das Recht des Stärkeren ist. Der
Hitlerismus ist nicht Radikalisierung des bayrischen Konservativismus, sondern das Ergebnis davon, daß diesem sein
Objekt abhanden gekommen ist. Die Instanzen, die die Kultur gegen die Zivilisation hätten bewahren sollen, haben
versagt.

Auch der Nationalsozialismus hat noch Elemente der
Erfahrungsreligion, aber sie wirken im Kontext dieses gigan-
tischen Weltbemächtigungsunternehmens auf den unbefan-
genen Beobachter skurril. Dazu gehört der Totenkult und
auch der Totenkopf, der eigentlich nicht als Zeichen der Zerstörung gemeint war, sondern als Erinnerung an den Kreislauf des Lebens.

Bemerkenswert ist zum Beispiel, daß Hitler seinem Architekten Speer zwar einerseits den Befehl gab, die geplan-
ten Monumentalbauten in Granit als dem beständigsten Material auszuführen, ihn andererseits aber auch Zeichnungen
von einem künftigen Ruinenstadium anfertigen ließ, sich also
Gedanken machte, wie sein tausendjähriges Reich sich für
die Archäologen in 2000 Jahren ausnehmen würde.

Es ging dem Nationalsozialismus um die Gründung einer „Kirche"[470] mit biologistischem Glaubensbekenntnis, aber
auf einer anderen Ebene auch um Sinnstiftung durch Wieder-
verwurzelung.

Der Nationalsozialismus ist primär das Versprechen, die Wunden des ersten Weltkriegs zu heilen, das heißt, dem Bürger wieder ein Projekt zu geben, mit dem er sich identifizieren kann. Davon ist Wiederherstellung der außenpolitischen Machtstellung nur ein Teil, der andere die Überwindung der nach dem Wegfall der Frontkameradschaft wieder schmerzlich aufgebrochenen Klassenspaltung und der gerade im Verheizen der Menschen in Materialschlachten offensichtlichen Gleichgültigkeit gegenüber dem Einzelnen. Hitler zog als Konsequenz nicht die Schonung des Einzelnen, sondern die Wiederholung des großen Opfers, diesmal besser geplant und für größere Zwecke.[471]

Die weltgeschichtliche Sonderstellung des Nationalsozialismus besteht nicht in der Zahl der Opfer, darin ist er vom Stalinismus übertroffen worden, sondern darin, daß er die abendländische Dynamik entlädt, indem er sie gegen sich selbst kehrt, oder, anders gesagt, ihren selbstvernichtenden Zug offenlegt. Das ist der tiefere Grund, warum die Beschäftigung mit ihm nicht enden kann.

Am Verständnis des Nationalsozialismus zeigt sich, daß die Kategorien, in denen die bayrische Geschichte hier ausgelegt wird, keine partikularen oder gar nostalgischen sind, sondern menschheitliche.

Wenn wir die Bestimmungsmerkmale des Menschen als Werkzeug, Bild und Grab bezeichnen[472], dann kommt in der abendländischen Geschichte eine sich in der Moderne exponentiell beschleunigende Tendenz zur Hypertrophierung des instrumentellen Pols und einer Verkümmerung des religiösen zum Ausdruck. Die bayrische Eigenart ist zu erklären als Festhalten am religiösen Pol der Wirklichkeit, nicht in

der Art eines Bekenntnisses, sondern in der Art der Rückbindung alles Instrumentellen in ein Lebensgefühl.

Der Nationalsozialismus ist im vollen Sinne des Wortes
revolutionär, indem er auf einen neuen Menschen zielt, freilich in radikalem Gegensatz zum Sozialismus gerade nicht
auf einen kulturell gezähmten Menschen, sondern auf die
„blonde Bestie". Damit ist freilich nicht - wie in der kommu-
nistischen Utopie - die Geschichte (als Geschichte von Kämpfen) aufgehoben, sie wird vielmehr als Wesen der menschlichen Existenz gesetzt und radikal bejaht, das heißt, das, was
der Konservative nur als unausrottbares Übel sieht, das in
Kauf zu nehmen ist, da jeder Versuch, es abzuschaffen, es
nur in schlimmerer Weise wieder bringt, das eigentliche Wesen des Menschen.

Die neuzeitlichen Ersatzreligionen und Säkularisierungs-
produkte des Christentums haben alle die Struktur, daß sie
zerstören, was sie auf ihre Fahnen schreiben: Beim Sozialismus ist es Gemeinschaftlichkeit, die in Bürokratie erstickt,
beim Liberalismus Freiheit, die im Selbstverkaufszwang endet, beim Faschismus die Mittebildung zwischen beiden, die
in der Verabsolutierung des Behauptungswillens erstickt. Die
postchristlichen Großideologien Marxismus, Faschismus und
Liberalismus scheitern alle merkwürdigerweise genau an
dem Punkt, den sie besonders betonen: Der Marxismus betrachtet die materielle Produktion als das Zentrum der Gesellschaft, und genau an dem Unvermögen, sie zu steigern,
scheitert er; der Faschismus schreibt sich die Identität Mitteleuropas gegen amerikanischen und bolschewistischen Materialismus auf die Fahnen, und zerstört nicht erst durch seine Niederlage, sondern schon durch seine Vergewaltigung

der gewachsenen Strukturen diese; der Liberalismus schließlich, der die individuelle Freiheit aufs Panier erhoben hat,
bringt einen globalisierten Selbstverkaufszwang hervor, der
Freiheit von direkt herrschaftlichen Bindungen zur Freiheit,
den Arbeitsplätzen nachzuziehen, verkommen läßt. Die Men-
schenrechtsideologie schließlich, über die der Westen sich
nach Vietnam zunehmend definiert, will das Individuum
stärken. Im Namen der Menschenrechte werden aber Kulturen uniformiert und dadurch Menschen ihrer Identität beraubt. Im Namen der Individualisierung schließlich wird die
Identität der Persönlichkeit zersetzt, bis ein Funktionär seiner eigenen Rollen übrig bleibt, wie ihn heute die Ideologen
der Postmoderne preisen.

Daß Konservative, wenn auch in Bayern weniger als anderswo, in Hitler einen Verbündeten sehen konnten, war eine
schwere Fehleinschätzung, aber immerhin noch verständlich. Sogar ein mutiger Pazifist wie Ludwig Quidde hatte
seine Friedensbeteuerungen für ehrlich gehalten. Daß sie aber
auch nach 1945 nicht erkannten, daß der Nationalsozialismus nicht nur der leninistischen, sondern auch der liberali-
stischen Ideologie der Massenbeglückung in entscheidenden
Punkten verwandt ist, verhinderte einen wirklichen konservativen Neuansatz.

Aushöhlung und politische Spaltung
nach 1945

Nach 1945 war es zunächst nicht mehr Preußen, das Bayern an einer Besinnung auf die eigenen Wurzeln hinderte.
Freilich fehlte zur Besinnung angesichts von Millionen ob-

dachloser Menschen, zerstörter Städte und Flüchtlingselend auch die Muße. Zudem behinderte die amerikanische Besatzungsmacht die Reorganisation einer authentischen politischen Vertretung Bayerns. Sie verbot die „Bayrische Heimat- und Königspartei" nach einer Rede ihres Vorsitzenden, des Müncher Chirurgen Max Lebschee, weil sie Gottesgnadentum statt Volkssouveränität und Verwirklichung der christlichen Weltordnung statt Pluralismus der Weltanschauungen vertrat. Dazu kam das Betätigungsverbot für Fritz Schäffer vom Mai 1946 bis November 1947. Der BVP-Mann Schäffer, der 1933 vollmundig erklärt hatte, ein von Berlin entsandter Reichskommissar für Bayern im Auftrag Hitlers würde an der Grenze verhaftet werden, war im Mai 1945 zum ersten Ministerpräsidenten nach dem Krieg berufen worden, hatte aber bereits im Herbst 1945 das Vertrauen der Amerikaner verloren und war in den Ruf gekommen, zu bereitwillig mit ehemaligen Nazis zusammengearbeitet zu haben.

Die Besatzungsmacht verweigerte auch der Bayrischen Demokratischen Union die Lizenzierung mit dem Hinweis, die Errichtung eines eigenständigen Bayern liege nicht im Interesse der Besatzungsmacht. Kulturgegründetes Selbstverständnis ist ja auch nicht im Sinn der Amerikanisierung. Die Amerikaner veröffentlichten auch erst viel später eine Umfrage, wonach damals die Mehrheit der Bayern die Konsequenz der zweimaligen Katastrophe eines preußisch-deutschen Zentralismus darin sahen, es nicht nocheinmal mit einem deutschen Einheitsstaat zu versuchen.[473] Indirekt kam aber die antibayrische Politik der Amerikaner der schließlich doch lizenzierten Bayernpartei zugute, denn sie war die einzige große Partei, die erst nach dem Entnazifizierungsgesetz lizenziert wurde und von Anfang an gegen dieses polemisierte.[474] Die vorher lizenzierten Parteien, darunter auch die CSU, wurden üblicherweise als „Lizenzparteien" und damit als treue Vollstrecker des Besatzerwillens bezeichnet. Andererseits bewirkte das verspätete Auftreten der Bayernpartei, daß die Kirche sich bereits auf die CSU festgelegt hatte. Damit war der Moment für ein Zusammengehen von bayrischer Tradition und Katholizismus versäumt. Hätte es eine echte Konkurrenz verschiedener Ansätze eines bayrischen Konservativismus gegeben, so hätten zentrale Punkte nicht so leicht an die Modernisierungsgewinnler verschachert werden können, wie es insbesondere seit F. J. Strauß geschah.

Der spätere BP-Vorsitzende Josef Baumgartner hatte schon als CSU-Landwirtschaftsminister der noch von den Amerikanern nach der Entlassung Schäffers eingesetzen Regierung Högner und seines aus freien Wahlen hervorgegangenen Nachfolgers Ehard den Mut, nicht nur für die Interessen der bayrischen Bauern, sondern auch gegen die Besatzungsmacht aufzutreten. Im April 1947 formulierte er als erster deutscher Politiker die These von einer Mitschuld der Westmächte am Aufstieg Hitlers und forderte, da es keine Kollektivschuld gebe, sei auch der Kollektivhunger ungerecht.[475] Nach dieser Rede befürchteten viele seine Absetzung oder gar Verhaftung. Doch der Amerikanismus hat subtilere Instrumente der Durchsetzung. Er schafft, wenn irgend möglich, keine Märtyrer und Identifikationsfiguren, sondern läßt die Gegner an ihrer eigenen Korrumpierbarkeit zugrunde gehen. Während jede Diktatur Helden des Widerstands schafft, tritt der Widerstand gegen die repressive Toleranz immer ins Leere.

Es waren 1949 die drei westlichen Besatzungsmächte, die dafür sorgten, daß das mit 101 gegen 64 Stimmen deutliche Nein des Bayerischen Landtags zum Grundgesetz keine Konsequenzen hatte, da sie festgelegt hatten, das Grundgestetz müsse für die gesamten bisherigen Westzonen gelten, wenn zwei Drittel der Länderparlamente es gebilligt hätten.[476] Mit dem wirtschaftlichen Erfolg des neuen deutschen Staates aber gewöhnten sich die Bayern wieder an das, was ohnehin seit 1870 normal war: von Norden regiert zu werden und ein bisserl zu granteln.

Der Unionsgedanke

Die CSU war von Anfang an gespalten in einen katholisch-regionalistisch-kulturkonservativen Flügel, den Alois Hundhammer und Fritz Schäffer repräsentierten, und einen gesamtdeutschen Flügel, den Josef Müller („Ochsensepp" genannt) repräsentierte. Der Hundhammerflügel verhinderte zusammen mit Landtagspräsident Michael Horlacher die Wahl Müllers zum Ministerpräsidenten. Die Bayernpartei gab sich dagegen zunächst partikularistisch, aber antiklerikal. Mit Baumgartners Übertritt von der CSU zur BP allerdings gewann auch hier eine katholische Orientierung die Überhand. Damit verlagerte sich der Richtungsstreit aus der CSU in die Bayernpartei. Diese konnte 1948 zwar einen beachtlichen Anfangserfolg verbuchen, der die breite Basis der Forderung zeigte, wonach sich die bayrische Vetretung in Frankfurt als Zünglein an der Waage betätigen müsse statt als Mehrheitsbeschaffer der CDU, was damals bereits der aufstrebende Franz Josef Strauß rechtfertigte.[477] Verbunden damit war auch eine unterschiedliche Auffassung vom Verhältnis von Parlament und Regierung. Während Michael Horlacher noch das Modell der klassischen Gewaltenteilung vertrat, wonach das Parlament als Ganzes Kontrollinstanz der Regierung sei, praktizierte Strauß wie Adenauer eine Vorstellung von Politik, die die Regierungspartei zum Erfüllungsgehilfen das Kabinetts machte.[478] Letzter Ausläufer des älteren Parlamentsverständnisses waren nach 1980 die Versuche einer „Parlamentsreform" von Hildegard Hamm-Brücher, die als junge Parlamentarierin im bayrischen Landtag noch einen anderen Stil erlebt hatte.

Der Unionsgedanke beruhte bei seinen Vorkämpfern, dem christlichen Gewerkschafter Adam Stegerwald und auch bei Josef Müller, darauf, daß eine parlamentarische Demokratie im Unterschied zur parlamentarischen Interessenvertretung im Königreich Parteien braucht, die darauf ausgerichtet sind, potentielle Träger einer Mehrheitsregierung zu sein.[479] Neben einer Union der Konfessionen war mit dem Wort sozial eine Union der Stände oder Klassen intendiert, Stegerwald, der freilich schon im Dezember 1945 starb, sprach von einem doppelten Brückenschlag. In diesem Gedanken war gewissermaßen im Namen der parlamentarischen Demokratie das Parteiwesen negiert. Die Meinungsbildung und Machtprozesse würden innerhalb der Partei, und das heißt, unter einem Burgfriedensdruck und teilweisem Ausschluß der Öffentlichkeit stattfinden.

Eben darin, daß man sich nicht als Partei verstand, konnte ein Teil der konserativen Parteienkritik übernommen werden, ohne agressiv gegen den Parlamentarismus zu agieren. Man konnte die Union mit der freiheitlichen Ordnung gleichsetzen und das Gewicht je nach Bedarf auf sozialen Ausgleich oder antisozialistische Blockbildung legen. Entscheidend war, daß der Unions-Nimbus schließlich von jedem Inhalt gelöst werden werden konnte. Er verschleierte die Anpassung an den westlichen Kapitalismus ebenso wie die schrittweise Aufgabe bayrischer Identität, und er machte jede Opposition von rechts mit dem Vorwurf nieder, sie schwäche den bürgerlichen Block.

Man konnte der BP vorwerfen, daß sie in keinem Verhältnis zu den großen Auseinandersetzungen der Zeit stünde, und die CSU behauptete von sich, daß sie die bayrischen Interessen selbst soweit vertrete, als es die Rücksicht auf höhere Prinzipien, in denen letztlich auch das bayrische Wesen verankert sei, nämlich die abendländisch-christlichen Werte, in ihrem Kampf gegen den Kollektivismus erlaube. Der Irrtum besteht darin, daß erstens das typisch Bayrische nur christlich überformt, in seiner Substanz aber erfahrungsreligiös ist, und daß zweitens das Christentum in sich nicht nur eine Tendenz zur Selbstsäkularisierung, sondern auch eine zur Werteauflösung hat. Zumindest aber kann es keine Staatsform mehr halten, vielmehr wird es sich opportunistisch an die bestehende anpassen und, sobald diese ins Wanken kommt, seine Außerweltlichkeit betonen.

Das Ende der Bayernpartei

Der BP gelang es demgegenüber nicht, eigenständig das zur Sprache zu bringen, was die bayrische Eigenart ausmacht. Stattdessen buhlte sie immer mehr selbst um die Gunst des Klerus und verdrängte ihren eigenen antiklerikalen Flügel, der eher in der Tradition des Bayerischen Bauernbundes wurzelte.

Die Parteinahme des katholischen Klerus erwies sich als kurzsichtig. Die CSU hat es verstanden, sich mit abnehmender Bedeutung der Kirche von dieser zu lösen. Während sie in der Kampagne gegen die BP diese als liberalistisch beschimpfte, propagierte schon der neue CSU-Ministerpräsident Hanns Seidel 1958 und erst recht sein Nachfolger als Parteivositzender, Franz Josef Strauß, daß christlich und liberal nicht unvereinbar seien. Die Kirche arrangierte sich schließlich im Zeichen abnehmender Macht mit dem neuen Liberalismus. So wirkten Hundhammer-Flügel und BP zwar verhindernd gegenüber der von Josef Müller intendierten Öffnung des Christentums zum Brückenschlag, bereiteten aber durch ihre mangelnde eigene Profilierung dem zunächst im Kielwasser Müllers operierenden Strauß die Bahn. Sozialismus konnte man ernsthaft als säkularisiert christlichen Impuls interpretieren, die unumschränkte Herrschaft des Kapitals zeigt das Ende der christlichen Ära Europas an.

Mit der Figur Ehards, der stets mehr Ministerpräsident als Parteimann war[480], wurde auch die Tradition der Selbstdarstellung der CSU als bayrischer Staatspartei begründet. Adenauer förderte die innerparteiliche Abhalfterung Müllers wohl in erster Linie deshalb, weil dieser eine gesamtdeutsche Perspektive, nicht eine eindeutige Westbindung favorisierte.[481] Damit desavouierte er zwar die ursprüngliche Idee der Union zugunsten einer eher traditionalistisch-bayrisch katholischen Orientierung, legte aber langfristig auch die Grundlage dafür, daß das Potential der Bayernpartei sich auch in der Union vertreten sehen konnte.

Schon vor der Spielbankenaffäre, die für die Bayernpartei 1959 das historische Aus bedeutete, weil ihre führenden Köpfe des Meineids überführt und damit politisch tot gemacht werden konnten, zeigte sich, daß der Handlungsspielraum für eine spezifisch bayrische Politik weitgehend aufgebraucht war. Wie auch immer sich die BP zur Adenauerschen Westbindungspolitik verhielt, Gewinner war immer die CSU. Die Bayernpartei ersetzte zunehmend Politik durch Folklore, wie Fahnenweihen und Gedenkveranstaltungen zur Sendlinger Mordweihnacht. Sie tat es aus Ratlosigkeit. Dagegen tut es die CSU bis heute nicht als Ersatz für, sondern zur Ablenkung von einer insgesamt natur- und traditionszerstörerischen Politik.

Alle politischen Traditionen Bayerns wurden im Lauf der Zeit von der CSU besetzt, so auch der Politische Aschermittwoch in Vilshofen, der auf die Gründung der bayrischen Patriotenpartei 1867 durch Josef Edmund Jörg zurückgeht und nach dem 2. Weltkrieg 1948 von Baumgartner wiederbelebt wurde. Seit 1953 hatte Franz Josef Strauß hier Konkurrenzveranstaltungen abgehalten, die zunächst nur 500 Menschen anzogen - gegenüber 3000 bei Baumgartner. Aber langfristig blieb der krachlederne Vorzeigebayer siegreich. Strauß organisierte mit Friedrich Zimmermann als Hauptgeschäftsführer ab 1954 den Umbau der CSU von der Honoratiorenpartei zur modernen Massenpartei. Formale Demokratisierung insbesondere nach der Verabschiedung des Parteiengesetzes Ende der Sechziger Jahre und faktische Gleichschaltung der Mitglieder und Ausschaltung von eigenwilligen Köpfen vor Ort gingen Hand in Hand. Parteitage waren immer weniger Gelegenheiten zur politischen Willensbildung,

sondern wurden zur Selbstdarstellung der Partei nach au
ßen benutzt. Sogenannte Diskussionsforen machten die Diskussionen zum Privileg der Parteiprominenz und geladener
Fachleute vorwiegend aus der Beamtenschaft. Mit der Übernahme des Parteivorsitzes durch Strauß 1961 wurde das
Bayrische zunehmend mit Blick auf Bonn inszeniert. 1970,
nach Amtsantritt der sozialliberalen Koalition, bezeichnete
er die CSU als eine „Sammlungsbewegung zur Rettung unseres Vaterlandes". „Auf den Parteitagen verschwand nun
das früher obligate bayerische Dekor. Die Folklore wurde
ins Bierzelt verbannt, wo man sich zum geselligen Zusammensein mit Journalisten und Ehrengästen traf."[482]

Weg frei für Fortschritt und Ungemütlichkeit

Das Prestigeprojekt und Symbol der Straußschen Politik
war der Rhein-Main-Donau-Kanal. Der Wille, das Interesse
einiger einflußreicher Bauunternehmer zu bedienen, die die
CSU ihrerseits mit Spenden unterstützten, mischte sich mit
Vorstellungen von einem Jahrtausendtraum und einer erhofften wirtschaftlichen Stärkung Bayerns. Charaktere wie
Strauß reden sich solange ein, daß das, was ihnen nutzt, auch
Bayern dient, bis sie es selber glauben.

Der Kanal ist als Projektion einer Idee in die Landschaft
bezeichnet worden[483], nämlich der Idee eines Ausgleichs zwischen den Polen Europas. Dieser Idee ist der Main geopfert
worden, er existiert nur noch als Teil des Kanals. Aber mehr
noch auch die Identität Frankens ist weitgehend zu einer
Brückenlandschaft verkommen, und dasselbe droht nun auch
der bayrischen Donau und mit ihr Altbayern.

Auf biologischer Ebene zeigt sich ein anderes Symptom. Neben den Zerstörungen der Übergangslebensräume zwischen Wasser und Land hat der Rhein-Main-Donau-Kanal zur Ausbreitung einer osteuropäischen Flußkrebsart geführt, die wesentlich agressiver als die heimische ist und nicht nur diese, sondern auch eine Reihe anderer Kleintierarten in den Flüssen Mitteleuropas zum Verschwinden bringt.[484] Nicht nur die Kultur wird von der Globalisierung uniformiert, sondern auch die Natur. Wirklich konservative Politik würde in beider Hinsicht bedeuten, eher Widerstände aufzubauen.

Verheerend wirkt seit Strauß ein doppelter Ausverkauf Bayerns. Einerseits besetzt die CSU das Thema bayrische Identität und instrumentalisiert sie, aber zur Folklore verdünnt, und andererseits fördert sie genau jene Tendenzen der globalisierten Unkultur, die dieser Identität den Garaus machen.

Das ist freilich nur ein Sonderfall der allgemeinen Selbstzersetzung des deutschen Konservativismus, die zwei deutlich von einander abgesetzte Stufen zeigt. Nach dem Scheitern der konservativen Revolution als Reaktion auf die Erfahrung, daß das, was man bewahren wollte, vielfach schon gar nicht mehr vorhanden war, fiel der Konservativismus ins andere Extrem. Er erkor zum Objekt der Bewahrung die bestehenden Verhältnisse, die aber die Tendenz zur Selbstauflösung in Form der Kapital-bestimmten Dynamik bereits in sich haben.

Bezeichnend für die daraus entstehende politische Situation ist, daß sich Alternativen wie die Bayernpartei und die ÖDP (die eigentlich eine BÖP ist und außerhalb Bayerns gar keinen Fuß auf den Boden bringt) „links" von der CSU formieren und sich damit der Möglichkeit berauben, die berechtigte Wut, ja den heiligen Zorn, der einen angesichts des Ausverkaufs ergreift, politisch adäquat zum Ausdruck zu bringen. Damit sind sie von vorneherein ungefährlich. Auf der anderen Seite bleibt das Feld rechts von der CSU Nationalisten überlassen, deren beständige Neuspaltungen genug über ihr Wesen und ihre politischen wie persönlichen Fähigkeiten sagen. Der Journalist Claus Koch hat den Untergang der sich konservativ nennenden Volksparteien als Vorboten des Endes der parlamentarischen Demokratie gesehen.[485] Er ist Fatalist, der meint, die Unterminierung der europäischen Staatlichkeiten durch den Kapitalismus lasse sich nicht aufhalten. Als zukunftsweisende Tendenzen sieht er das Zurücktreten von gesetztem gegenüber gesprochenem Recht, die Verwandlung von öffentlichen Diensten in Managements, Interessenkompromisse statt Programmalternativen. All dies läuft auf Verwaltung statt Gestaltung, weitere Anpassung an die Selbstläufigkeiten und Ausschaltung alles an Werten orientierten politischen Handelns hinaus.

Es lohnt sich vielfach wirklich nicht, die alten Institutionen zu verteidigen. Zum einen, weil sie tatsächlich keine verteidigbaren Bastionen bieten, zum andern, weil sie selbst bereits zerstörerisch sind. Man muß sich nur die mentale Verfassung anschauen, die es erfodert, um im Parteienstaat Karriere zu machen. Es ist in Wirtschaft, universitärer Wissenschaft und Politik nur eine jeweils ein bißchen anders gelagerte Negativauswahl, die heute bestimmt. Überall aber sind es Leute, denen Inhalte unwichtig sind gegenüber Geld, Macht oder Methoden.

Franz Josef Strauß verkörperte in eigenartiger Weise die

Doppelbödigkeit eines Bayern, der in die Politik geht. In Bayern kam er an als „verreckter Hund", in Norddeutschland als „starker Mann". So sehr er um der reinen Macht willen die Abspaltung der CSU vom echten Konservativismus und seinem Dilemma betrieb, lebte er doch selbst noch die Spannung.

Stoiber ist demgegenüber Modernisierer im Sinn von Montgelas, ja, trotz Trachtenjanker und Sprachfärbung im Kern preußischer Asket. Was ihm zu Montgelas fehlt, ist das Beharrungsvermögen im Bezug auf äußere Ziele, die Prinzipienlosigkeit im Geistigen gerade in stürmischen Zeiten aufwiegen kann. Montgelas hielt sich immer an territorialer Vergrößerung und machtpolitischer Straffung fest. Stoiber dagegen schwächt mit seiner Deregulierung und seiner Verflüssigung von Staatsbesitz für kurzfristige Wirtschaftsförderung die Substanz des Freistaats. Ein Stück weit zwingt das Schielen auf kurzfristigen Erfolg, der sich in Wählerstimmen auszahlt, dazu.

Strauß blieb die angestrebte Krönung mit einer erfolgreichen Kanzlerkandidatur verwehrt. Doch seine Instrumentalisierung Bayerns zur Machtbasis war verbunden mit einer vorher nie gekannten Aushöhlung der wirklichen bayrischen Tradition. Dies gilt nicht nur für die kulturelle, sondern auch für die politische Ebene; als 1990 mit der Auflösung der DDR das Grundgesetz seinen Vorläufigkeitscharakter verlor, gab es von der bayrischen Staatsregierung keinen ernstzunehmenden Versuch, an die Position von 1949 anzuknüpfen und eine Stärkung des Föderalismus zu erreichen.

Bleibt der bayrischen Staatsregierung denn eine Alternative? Bernhard Ücker konnte in den Siebziger Jahren noch den Föderalismus als Modell für Europa proklamieren, ja im Deutschen Bund einen Vorläufer sehen, er versteht freilich die Gründe der Nationalbewegung nicht wirklich in ihrem ersatzreligiösen Charakter. Preußisches Machtstreben hätte ohne Begeisterung nicht gesiegt.

Ücker sieht in wirtschaftlichem Aufbau, vom Rhein-Main-Donaukanal bis zum Straßenbau, noch eine Voraussetzung potentieller bayrischer Eigenstaatlichkeit. Heute geht die Bedrohung bayrischer Kultur nicht mehr so sehr von Preußen aus, obwohl sie mit der Verlegung des Machtzentrums in den märkischen Sand und damit die verhängnivolle kleindeutsch-preußische Tradition stärker geworden ist, sondern gerade von der Nivellierung durch das Gleichziehenwollen. Gegen die Versuchung einer martialischen Expansionspolitik ist Bayern durch 1000 Jahre immunisiert, gegen die Versuchung der Selbstvermarktung nicht. „Wie soll man für seine Eigenart Reklame machen, wenn man - um das mit Erfolg zu tun - diese Eigenart aufgeben müßte?"[486] schreibt Bernhard Ücker. Das ist heute tatsächlich das Hauptproblem. Auch die EU exekutiert zunehmend nur noch die Konkurrenzmentalität auf wirtschaftlicher Ebene. Dem ist ebensowenig wie der Gefahr des preußischen Militarismus, der Bayern 1918 mit ins Verderben gerissen hat, durch Separatrechte zu begegnen.

7.

Laptop und Lederhosn oder Artenschutz für Bayern?

Wir hatten als Substanz des Traditionsstromes Liberalität, Denken in Qualitäten und Antidualismus genannt. Das Problem bayrischer Identität heute besteht darin, daß für ihre Herkunft und ihren inneren Zusammenhang weitgehend das Bewußtsein fehlt. Freilich gab es ein solches Bewußtsein in der Vergangenheit auch nicht, aber der Zusammenhang wurde doch tradiert. Erst heute ist es nötig, vieles ins Bewußtsein zu heben, weil es in den unwillkürlichen Lebensäußerungen nicht mehr ohne weiteres präsent ist.

Konservative Unvereinbarkeiten

Einen bewußten bayrischen Konservativismus gibt es, wie wir gesehen haben, erst parallel zur Aufklärung. Seine volkstümlichen Vorläufer hat er in den Wallfahrerkrawallen und dem Widerstand gegen die Reformen Karl Theodors. Unter Ludwig I. wird er von Gelehrten wie Görres und Lassaulx intellektuell unterfüttert. Damit beginnt zugleich seine politische Vereinnahmung zunächst für die monarchische Sou-

Souveränität, dann für den politischen Katholizismus.[487] Diese Linie endet mit Hundhammer, jenem Nachkriegspolitiker, der mit seiner streng katholischen Kulturpolitik die Viererkoalition unter dem SPD-Ministerpräsidenten Hoegner gegen sich zustande brachte und sich schließlich auch innerhalb der Union isolierte.

Daß die Kirche der „Spaltpilz" im bayrischen Konservativismus wurde, entspricht ihrer ambivalenten Stellung für die bayrische Tradition. Der Katholizismus war immer das benennbarste und organisierteste Element der bayrischen Identität. Er stand seit dem Kulturkampf immer wieder in Spannung zum Nationalbewußtsein, genauer gesagt dazu, daß es zur bayrischen Identität gehört, Außenposten eines größeren Zusammenhangs zu sein, und seit 788 eben unfreiwillig aber alternativlos eines nördlichen.

Bayern hat zwischen 1848 und 1866 seine außenpolitische Stellung an seiner Treue zur Idee eines alle Deutschen umfassenden Bundes aufgerieben, eines Bundes, von dem man Bewahrung der geistigen Identität Mitteleuropas erwartete und innerhalb dessen man ein kulturelles Zentrum sein wollte. Hundert Jahre später haben seine Repräsentanten noch einmal an die Idee eines christlichen Europas geglaubt und dafür den Ausverkauf bayrischer Eigenständigkeit und seiner bäuerlichen Substanz in Kauf genommen.

Das Europa des Euro hat aber keine geistige Substanz mehr, es ist nur noch ein Sachzwang zur Selbstbehauptung auf globalisierten Finanzmärkten. Es ist nicht einmal mehr sicher, ob Österreich, das erfolgreich seine staatliche Eigenständigkeit geschaffen hat, in diesem Kontext wirklich bessere Chancen auf Bewahrung seiner kulturellen Substanz hat.

Von Grantlern und Politikern

Aufschlußreich ist der Unterschied der Entwicklung zu Österreich: Vielleicht macht es auch das Altbayrische im Gegensatz zum „Ostmärkischen" aus, gar nicht ernsthaft (das heißt mit politischen Mitteln) eigenstaatliche Souveränität zu wollen, sondern nur damit zu spielen, daß man ja könnte, wenn man nur wollte. War man allzulang schon Teil eines von Norden bestimmten Reiches, so daß politische Kundgebungen der Eigenwilligkeit nur Wert als Selbstvergewisserung kultureller Eigenständigkeit hatten? Österreich dagegen gewann eine eigene nationale Identität aus der Selbstdarstellung als erstes Opfer Hitlers.

Der Roider-Jackel hat dazu die kräftigen Gstanzeln gedichtet:

„Ja da Hitler war ja koa Preiß ned
und er war a koa Boar
Und die Österreicher wissen a net
woher daß er war."

In der Zwischenkriegszeit konnte nur der Katholizismus einen Versuch der österreichischen Identitätsstiftung machen. Das bezeichnet den sogenannten Austrofaschismus. Doch konnte diese Identität als Opfer nicht ewig tragen. Bezeichnend ist, was daraus entstand: Der Populist Jörg Haider formuliert heute gerade darin auch die Volksseele, daß er ein Grantler ist. Gerade die Reaktion des Auslands gibt ihm die Möglichkeit, seine weiter gepflegte Oppositionshaltung als erzwungen darzustellen. In der Absetzung von anderen findet man sich leichter. Und die gelebte Identität ist letztlich das Wichtige.

Der Prozeß des deutschen Identitätsverlustes verlief eher schleichend. Das machte es schwierig, eine bayrische Identität an die Stelle der deutschen zu setzen. 1945 war das deutsche Nationalbewußtsein in der Niederlage noch so stark, daß Separatismus gerade den politisch Denkenden als ein sich Davonstehlen erschienen wäre. Als dann in der Folge des politisierten Generationenkonflikts, der mit der Jahreszahl 1968 verbunden ist, der deutsche Selbsthaß um sich griff und schließlich zu einer völligen Tabuisierung von Nationalbewußtsein geführt hat, da haben zwar unzählige, gerade auch junge Menschen, wenn sie im Ausland nach ihrer Herkunft gefragt wurden, Bayern statt Deutschland angegeben, aber die Möglichkeit für eine auch politische Selbstdefinition als Nation war vorbei.

Tatsächlich ist die Besinnung auf die Eigenart wichtig und im Zwang der Realpolitik oft schwerer zu halten. Realpolitik aber bedeutet, sich Einlassen auf die Spielregeln der Macht, und das heißt oft genug schon: das verloren haben, was man bewahren möchte. „Mögen sich die Preußen zu Tode siegen, wir verlieren und bewahren doch, was uns wichtig ist", war immer das bayrische Erfolgsrezept.

Bayerntum war nie Anpassung, es sei denn an das, was wirklich größer ist als der Mensch, und das ist nie die Geschichte, sondern das Land, nie die Zeit, sondern der Raum. Die Einheit von zeitlich, räumlich und sittlich macht Tradition aus.[488]

Der Bayer ist geborener Grantler, um nicht zu sagen Dissident.

Das wäre übrigens die Chance der Bayern-SPD, wenn sie sich angesichts eines Wählerstimmen-Abstands der Roten und Grünen zusammen zur CSU von 18 Prozent von der Illusion, das Land zu regieren, wirklich verabschieden würde; aber dann wäre sie wohl auch keine SPD mehr, deren Geschichte ja davon gekennzeichnet ist, für's Regieren immer alle hinderlichen Ideale fahren zu lassen. Stattdessen versucht sie ständig die bessere Regierung zu spielen und fordert zum Beispiel schärfere Kontrollen bei den Steuererklärungen der kleinen Leute. Damit schafft man es zwar, in die Rundfunknachrichten zu kommen, aber bestimmt nicht, populär zu werden.

Die CSU hat sich aber nicht nur vom Katholizismus und der Agrargesellschaft als Grundlagen des Bayerntums entfernt. Eigentlich trägt sie ja im Namen lauter unbayrische Eigenschaften. Bayrisch ist das Katholische (beziehungsweise das antiprotestantisch-erfahrungsreligiöse) - und gerade nicht das christliche, bayrisch ist leben und leben lassen - aber gerade nicht das Soziale, jedenfalls nicht als sich Kümmern um ander Leute Wohlergehen, und bayrisch ist Partikularismus - und gerade nicht Einheit. Da sie es aber geschafft hat, mögliche Konkurrenten (wie die Bayernpartei) zu zerschlagen, ist es ihr weitgehend gelungen, trotzdem den Nimbus des Bayernbildes zu erhalten.

Das Beispiel Irschenberg

Der Slogan „Laptop und Lederhosn" ist eine griffige Parole, von der Restdeutschlands Möchtegern-Konservative, wie der hessische Ministerpräsident Roland Koch mit seinem „Apfelwein und Laptop", abkupfern. Sie artikuliert die Gespaltenheit in Arbeit und Spiel, wobei völlig klar ist, daß das eine die Substanz, das andere die Garnierung ist. Man könnte ja sagen, da sei sie doch wieder, die keltische Balance zwischen Traditionalismus der Druiden und Aufgeschlossenheit gegenüber römischer Fußbodenheizung und griechischem Münzwesen. Aber das wäre ein Mißverständnis. Denn bewahrt wird nur die Fassade, der eigentliche kulturelle Bau wird so hemmungslos entkernt wie die unter Denkmalschutz stehenden Bankbauten in der Münchner Prannerstraße.

Stoiber beschwört einerseits bei Reden vor Gebirgsschützen und im Trachtengewand (so 1998 in Bayrischzell), „daß wir unsere Heimat schützen, bewahren und lieben, daß wir alles tun, daß diese Heimat Heimat bleibt" - aber auf der anderen Seite erklärt er die landesplanerischen Bedenken gegenüber einer Verunzierung des Irschenbergs durch ein McDonald's Fastfood-Restaurant für „grundsätzlich überwindbar" und gibt damit den mit der Planung befaßten Behörden die Marschrichtung vor. Beamte sind in Bayern eben, von Ausnahmen abgesehen (ich erinnere an die Landräte Gröbner in Tölz und Schuirer in Schwandorf im Kampf gegen die Rißbachableitung beziehungsweise die Wiederaufbereitungsanlage Wackersdorf[489]), genauso karrieristisch rückgratlos wie anderswo.[490] Der Irschenbergkonflikt ist symptomatisch interessant: Neben dem üblichen Argument „Arbeitsplätze" wurde dabei der Anteil von McDonald's an der Abnahme von bayrischem Rindfleisch (insbesondere des schlecht verkäuflichen, minderwertigen) ins Feld geführt, das heißt: die Stützung einer alles andere als bodenständigen Landwirtschaftspolitik, die die Grundtendenz verschleiert und Symptome bekämpft. Der Anteil von McDonald's wurde dabei von der Umweltstaatssekretärin[491] flugs von 5,6 Prozent auf 30 Prozent hochfrisiert. Interessant ist auch, daß als Argument gegen die Schutzwürdigkeit des Platzes behauptet wurde, das heutige Rasthaus auf dem Irschenberg sei ein häßliches Nazibauwerk. Auch das ist falsch, es ist (ob häßlich oder nicht) ein Produkt der 50er Jahre. Im Gegenzug hatte diesmal die SPD erwogen, ob man nicht die Autobahn, die wirklich aus der Nazizeit stammt und unter damaligen Gesichtspunkten als Panoramastraße, die den Volksgenossen ein Gefühl für die Eigenart der deutschen Gaue vermitteln sollte (sonst hätte man den Irschenberg und andere markante Landschaften auch leicht umfahren können[492]), in Teilstücken unter Denkmalschutz stellen könne, um die damaligen Intentionen zu bewahren.

Antitraditionalismus im antifaschistischen Gewand

Daß, wo sie der Zerstörung Bahn brechen will, wie am Irschenberg, auch die CSU antifaschistich daherkommt, und sei es nur, daß sie ein Bauwerk, das sie nicht schützen will, den Nazis in die Schuhe schiebt, ist ein Symptom von erheblicher Aussagekraft. Es ist nicht ganz einfach zu verstehen.

Eigentlich hatten ja Auschwitz und Gulag den Mythos vom Fortschritt der Menschheit zu immer aufgeklärteren und humaneren Formen zerstört. Es hatte sich gezeigt, wohin Traditionsunsicherheit führt. Genau das freilich wollte die Linke nicht wahrhaben, denn sie hatte immer alle Gräuel der Geschichte der Unaufgeklärtheit in die Schuhe geschoben. Es war immer das Hauptargument der Spät-Aufklärer gegen die Tradition, daß diese an ihren Früchten von den

Kreuzzügen bis zum Hexenwahn als unmenschlich zu erkennen sei. Dabei haben wir gesehen, daß auch der Hexenwahn wohl bereits eher ein Ausdruck gestörter Tradition war.

Würde man nun Hitler und Stalin als die feindlichen Titanenbrüder, die ihren Aufstieg der Auflösung der Tradition verdanken, begreifen, dann müßte man ihre Brutalitäten tatsächlich auf das Konto des Bindungsverlustes schreiben. Deshalb bemühte sich die Linke, den Faschismus als Unternehmen angeblicher Traditionsbewahrung hinzustellen, dann konnten seine Morde auf das Konto der traditionalen Gesellschaften und die Morde der Gegenseite als bedauerliche Verfehlung in dunkler Zeit dargestellt, wenn nicht verschwiegen werden

Das Inferno, das der Nationalsozialismus anrichtete, konnte eine Weile verdecken, daß auch die Siegermächte zwei lebensfeindliche und selbstzersetzende Ideologien repräsentierten, die, wie wir sahen, genau das zerstören, was sie auf ihre Fahnen geschrieben haben. Heute soll die ritualisierte Beschwörung der Nazi-Greuel das für die alleinherrschend übriggebliebene neoliberale Ideologie verdecken. Die gebetsmühlenhafte Verteufelung rechter Ideen soll jeden möglichen Widerstand gegen die Globalisierungsideologie als der braunen Vergangenheit verhaftet ersticken.

Darum geht es, daß jedes Sichhineinstellen in eine Tradition - und die macht jede kulturelle Identität und wie wir gesehen haben in besonderer Weise die bayrische aus - sich mit dem Vorwurf auseinandersetzen muß, daß Auschwitz ihr Ende sei, ja, daß man danach mit gutem Gewissen höchstens noch historische Kostüme tragen könne, vielleicht Folklore für Touristen darbieten könne, aber im übrigen als gu-

ter Konsumbürger seine Ungefährlichkeit darzustellen habe.

Daß die Union dieser lang angelegten Kampagne nichts entgegenzusetzen hat, ist das entscheidende Versäumnis des Nachkriegskonservativismus. Daß sie sogar, wenn es ihr gerade paßt, mitmacht, wie im Fall von Beckstein, der in fröhlicher Gemeinsamkeit mit Schily die angebliche rechte Gefahr zum Ausbau der Abhör- und Zensurbefugnisse nutzt, zeigt am deutlichsten ihre geistige Substanzlosigkeit und politische Kurzsichtigkeit. Es zeigt daß einerseits die historische Bedeutung des Nationalsozialismus' als erste offene Verneinung menschlicher Transzendenz nicht erkannt wird. Das kann nur geschehen weil der eigene Transzendenzbezug bereits seine Sicherheit verloren hat.

Das Ergebnis war die „zweite Zerstörung" des Abendlandes, wie es Erwin Schleich genannt hat. Schleich als Münchner Architekt meinte den Wiederaufbau nach dem Krieg, der aus Kosten- und Zeitgründen Bausubstanz, die noch zu retten gewesen wäre, der schnellen Wiederbenutzbarkeit opferte. Im Bereich des Geistigen heißt „zweite Zerstörung", daß sich an die nationalsozialistische Vernichtung von Traditionssubstanz nun eine Zerstörung unter dem Deckmantel des Antifaschismus und des Aufräumens anschließen konnte.

Ausverkauf

Auf dem Etikett steht „konservativ" – doch was konserviert werden soll, wird ausverkauft. Das Land verschwindet buchstäblich.

Die bayrische Siedlungsfläche hat in nur 18 Jahren (von

1979 bis 1997) um über 50 Prozent zugenommen. Allerorten wird den ortsfremden, ja ortslosen Götzen geopfert, eines von vielen Beispielen: Die Lechschlucht, die Füssen den Namen gegeben hat (lat. fauces = Schlund) und über die St. Mang gesprungen sein soll, soll für eine Leistungserhöhung des dortigen Wasserkraftwerks ihres Wassers weitgehend beraubt werden.

Ein besonders apartes Beispiel ist die momentan laufende Debatte um die Ladenschlußzeiten. Wir sind dabei, den das Abendland kennzeichnenden siebten Tag dem Leviathan zu opfern, und die Kirchen haben nicht mehr genug religiöse Substanz in ihren Adern, um das in seiner vollen Dimension überhaupt zu sehen. Was da genau geopfert wird, ist der Charakter des Lebensrhythmus, wir können auch sagen, eine bestimmte Qualität von Ruhe. Es ist ein Irrtum, wenn man meint, der Einzelne hätte ja die Freiheit, zu entscheiden, ob er das Angebot annimmt oder nicht. Es geht nicht nur um den Zwang für die, die dann arbeiten müssen, es geht um einen kollektiven Charakter. Freilich haben schon Jugendliche der letzten beiden Generationen diese Ruhe vorwiegend negativ als typische Sonntagsranigkeit erlebt, da sie eben nicht mehr gefüllt war und sich gerade dadurch von der Woche abhob, daß „nichts los" war. Verloren geht dabei aber auch einfach eine Kollektiverfahrung mehr. Auch der freie Tag individualisiert sich jetzt, jeder hat ihn an einem anderen Tag, aber es gibt keinen Tag mehr, wo man voraussetzen kann, daß auch der andere frei hat. So vernichtet der Kapitalismus jede Form von Selbstverständlichkeit. Man kann sagen, an den Opfern, die wir ganz selbstverständlich in Kauf nehmen, sieht man, wer unsere Götter sind.

Es ist schon zu selbstverständlich, daß kaum noch jemand fragt, wem eigentlich das dient, was er produziert oder verkauft.

Gerade wenn die bayrische Identität einer der fließenden Übergänge ist, dann ist die Invasion der Schnellebigkeit, des globalisierten Amerikanismus eine besondere Herausforderung. Und mit Folklorepflege ist hier wenig geholfen. Unaufhaltsam sterben - wie Tierarten - die Lokaldialekte. Man kann nicht bestimmte Äußerlichkeiten isoliert bewahren. Worum es der Pflege bayrischer Eigenart vor allem gehen muß, ist eine Haltung zum Leben, nicht so sehr um Knöpfe und einzelne Dialektausdrücke. Sonst entsteht so etwas wie der auf bayrisch getrimmte Touristenort Leavenworth im Bundesstaat Washington, wo der Safeway Supermarkt mit Lüftlmalerei wie eine bayrische Barockkirche verziert ist.[493] Leavenworth verkauft sich prächtig, der Ort hat keine wirtschaftlichen Probleme mehr, seit er bayrische Balkone an seine Häuser geklebt hat. Aber ob das auch noch funktionieren würde, wenn es das Original Bayern, von dem Leavenworth ein ohne Flug erreichbares Nachbild sein soll, nicht mehr gäbe?

Sündenböcke

Wenn man sagen kann, in Frankreich ist das Nationalbewußtsein bestimmt vom Stamm (den Galliern) und dem Territorium, in der Schweiz von der Zivilreligion und der Landschaft (Der Gotthard als „wahrer Bergfried"), in Deutschland von der Kulturtradition[494] und vom Selbsthaß, dann ist es in Bayern Lebensgefühl und Landschaft. Die Landschaft aber verschwindet im Ausverkauf. Wie steht es um das Lebensgefühl? Auch das wandelt sich, es wird ungemütlicher. Warum? Weil die organisierte Verantwortungslosigkeit um sich greift. Wir werden zu Funktionären einer konsum- und profitorientierten Maschinerie, zu Rädchen im Getriebe. Leben und leben lassen verkehrt sich zu einem gelebt werden.

Ohnmächtig, an das eigentliche Problem heranzukommen, projezieren sich die Menschen, die sich als Opfer einer anonymen Tendenz fühlen, einen Gegner zurecht, wie einst die Weltkriegsverlierer den Juden. Ob der „Saupreiß", der Zuagroaste oder gar der Ausländer, irgendjemand muß ja schuld sein, wenn es ungemütlich wird. Edmund Stoiber hat mit seinem vielgescholtenen Wort von der „durchrassten Gesellschaft" sicher den Gefühlen vieler Bayern eine Formulierung gegeben. Aber damit ist am eigentlichen Problem vorbeigezielt, vielleicht sogar bewußt. Stoiber hat natürlich in einem Recht: Multikulturalität, wie sie die Linke propagiert, ist nur als Unkultur der Transzendenzlosigkeit möglich. Es ist ein Unterschied, ob Kulturen nebeneinander und in einem Austausch bestehen, wie im Fleckerlteppich des alten Mitteleuropas, wo sich aber immer zum Beispiel Deutsche, Ungarn und Rumänen, die in diesem Fall zugleich Protestanten, Katholiken und Orthodoxe waren, zu Dörfern zusammentaten und ihre unterschiedlichen Kulturen pflegten, nie einen gemeinsamen Topf bildeten, oder ob sich heute die Völker unter dem Sog eines Verschwindens kultureller Substanz mischen.

Die Liberalitas Bavariae ist etwas völlig anderes als unentschiedene Toleranz. Sie ist leben und leben lassen, das heißt, Liberalität für Minderheiten, die sich ihres Gaststatus' bewußt sind. Aber trotzdem sind es nicht die Zuagroasten, die heute bayrische Lebensart bedrohen, sie assimilieren sich erstaunlich schnell, und in manchem Türkenladen lebt mehr bayrische Gemütlichkeit als in einem noch so deutschen Tengelmann oder gar im Hofbräuhaus, das die Münchner längst Japanern und Amerikanern überlassen haben. Der südliche und auch der östliche Einschlag hat bei uns ohnehin etwas Organischeres als in Hamburg.

Bayern war in gewisser Weise immer schon Einwanderungsland, was nicht heißt, daß die jeweils hier Ansässigen das akzeptiert hätten. Im Grund waren ja auch die Germanen in der Römerzeit Wirtschaftsflüchtlinge. So ähnlich wie heute Menschen aus Afrika sahen sie den Reichtum der Provinzen und machten sich auf, um ihren Teil daran zu bekommen. Sie taten dies in Form von räuberischen Überfällen, immer dann, wenn die „Festung Europa", deren Grenze damals die Donau ausmachte, gerade nicht genügend bewacht war. Später verlegten sie sich auf „friedliches" Einsickern, woraus, wie wir gesehen haben, die Bajuwaren entstanden. Anfangs waren sie subalterne Hilfstruppen, später stiegen sie zu führenden Rängen auf. Mit Stilicho leitet zum ersten Mal ein Germane die Geschicke Roms, und seinen Konkurs wickelt mit Odoaker auch ein Germane ab. Wir haben heute die ersten türkischstämmigen Bundestagsabgeordneten, das heißt, vergleichsweise gesprochen befinden wir uns vielleicht da, wo Rom Ende des 4. Jahrhunderts stand. Der Unterschied ist nur, daß wir in Zeiten des Flugzeugs und des Fernsehers leben, wo es nicht unmittelbare Nachbarvölker sein müssen, die heute Lust bekommen, einzuwandern. Aber die römische Kultur ist nicht an der Blutauffrischung zugrunde gegangen, sondern eher an seiner abnehmenden Assimilationskraft. Es war unter anderem das Christentum, das die Traditionen schwächte, so wie es heute die angloamerikanische Globalisierungsideologie ist, die eine Bewahrung der Kultur unmöglich macht.

Ganz andere Kräfte bringen die tragenden Säulen zum Verschwinden, man kann nicht sagen: zum Einsturz; denn es geht gespenstisch leise zu. Ich nenne nur drei Punkte:

1. Die Kirche ist zu einem Freizeitangebot unter anderen geworden; an ihre Stelle sind als Stichwortgeber des Tagesgesprächs die Massenmedien und als Sinnstiftungsangebote ein Psychomarkt, der nach dem Konkurrenzprinzip funktioniert, getreten.

2. Die Bauern sind eine marginalisierte Bevölkerungsgruppe; das Verschwinden des Bäuerlichen, des Demetrischen als Qualität in der Landschaft und als Qualität des Menschen ist eine viel größere Bedrohung bayrischer Eigenart als jede Zuwanderung.

3. Traditionales Wissen spielt für die Lebensbewältigung keine Rolle mehr, damit werden auch die alten Leute zunehmend funktionslos, Tradition ist Dreingabe, Teil eines persönlich gewählten Lebensstils, aber keine Garantie für gutes Leben mehr.

Die CSU hat es bisher verstanden, auch die Vernichtung einstiger Bastionen zu überstehen, so den Rückgang der direkt in der Landwirtschaft beschäftigten Bevölkerung auf 4 Prozent. Ebenso ist der Bindungsverlust der Kirche nicht mehr ihr Problem. Aber sie zehrt von der Substanz. Auf die Dauer reicht das Wir-Gefühl, das sich über Schafkopfrennen vermitteln läßt, nicht aus.

Grant

Eine Hoffnung liegt in der vielgeschmähten unpolitischen Jugend. Sie knüpft, meist ohne es zu wissen, wieder an an alte, traditionelle Werte, junge Leute von heute begnügen sich häufig mit mittleren Positionen, die Raum lassen für Familie und Freundeskreis, Hobby und Vergnügen. Mögen sich die anderen zu Tode siegen...

Freilich sollte man daneben darauf Acht geben, daß sich die von Volk und Leben entkoppelte Politik nicht allzusehr verselbständigt. Und wenn diese Politik – in Bayern eben die alleinherrschende CSU – auch noch beansprucht, der alleinige Bewahrer der Tradition und der bayrischen Identität zu sein, dann wird es in Wahrheit ungemütlich. Und wo die Gemütlichkeit aufhört, da endet auch die Liberalität. Und das ist seit der Aufklärung ein Dauerproblem. So wenig es die große Liebe zu Wittelsbach war, die die Bauern dazu führte, sich auf dem Sendlinger Kirchhof abschlachten zu lassen, so wenig war es der katholische Glaube, für den man sich in den Wallfahrerkrawallen prügeln ließ, es war vielmehr die mit ihm, diesem Glauben verbundene Lebensform.

Derzeit ist die Sehnsucht nach Heimat angesichts des immer schnelleren Wandels gerade bei Jugendlichen sicher sogar stärker als in den vorangegangenen Generationen, die ihre Heimat eher in Ideen und Ideologien fanden. Solange Rote und Grüne zur Heimat in Region und Volk kein Verhältnis finden, hat die CSU leichtes Spiel. Eine Veranstalung der Petra Kelly-Stiftung im Januar 2001 unter dem Titel „Mir san mir - auf ewig CSU?" zeigte überdeutlich, daß - von einzelnen Ausnahmen wie dem Waginger Bürgermeister Sepp

Daxenberger abgesehen - die Linke überhaupt kein Gefühl dafür hat, was die CSU wirklich stark macht, und der CSU-Vertreter, Ex-Minister Alfred Sauter, natürlich keine besonderen Anstrengungen machte, es ihnen zu erklären, sondern die Diskussion auf einer oberflächlich taktischen Ebene dahinplätschern ließ.

Was das Bayrische eigentlich ausmacht, ist auch schwer begrifflich zu benennen (am ehesten wäre es das Seelische, das in der Sprachmelodie lebt), es läßt sich, und das ist das Einfallstor für Demagogie, eher beschwören. Wodurch es bedroht ist, ist zwar zu benennen, aber kaum erfolgversprechend und realpolitisch zu bekämpfen. Es ist die organisierte Verantwortungslosigkeit der Megamaschine. Organisation geworden ist diese Verantwortungslosigkeit in der Rechtsform der Aktiengesellschaft. Zu Zeiten der traditionellen Arbeiterbewegung hatte diese das inkarnierte Böse im zigarrillorauchenden, vollgefressenen Kapitalisten vor sich. Nicht nur angesichts der Mitbeteiligung auch des kleinsten Arbeiters an der Ausbeutung der Erde und angesichts des heutigen gestreßten Managers hat sich die Entgegensetzung von Ausgebeuteten und Ausbeutern überlebt. Der Portier unterscheidet sich vom Aufsichtsratsvorsitzenden nicht mehr prinzipiell. Auch letzterer ist nicht persönlich verantwortlicher Eigentümer, sondern Funktionär, Rädchen im Getriebe, der (wenn auch mit mehrstelliger Abfindung) entlassen wird, wenn er nicht mehr im gewinnmaximierend funktioniert. Es gibt in der aus Aktiengesellschaften bestehenden „Gesellschaft mit beschränkter Haftung" nur ein Tabu, es darf nicht gefragt werden, wem eigentlich der ganze Wahnsinn des immer schneller laufenden Hamsterrades dient.

Paradoxerweise hat gerade die Linke zur Enthemmung entscheidend beigetragen. Ihre Vorstellung, daß der Mensch im Grunde ein Schwein ist, das nur auf seinen Vorteil bedacht ist, und daß alle Ideale nur Überbau des Profitstrebens sind, hat den Kapitalismus als angeblich menschengemäße (Un-)Ordnung nur bestätigt, aber ungeheuer demoralisierend gewirkt. Auch wenn tatsächlich der persönliche Vorteil in der älteren Geschichte ein gewichtiger Motor war, so traute man sich doch nicht, dazu offen zu stehen, und auch wenn viele Ideen und Ideale tatsächlich Bemäntelung waren, so schuf diese Bemäntelung doch ein kulturelles Klima, in dem es als unanständig galt, keine höheren Ziele zu haben, und in dem - und sei es als Selbstbetrug - der Einzelne sich über Meinungen und Werte definierte. Heute aber preisen auch die sogenannten Konservativen den nackten Profit. Ein wirklicher Konservativer wäre einer, der zum Beispiel die Abschaffung der Konstruktion der juristischen Person fordert, weil sie die Voraussetzung der Verantwortungslosigkeit ist. Aber das geht bis ins römische Recht zurück. Und solche Forderungen kommen heute höchstens von islamischen Kulturkonservativen, die wir verächtlich „Fundamentalisten" zu nennen gewohnt sind.

Folklore und Stil

Trotzdem scheint sich etwas von bayrischer Lebensart zu halten, was mehr ist als Kostümierung. Was ist das Kriterium zur Unterscheidung von Folklore und Stil? Auch bayrische Kulturarbeit befindet sich in der Zwickmühle, daß das, was sie bewahren will, oft gar nicht mehr existiert. Es ist unter diesen Umständen verbrämter Zynismus, wenn Volkskundler Leuten, die etwa das Perchtenlaufen an einem Ort einführen, wo es nicht belegt ist, vorwerfen, daß sie sich fälschlich als traditionsbezogen ausgeben würden.

(Ein bißchen anders verhält es sich bei bewußt verklärenden nichtauthentischen Texten, etwa in der Volksmusik. Die Hallertauer Volksmusik ist ja zum Beispiel weitgehend ein Produkt der offiziellen Volksmusikpflege der Dreißiger Jahre. Im Kampf gegen den Jodlstil bemühten sich Volksmusikpfleger aus München, originäres Liedgut ausfindig zu machen. Die Musiker aus der Hallertau verstanden schnell, was als besonders wertvoll galt: Lieder vom Hopfen, die es zwar kaum gab, die sich aber erfinden ließen und eine heile Welt besangen, die sich gut verkaufte.[495])

Ich würde noch weiter gehen. Auch die jahreszeitliche Verlegung perchtenartiger Aktivitäten auf Halloween (31. Oktober) stellt für sich genommen kein Problem dar. Die Kirche hat ältere Bräuche auch verlegt, damit sie in ihr Festjahr passen, so etwa in den Fasching. Dieses Festjahr hat seine Verbindlichkeit verloren. Es gibt momentan keine kulturelle Instanz, die es neu schaffen könnte. Soll Brauchtumspflege nicht museal sein, muß sie Bräuche weiterentwickeln, dahin, wo heute die Kraft sitzt. Außerdem ist auch Halloween ein altes keltisches Fest, das sich im angelsächsischen Bereich erhalten hat und durchaus im alpenländischen Erbetteln von Seelenbroten durch als Geister verkleidete Kinder eine Parallele hat.

Problematischer ist schon der Vandalismus, der sich teilweise unter Traditionsbezug tarnt.[496] Wenn Freinächte zu brutalem Rowdietum mißbraucht werden, ist das ein Indikator des in unserer angeblich so liberalen Gesellschaft angestauten Drucks einerseits und der Formungsschwäche der Kultur andererseits. Der Hang zu inhaltslosen Sauffesten, wie dem Vatertag, der vor rund hundert Jahren in Amerika entstand[497], läßt sich nicht übersehen und ist ein Spiegel der Phantasielosigkeit unserer Freizeitkultur, die eben doch mehr Kompensation der Berufsanforderungen ist, als eigentlicher Lebensinhalt. Wir erholen uns immer mehr, um die Arbeit aushalten zu können, als daß wir arbeiten, um das Leben feiern zu können.

Es ist aber keineswegs alles tot in den Seelen. Bezeichnend ist etwa das Aufblühen des Martinsfestes (11.11.) in den letzten Jahren als Lichterfest für Kinder zu einer früher im kirchlichen Bereich nicht gekannten Bedeutung. Aber der Reiter- und Gänse-Heilige Martin ist eben eine gute Verkörperung des Winterkönigs.

Es wäre einmal zu untersuchen, ob sich nicht gerade in den Verlegungen des Lichterfestes und des Dämonenfestes in den Spätherbst eine Wandlung des Empfindens der Jahreszeiten zeigt, das eben heute sowohl vom Bauern- wie vom Kirchenkalender entkoppelt ist, deshalb aber noch lange nicht weniger authentisch ist.

Hier sei noch einmal daran erinnert, daß es sich auch bei dem von den Volkskundlern des 19. Jahrhunderts aufgezeichneten Stand des Volksbrauchtums bereits um Wiedereinführungen nach den Einschnitten der Säkularisationswut handelte und daß schon Johannes Sepp mit dem Gedanken gespielt hatte, Feste wie den Leonhardiritt von der Kirche zu lösen. Diese Lösung von der Kirche ist heute in dem Maß unumgänglich, als die Kirche ihre bindende Kraft verliert.

Die Gestalten der Erfahrungsreligion sind leichter in unserem heutigen Leben wiederzuerkennen als die durch spezifische und recht gewaltsame Prozesse der Spätantike entstandene Verbiegung zur christlichen Erlösungslehre.

War der Weg des Verschwindens der Erfahrungsreligion, daß die Feste zu Kinderspielen wurden, so kann heute der umgekehrte Weg gegangen werden. Aus einer Veranstaltung für Kinder kann etwas werden, was auch Erwachsene als seelisches Bedürfnis empfinden. Das Lichterfest könnte sich dann vielleicht sogar mit den Lichterketten verbinden, sofern diese von Veranstaltungen für sentimentale Toleranz zu solchen für das Recht aller Menschen, ihre Kultur gegen die Uniformierung der Megamaschine zu leben, würden.

Das nichtkopierbare Modell

Bayern galt von außen gesehen lange als hoffnungslos rückständig, derzeit erscheint es ungeheuer erfolgreich. War in der Ära Strauß im Bayernbild der Norddeutschen noch der Hinterwäldler dominant gewesen, so wird heute vom Modell Bayern gesprochen. Dies könnte aber auch nur ein Erfolg seiner Verspätung sein. Zum einen gibt es hier nicht die Altlasten der Industrialisierung mit deren Abräumen das Ruhrgebiet oder das Saarland, ganz zu schweigen von England, dem führenden Land der industriellen Revolution, beschäftigt sind. Zum anderen aber könnten hier auch die geistig-seelischen Ressourcen noch etwas unverbrauchter sein, die die derzeitige Zivilisation genauso unnachhaltig verbraucht wie die materiellen Ressourcen.

Es sind vor allem zwei Bereiche, in denen die moderne

Gesellschaft von Restbeständen zehrt, die sie nicht zu reproduzieren vermag: elementare Solidarität zum Nachbarn, deren Verschwinden ablesbar ist im Verhalten im Straßenverkehr, und Arbeitsmotivation, an deren nicht regenerierendem Verbrauch bereits der real existierende Sozialismus wesentlich gescheitert ist. Beide Tugenden verdünnen sich heute rapide. Das ist auch kein Wunder. Die Solidarität wurzelt in dem Gefühl, daß duch den Nebenmenschen die Welt reicher, das Leben schöner, leichter und freier wird. Das ist angesichts der Bevölkerungsverdichtung, des Gedränges in Kaufhaus, Arbeitsamt und Straßenverkehr ganz offensichtlich nicht mehr der Fall. Der Nebenmensch erscheint vielmehr überall als Konkurrent.

Soziologische Apologeten der Moderne wie Nathan Sznaider preisen die Gleichgültigkeit als Erfolg, der Toleranz ermöglicht. Der traditionelle Begriff der Politik wurzle in einem Denken, das an ethischen Werten statt Tauschwerten orientiert war. Daraus entstehe das Denken in den Kategorien von Freund und Feind. Dagegen sei die zweite Moderne davon gekennzeichnet, daß sich die meisten Menschen zunehmend gleichgültig gegenüberstehen. Sznaider gewinnt dem etwas Positives ab. Die Konsumgesellschaft produziere freiere und tolerantere Menschen, für die es leichter sei, sich neue Identitäten zu suchen oder diese zu wechseln. Mit Recht hat dem Johanno Strasser entgegengehalten, daß die totale Produktionssteigerung, die Faschismus und Stalinismus durch Aufhebung des Individuums in Volksgemeinschaft und Kollektiv erreichen wollten, nun im Neoliberalismus dem Individuum selbst aufgebürdet werden und so unter den Aufklärungsschlagwörtern Freiheit und Selbstän-

digkeit durchgesetzt werden sollte. Das Emanzipations-
pathos der Moderne könne so zum Zweck radikaler Entfrem-
dung benutzt werden.[498] Das aufklärerische Menschheits-
gefasel war schon im 18. Jahrhundert das Gekläff der Hun-
de bei der Treibjagd zur Aufbesserung der landesherrlichen
Steuerklasse. Die Revolution hat ihre Kinder gefressen, die
Fürsten sind als erste verschwunden, die demokratisierten,
das heißt vermaschinisierten Staaten haben das Heft aus der
Hand verloren. Die Identifikation der Menschen mit ihren
Firmen ist nur eine kurzfristige. Am Ende steht der skrupel-
lose Profiteur. Wer nicht nur seine Arbeitskraft, sondern seine Persönlichkeit, die durch „Optimismuspflicht" deformiert
ist, verkauft, dem bleibt noch viel weniger übrig als dem
Proletarier, nämlich nicht einmal die eigene Identität, und
er wird nicht nur ein „vaterlandsloser", sondern auch ein
persönlichkeitsloser Geselle sein.

Jedes Arbeitsethos ist bereits ein Ersatz für die Freude an
der Arbeit um ihrer selbst willen. Durch die christlich fun-
dierte Moral wurden die Konsequenzen des Verfalls der
Arbeitsmotivation noch eine Weile hintangehalten, doch
auch diese verliert heute - in den protestantischen Gebieten
noch schneller als in den katholischen - ihre Grundlage, und
sie ist nicht durch Nützlichkeitsüberlegungen neu zu begrün-
den.

Das Paradigma nicht entfremdeter Arbeit ist die bäuerliche Identifikation mit dem eigenen Boden. Doch auch in den
anderen Urberufen ist der Mensch nicht nur mit dem Ergebnis seiner Tätigkeit, sondern auch deren Vollzügen selbst
innerlich verbunden. Ob als Jäger oder als Hirte, als Schmied
oder als Maurer, immer ist die Tätigkeit Mitvollzug einer

Grundgeste der Natur, die am einfachsten in der jeweiligen Patron(in), sei es Göttin oder Heilige, zum Ausdruck kommt. Der Jäger ist Mitvollzieher des Artemisischen in der Natur, der Schmied des Vulkanischen, der Hirte des Panischen, der Bauer des Demetrischen usw. In all diesen Tätigkeiten, besonders aber in der bäuerlichen, ist ein Wissen darum präsent, daß zur eigenen Arbeit immer noch der Segen des Himmels hinzukommen muß. Damit ist zugleich eine Brücke zur Transzendenz gegeben.

Der Bauer erfährt das Wachsen, das er vorbereitet, aber nicht machen kann, als ein Entgegenkommen der Welt gegenüber seinem Bemühen. Es ist etwas in der Welt, das den Erfolg seiner Arbeit ermöglicht, das mit ihm arbeitet und dessen Mitarbeiter er ist. Arbeit ist nicht ein Machen, sondern ein sich Bemühen um ein Ziel, das auch von anderen menschlichen und göttlichen Faktoren abhängt. Das Mitarbeiten daran beschränkt sich nicht auf eine in den Gesetzen der Mechanik faßbare Ebene. Der Flurumgang kann genauso entscheidend für die Ernte sein wie die Düngung.

Seine Arbeit gut zu machen, stellt aber in der traditionalen Gesellschaft zugleich eine Brücke zum Nebenmenschen her. Der Dirigent Enoch zu Guttenberg hat in einer bedeutsamen Rede[499] demgegenüber betont, daß wir uns heute widerstandslos als „Verbraucher" titulieren lassen und uns auch so verstehen, statt als Mitschöpfer.

Der Verlust der Transzendenzdimension durch die Ideologie des Self-made-man, der sich jeden Erfolg, aber auch Mißerfolg, selbst zuzuschreiben hat, führt zu einer Kosten-Nutzen-Rechnung zwischen den Polen Bequemlichkeit und Hektik. Eigentlich wollen wir es so bequem wie möglich, aber um uns das leisten zu können, was das Leben bequem macht, müssen wir auf Bequemlichkeit verzichten und uns in die Hektik der kapitalmarktgetriebenen Ökonomie stürzen. Der heutige „Capital"-lesende Gewinnler hat keine Arbeit, die irgend einen Sinn in sich selber trüge. Immer ist nur das Ergebnis wichtig. Die Entkoppelung von sinnvoller Arbeit und Gewinn läßt erstere als notwendiges Übel erscheinen. Wer arbeitet, obwohl er auch so leben könnte, ist dumm, wem die Arbeit Spaß macht, ein Streber.

Auch der Bauer auf eigenem Grund ist heute in seinem Dorf Angehöriger einer Minderheit, am Stammtisch dominiert das Bewußtsein, das aus entfremdeter Arbeit kommt. Und auch der Bauer kalkuliert zwischen Sicherheit und Gewinn, daß er zwar nicht entlassen werden kann, aber dafür wenig Geldgewinn hat.

Wo einmal das Bauerntum zerschlagen ist, wie in den vom Bolschewismus erfaßten Ländern, ist ein Anknüpfen an ein symbiotisches Verhältnis zur Erde nicht mehr möglich, aber auch bei uns weicht es Schritt für Schritt dem „rationalen" Kalkül. Damit aber ist die Grundlage dessen, was Bayern ausmacht, am Verschwinden.

Es könnte also sein, daß die wirtschaftliche Blüte, die Bayern heute erfährt, der Vorsprung im Bezug auf die immer wieder beschworenen „Standortfaktoren" für unternehmerische Investitionen Produkt einer historischen Verzögerung ist, deren Abstand zu Norddeutschland dabei aber gleichzeitig verkleinert wird.

Es könnte aber auch sein, daß sich selbst unter den Bedingungen des Turbokapitalismus in Bayern eine andere Mentalität hält, daß man hier sehr informell im Grunde immer noch an zünftischen Strukturen festhält, daß selbst unter Selbständigen (sprich Selbstverkäufern) nicht nur der Markt, sondern auch der persönliche Kontakt und die gemeinsame Sprache entscheidet, wen man als Konkurrenten und wen als Kollegen betrachtet. Norddeutsche jedenfalls klagen, daß es hier so schwer ist, in informellen Strukturen Fuß zu fassen.

Bayern ist kein Modell.
Erstens ist es unnachahmlich,
zweitens aber vielleicht sogar ein Auslaufmodell.
Darüber ist freilich das letzte Wort noch nicht gesprochen.

Vielleicht ist ja das Aufbranden von Halloween ein Indiz, daß der archetypenverwurzelte Grund des Menschseins stärker ist als alle Repressionen von Kultur und Unkultur.

Dann hat Bayern tatsächlich in dem Maß dem Rest Europas etwas voraus, wie es „rückständig", das heißt, im ewig Menschlichen verwurzelt ist.

Wissenschaftstheoretische
Nachbemerkung

Das hier vorliegende Buch erzählt eine Geschichte, es verzichtet auf den Anspruch von Wissenschaftlichkeit im akademischen Sinn, aber es beansprucht Wahrheitssuche, sogar mehr als die meisten akademischen Machwerke.

Geschichte wird hier symptomatiologsch oder erscheinungswissenschaftlich geschrieben. Im Mittelpunkt steht Bedeutungs-, nicht Kausalwissen. Manchmal zeigt ein in seinen Wirkungen wenig bedeutendes Ereignis die Struktur der wirkenden Kräfte besser als ein „wichtiges". Die Impfgesetzgebung Max III. Joseph war in seinen Wirkungen nicht sehr bedeutend, symptomatologisch ist es hoch bedeutsam. Dasselbe gilt für die Figurengruppe in der Feldherrnhalle und McDonald's am Irschenberg.

Um der Lesbarkeit willen habe ich mich darauf beschränkt, Quellen anzugeben, ohne die umfangreiche, herangezogene Literatur im einzelnen zu diskutieren. An einem Punkt scheint es mir aber unumgänglich, auf die zeitgenössische Diskussion einzugehen. Es könnte sonst, zumal ich viele Zitate aus der älteren Literatur nehme, der Eindruck entstehen, als sei die zentrale These des Buches - die These einer besonderen Traditionsverbundenheit Bayerns zurück bis in vorgeschichtliche Zeiten - wissenschaftlich überholt, weil ein Großteil der heutigen volkskundlichen Literatur langdauernde Kontinuitäten insbesondere aus der vorchristlichen Kultur ablehnt und den älteren Autoren gerne methodische Unreflektiertheit und bloße Analogieschlüsse vorwirft. Es handelt sich dabei aber lediglich um die Ideologie gewisser professoraler Zitierkartelle. Sieht man sich ihre Argumente an, bleibt wenig übrig, und ihre Arbeiten sind an zentralen Punkten wesentlich unreflektivierter und vorurteilsbeladener als die ihrer Vorgänger, wenn auch mit umgekehrter Tendenz.

Ich möchte dies belegen an Walter Hartingers Standardwerk „Religion und Brauch" von 1992, das ich als Materialquelle zitiere, seine Grundthese aber ablehne, ja als Anpassung an eine Modeströmung betrachte, hinter der eine gefährliche traditionsverstümmelnde Ideologie steht. Hartinger hält der Herleitung von Volksbräuchen aus vorchristlichen Traditionen im wesentlichen zweierlei entgegen:

1. Es kann vieles, was aus heidnischen Elementen hergeleitet wird, auch aus christlichen hergeleitet werden.

2. Es darf nicht alles als religiös motiviert betrachtet werden, was sich auch aus anderen Motiven erklären läßt.

Beides stimmt prinzipiell, aber was besagt es im Konkreten? Seine tendenziöse Darstellung seiner Gegner macht skeptisch. Da ist zum einen die Erinnerung an die neuheidnische Attitüde mancher Nationalsozialisten. Das ist das Totschlagargument aller Gralshüter der Moderne, und man muß Hartinger zugute halten, daß er sparsam damit umgeht, jedenfalls gemessen an Kollegen, wie dem Erzählforscher Albrecht Lehmann, der in seinem 1999 erschienenen Buch „Von Menschen und Bäumen" (das zu einer Symbolgeschichte des Waldes rein gar nichts Neues beizutragen hat, sondern sich nur in der Manier ergeht, überall braune Flecken zu entdecken) gleich mit einem absurden Angriff gegen Wilhelm Heinrich Riehl, den Begründer seiner Zunft, als angeblichen Ahnen des Nationalhasses beginnt. Solche

Machwerke werden bald der verdienten Vergessenheit anheimfallen; im derzeitigen Klima, in der jeder, der die globale Herrschaft der Aktienmäkte nicht bejubelt, damit rechnen muß, mit den Nazis verglichen zu werden, sind sie freilich auch gefährlich.

Aber auch Hartinger stellt die Position seiner Gegner, das heißt der Tradition, nicht unvoreingenommen dar, um es dann leichter zu haben, sie als absurd hinzustellen. Er unterstellt beispielsweise den Kontinuitätstheoretikern häufig Annahmen, die für sie gar nicht nötig sind, so etwa die Weiterexistenz „organisierter vorchristlicher Kulte". Gibt es denn nicht andere Arten der Weitervermittlung als Organisationen? Ferner wird als Argument gegen die Kontinuität heidnischer Traditionen herangezogen, daß „mit den Bettelorden genügend Seelsorger zur Betreuung der städtischen Bevölkerungs-Massen" bereitstanden.[500] Aber wer würde denn behaupten, daß ausgerechnet die Städte der Hort des Heidentums waren? Bezüglich des Brauches, Mehl in die Luft zu streuen, mokiert sich Hartinger über die Annahme, es handle sich um einen Kult der „als lebendig mit einer Wesenheit gedachten vier Elemente", mithin „ein Rest des Wissens antiker naturwissenschaftlicher Spekulationen"[501]. Natürlich ist eine solche Annahme Unsinn, aber Elemente gibt es ja nicht nur in den Spekulationen von Empedokles und Aristoteles, und es müssen auch gar nicht die vier des antiken Systems sein. Aber mit dem Heranziehen eines imaginären dummen Gegners scheint der ganze Verdacht, hier sei Heidnisches im Spiel, scheinbar erledigt. Ein weiteres Beispiel: Hartinger schreibt:

„Die Verehrung von drei heiligen Frauen (...) wird man

nicht unbedingt mit dem ‚germanischen Kultus der weiblichen Nornen' in Verbindung bringen müssen."[502] Natürlich
nicht, aber warum zieht er hier die unwahrscheinlichste Herleitung als Gegenposition heran, denn eine Herkunft aus dem
Germanischen ist schon von den Kultorten her viel weniger
wahrscheinlich als die aus dem keltisch-römischen Matro-
nenkult.[503] Und darüberhinaus kann es sich um Archetypen
handeln, die auch aus halb Vergessenem sich neu entwik-
keln können. Hartinger bringt selbst ein Beispiel, das die
übergroße Skepsis gegenüber Traditionsweitergabe entlar-
ven kann: Auf einer dänischen Insel pflegten sich in einer
protestantischen Kirche die Gläubigen nach dem Empfang
des Abendmahls vor einer bestimmten Stelle der Wand zu
verneigen, bis man dann bei einer Kirchenrenovierung an
dieser Stelle ein 400 Jahre unter Putz befindliches Marienbild fand.[504] Wenn wir im katholischen Epfach genau dort,
wo in römischer Zeit ein Fortunakult bestand, in der Kirche,
die eine der ältesten christlichen Kirchen Bayerns zu sein beansprucht, einen Altar mit der heiligen Katharina finden, so
heißt das weder, daß der frühneuzeitliche Maler oder der
Auftraggeber sich dieser Fortuna-Tradition bewußt gewesen sein müssen, noch, daß die Leute dieser Zeit in Katharina immer noch eine Fortuna sahen - aber es wirft doch umgekehrt die Frage auf: Ist angesichts der Unwahrscheinlich-
keit dieses Bewußtseins nun also ein bloßer Zufall anzuneh-
men?

Hartinger gibt auch zu, daß bestimmte Natureindrücke -
etwa an Höhlen, Quellen, ragenden Felsen und auch an als
Zeugnisse einer unbekannten Vorzeit erkannten Gestaltungen wie Hügelgräbern und Megalithen - in der Lage sind,

numinose Empfindungen ohne Anknüpfung an Überlieferungen hervorzurufen.[505]

Richtig ist auch der Gedanke, das Christentum tradiere das magische Denken, insofern als es die Wirksamkeit von Übersinnlichem überhaupt lehre, die Füllung im einzelnen mag dann freilich mehr vom bäuerlichen Bedürfnissen als priesterlicher Dogmatik geprägt sein.[506] Aber Hartinger hat einen ausufernden Christentumsbegriff, er möchte alles, was das Christentum assimilieren konnte, als „christlich" bezeichnen.[507] Dieser vereinnahmende Begriff ist besonders bemerkenswert in Abhebung vom Sprachgebrauch heutiger christlicher Apologeten, die sich dagegen wehren, das Christentum für die Naturzerstörung der Moderne verantwortlich zu machen und alles auf Entartungserscheinungen, Sekten, häretische Strömungen wie die Calvinisten, Chiliasten etc. schieben.[508] In der Konkretion entbehrt es nicht einer unfreiwilligen Komik, wenn Hartinger den ausufernden Gebrauch des Weih- und Taufwasser als Ursache für den volkstümlichen Gebrauch vom Wasservogeltauchen bis zu Badekuren angibt. Das ist ungefähr so plausibel, als wollte man die Abendmahlshostie als Ursache für die Sitte des Brotbackens bezeichnen, aber es erfüllt die Funktion, Heidnisches als verkommene (abergläubische) Form des Christentums darzustellen, statt zugeben zu müssen, daß das heutige Christliche eine sehr ausgedachte und in vielem von den Grundlagen menschlicher Transzendenzerfahrung arg entfremdete und nicht mehr nachvollziehbare Form eines menschlichen Grunderlebens ist. Allzuoft wird mit falschen Alternativen gearbeitet: Ob man das Brauchtum vom Maikönig bis zum Faschingsprinzen aus sozialen und sexuellen Interessen ableitet oder als Nachvollzug alter Fruchtbarkeitsriten, ist doch keine Alternative, ebensowenig, ob die kirchliche Mißbilligung aus Gründen sexualfeindlicher Moral erfolgte, sich eher gegen eine „Persiflage" des Ehesakraments oder ein heidnisches Relekt richtete. Jedenfalls ist der Erforscher der „Wald- und Feldkulte" Wilhelm Mannhardt, der vor über hundert Jahren meinte, solche Traditionen reichten in eine Schicht zurück, in der die Menschen Soziales und Religiöses, ja auch Natur und Soziales noch nicht trennten[509], sondern in der eigenen Ehe (ob kirchlich oder nicht eingesegnet) einen Mitvollzug einer allgemeinen Naturgeste erlebten und in Ritualen einer „Heiligen Hochzeit" auch darstellten, in seiner Annahme wesentlich weniger methodisch naiv als die Rückprojektion heutiger Spaltbegriffe wie Natur versus Kultur, Recht versus Religion, Spiel versus Ritual. Ein Feldkreuz ist ebenso eine Rechtsetzung wie Teil einer Symbollandschaft.

Natürlich war die Germanomanie vor 60 Jahren eine Mode, und sie wurde im Kontext einer Ideologie gesellschaftlich honoriert. Aber die heutige Ablehnung ist nicht weniger eine Mode und hat ebenfalls Ideologiecharakter. Die Ideologie, der es dient, ist die weitere Demontage jeder Ehrfurcht vor der Vergangenheit. Belegt werden soll - wie vor 60 Jahren die Kulturprägung durch den germanischen Herrenmenschen - heute die anthropologische Konstante Irreligiosität, und ein Hartinger beteiligt sich daran, weil er meint, so seine (katholische) Tradition vor dem Zugeständnis allzuvieler heidnischer Einsprengsel bewahren zu können. Dieser Ideologiecharakter moderner Sozialwissenschaft ist nicht auf die Volkskunde beschränkt. Auch in der Geschichtswissenschaft geht es darum, durch Uminterpretation die heute übliche „Rationalität", d.h., die eigene religiöse Amusikalität und den Analphabetismus im Bezug auf Symbole, die keine konventionellen Zeichen sind, als allgemeinmenschlich darzustellen. Das ist aber auch die Intention der Forscher, die alle Initiationsriten aus sozialer Funktionalität erklären, und die Hartinger zustimmend zitiert. Unfreiwillig zeigt sich darin die Kontinuität der christlichen zur aufklärerischen Form der Religionszerstörung von Bonifatius zu Montgelas.

In Hartinger spricht ein fortschrittsgläubiger Christ, und er geriert sich als unvoreingenommener Wissenschaftler. Irrationalismus, den er in der Hildegardmedizin ebenso wie in neuheidnischen Kulten wittert[510], ist ihm ein Gräuel wie weiland den Vätern seines Glaubens das Heidentum. Nur heute sind wir in einer Phase, wo das Heidentum im Namen von Toleranz und Rationalität bekämpft wird, ohne daß ein Hartinger sich fragt, ob er damit nicht eigentlich die Wurzeln aller Religion, auch des gar nicht rationalen christlichen Erlösungsglaubens, abhackt. Bezeichnenderweise wünscht er sich „Sachlichkeit", als ob durch Objektivierung dem Geist der Vergangenheit nahezukommen wäre. Vielmehr wird dadurch Tradition direkt vernichtet. Man kann nicht von außen auf das blicken, wer man ist, genausowenig wie man seinen Körper als anatomische Tafel spürt. Hartinger ist kein Einzelfall und, wie gesagt, sogar ein gemäßigter Vertreter des Pseudorationalismus.

Geistesverwandt ist Dietz-Rüdiger Moser, der versucht, alle Faschingsbräuche als letztlich todernste und hochmoralische Darstellung des Reichs des Teufels darzustellen. Auch bei ihm werden die dabei entstehenden Absurditäten mit dem Hinweis abgesichert, die Gegenposition sei ja in der

Zeit des Nationalsozialismus Mode gewesen. Auch bei diesem Thema folgt auf die wenig quellengestützte Beschwörung angeblicher germanischer Traditionen nun eine ebenso einseitige Reaktion. Wieder soll mit der germanischen gleich die erfahrungsreligiöse Herkunft des Brauchtums bestritten werden. Andere Vertreter seines Faches wie etwa Helge Gerndt, der den vormittelalterlichen Ursprung des Kärntner Vierbergelaufs abstreitet, sind noch extremer. Das Phänomen akademischer Zitierkartelle, die mit riesigem methodischen Aufwand in Feinheiten ungeheuer differenziert und in den Grundlinien ihrer Argumentation Ideologen und Dogmatiker von dilettantischster Unreflektiertheit sind, ist aber nicht auf die Volkskunde beschränkt.

Alle modernen Wissenschaften tendieren dazu, ihren Gegenstand aufzulösen. Anschaulich wird dies an den Tierversuchen der Biologen und Mediziner, die den organischen Zusammenhang, den sie untersuchen wollen, zerstören. Ganz genau so verhält sich die Volkskunde zum Volk, die Religionswissenschaft zum Numinosen, ja selbst die Theologie zum Offenbarungsglauben.

Auch dazu soll das Buch einen Beitrag leisten: Ihnen nicht mehr den Diskurs zu überlassen. Vor 100 Jahren wurde das Gros der Einzelforschung in den geisteswissenschaftlichen Disziplinen nicht von Leuten geleistet, deren Perspektive eine akademische Karriere mit all ihren Anpassungszwängen war. Daß das heute so ist, daß es kaum mehr eine wirklich freie Forschung gibt, merkt man den heutigen Publikationen ebenso an wie die Tatsache, daß sie keinen Impuls haben, Tradition zu bewahren, eher, sie zu vernichten. Sie sind kulturnihilistisch und gerade darin auch in ihrer rein verstehenden Leistung unfähig, denn: Verstehen kann man nur aus dem Mitleben. Und ein Rationalist versteht eben nicht, was für einen erfahrungsreligiösen Menschen, einen Bauern, oder einen Schmied noch des 19. Jahrhunderts Elemente sind.

Man kann nicht sinnvoll über Mythen schreiben ohne mythologisches Gespür, und mythologisches Gespür hat nur, in wem das, was nur im Mythos gesagt werden kann, selber lebendig ist. Geschichte ist nicht einfach Zusammenstellung von vermeintlichen Fakten. Zu jeder Zeit ist das, was sie für Fakten hält, von ihrem eigenen Weltbild abhängig und, wie sie es gruppiert, von ihren eigenen Fragen oder schlechternfalls von den Interessen, die sie bedienen möchten. So verfehlt es ist, zu glauben, die Perspektiviertheit des eigenen Standpunkts könnte prinzipiell überwunden werden, so verfehlt ist es, deshalb alle Sachaussagen solange mit relativierenden Fußnoten zu versehen, bis keiner mehr weiß, was gemeint ist. Heutige Kulturwissenschaftler verbinden gern beide Fehler, indem sie sich zu Richtern der Geschichte aufschwingen und gleichzeitig behaupten, das sei alles nicht endgültig. Die Wissenschaftstheorie des Falsifikationismus liefert die Rechtfertigung von Wissenschaftlern, die ihre eigenen Theorien nicht mehr ernst nehmen und gerade deshalb mit bestem Gewissen produzieren. Manche merken die traditionszerstörerische Wirkung solchen Tuns nicht, andere stellen sich bewußt in den Dienst der Zerstörung. Manche merken nicht, daß es auch eine Ideologie der Ideologiefreiheit gibt, andere vertreten bewußt die Ideologie der unbeschränkten Herrschaft der Aktienkurse. Aber nicht wir sind die Richter der Geschichte, sondern auch über uns fällt sie ihr Urteil. Geschichte ist nicht Richten über die Vergangenheit (nach unhinterfragten Maßstäben der Gegenwart, was sich gern mit dem Beiwort „kritisch" schmückt).[511] Sie ist Kritik der Gegenwart und „Entgegenwärtigung". Deutlich hat der Mythenforscher W.F. Otto formuliert: Geschichte soll Erlösung der Vergangenheit durch Wiederverflüssigung des Erstarrten sein, nicht folgenloses Erklären, sondern der Versuch, ihr ein Weiterwirken möglich zu machen: „Das Verstehen des Lebendigen ist kein Nachrechnen und Kombinieren von Tatsachen, sondern die Antwort des verwandten Lebens."[512] Es ist die Verwandlung des Vorgegebenen in ein Aufgegebenes.

Geschichtlichkeit als mit Verstehbarkeit gleich bedeutet diesen Status des Aufgegebenseins. Verstehbar ist etwas, was zur Form des eigenen Denkens werden kann. Das Ungeschichtliche ist das nicht Denkbare, das Vorgeschichtliche ein Zwischenbereich.[513] Kritische Methode der Geschichtsschreibung bedeutet dann immer wieder rückzufragen: Ist das, wie ich es denke, näher oder weiter entfernt von dem, wie es damals gedacht wurde. Aber entscheidend ist überhaupt die Denkbarkeit.

Eine Geschichte, die dem Phänomen Bayern gerecht werden will, muß sich als Traditionswahrung und nicht als Traditionszerstörung verstehen. Bei einer Geschichte der Technik mag das anders sein. Mögen die Modernisten keifen, das sei Remythisierung. Jede Tradition hat mythische Elemente, das sind nicht die unwahren Elemente, sondern die lebendigen. Das Vergangene als Vergangenes ist wirklich und wirksam, aber anders wirksam als das Gegenwärtige, so wie der Satz „Spring da runter" anders wirksam ist als ein Schubs. Wirkung des Vergangenen, Wirkung aus dem

Totenreich nennen wir Mythos. Bayern ist zu großen Teilen ein Mythos. Das ist gut so, weil es eben kein Gegensatz zu Wahrheit ist.

Anmerkungen

[1] Gockerell 159
[2] Die antike Medizin kennt vier Säfte: schwarze und weiße Galle, Schleim (Phlegma) und Blut
[3] Gockerell 201
[4] Gockerell 188 und 191
[5] Henri d'Arbois, zit. bei Febvre 35
[6] Gockerell 175
[7] Barthel 1952, 73
[8] Bavaria III 939 und 941
[9] Springorum 1968 zit bei Gockerell 106 f.
[10] Gauweiler/Stölzl 95 f.
[11] Bronner 1898, zit. bei Gockerell 55
[12] Franz von Paula Schrank 1785, zit. Gockerell 41
[13] zit. Ücker 1984, 70
[14] Gockerell 214
[15] Ücker 1984, 90
[16] Gockerell 195
[17] Lorenz 1983, 198
[18] A. Zingerle: Regionalkultur und Kulturlandschaft im Alpenraum, zit in:Pohl 65
[19] Wähler 279
[20] Egli 1975, 20
[21] Borst 492
[22] Gockerell 142
[23] Hans Karlinger: Alt-Bayern und Bayrisch-Schwaben, Dachau 1914, 29, zit. bei Gockerell 144
[24] Peter Dörfler 95
[25] Gockerell 142 f. und Wähler 257
[26] Wolfram/Schwarcz I, 18
[27] Hartinger 1992, 147
[28] Friedell 1969, 285
[29] Jonas 1992, 34 ff.
[30] Rattelmüller 1971
[31] Sepp 1890, 32 ff., Peuckert 1942, 106 ff.
[32] Kutter 232
[33] Nach Berichten aus dem 7. Jahrhundert ist Holda mit Diana gleichgesetzt (Kutter 25).
[34] Burkert 252 f.
[35] Steinbach 11
[36] Bleibrunner 35
[37] A.Weitnauer 1961, 26
[38] Neuser 7
[39] Neuser 27 ff.
[40] Illias XXIII, 229 f.
[41] Alkaios Fragm. 13
[42] Bataille 87
[43] Scheltema 1964, 22 f.
[44] France 301
[45] Rowley 26
[46] Rowley 27
[47] Schindler 18
[48] Braumann/ Grill 115
[49] Schindler 19 und 27
[50] Schindler 23
[51] Guardini 1939, 165
[52] Schindler 19

[53] W. Feldhütter: Die Altbaiern, in: Bayern Land und Volk, Die Volksstämme, München 1952, 111

[54] Klages 1948, 196 und 202 ff.

[55] Marc 109

[56] Hellpach 4

[57] Hellpach 61 und 193

[58] Hellpach 65 und 196

[59] Hellpach 208

[60] Hellpach 65 f.

[61] Hellpach 68

[62] Hellpach 119

[63] Hellpach 120 f.

[64] Wähler 261

[65] Hellpach 122

[66] Rowley 28

[67] Gockerell 123

[68] Wähler 260

[69] Hellpach 57

[70] Gockerell 3

[71] Hartinger 1996, 205; vgl. Gockerell 5

[72] Bleibrunner 45

[73] Bernhard Hampp: Troja im Ampertal, in: SZ 4./5. August 2001 S 54

[74] Noelle 45

[75] Bavaria III, 931 f.

[76] Bavaria III, 932

[77] Nöhbauer 1979, 46

[78] Nöhbauer 1987, 17

[79] Nach Weitnauer 17 „die Weißlichen"

[80] Spickermann 156

[81] Nöhbauer 1987, 21 und 23

[82] Bleibrunner 53

[83] Verena Weitnauer 43; Rekonstruktion der Römersiedlung: Czysz 83;

[84] Führer zu vor- und Frühgeschichtlichen Denkkmälern Bd 19 Mainz 1971, 46

[85] Nadolny 141

[86] Karte in Nöhbauer 1987, 15

[87] Für den Hinweis danke ich Sibille Roiß

[88] Huizinga 62 ff.

[89] Noelle 13

[90] Nöhbauer 1979, 47; Noelle 46

[91] Pirchegger 9

[92] Bernhard Schweitzer: Die Grundlagen der mittelalterlichen Kunst, in: Hübinger 1968, 285 f.

[93] Nöhbauer 47; Noelle 46

[94] Chronik 18

[95] Dinzelbacher 44; Zum Todaustragen: Sepp 1890, 68

[96] Rüttner-Cova 89

[97] Bavaria III, 296 f.

[98] Mannhardt I, 497; A. Weitnauer 61

[99] Mannhardt I,505 unter Berufung auf Bavaria I,1, 371

[100] Bavaria III, 297

[101] A. Weitnauer 59.

[102] Scheliha 58

[103] A. Weitnauer 63.

[104] Moser 1956, 92, Diekmannn 1991, 96; vgl. Mannhardt 505 f.

[105] tz 4.5.2000, S. 5

[106] Birkhan 691

[107] Herrmann 1992, 39

[108] Reiser: Sagen des Allgäus II, 430 und 431, zit bei A. Weitnauer 183 Anm. 15

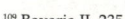

[109] Bavaria II, 235
[110] Ebd. 236
[111] Bavaria III, 301
[112] Bavaria II, 239
[113] Noelle 52
[114] A. Weitnauer 1961
[115] A. Weitnauer 91
[116] A. Weitnauer 25
[117] Birkhan 1997, 512
[118] A. Weitnauer 28
[119] A. Weitnauer 41
[120] Wilamowitz 159
[121] B. Rückert 43 ff.
[122] Eliade 45
[123] Nadolny 116 und 128
[124] Störl 153
[125] A. Weitnauer 41
[126] W. F. Otto 1933, 134
[127] A Weitnauer 66
[128] A. Weitnauer 72
[129] Botheroyd 309
[130] A. Weitnauer 27; Noelle 59
[131] Botheroyd 107
[132] A. Weitnauer 29 zur Parallele des Ziu zu slawischen und littauischen Gotttheiten ebd. 133
[133] Höfler 144 f.
[134] Botheroyd 233
[135] Campbell 344, Derungs 1995, 273
[136] Friedländer 879, Campbell 344
[137] A. Weitnauer 32.
[138] Eisler 516 f.
[139] A. Weitnauer 80.
[140] A. Weitnauer 26 und 41
[141] A. Weitnauer 38 f.
[142] A. Weitnauer 30
[143] Nöhbauer 1987, 41
[144] Kraus 17
[145] A. Weitnauer 18
[146] A. Weitnauer 23
[147] Gockerell 269
[148] Kornemann 581
[149] Tacitus Hist III, 5; Scheliha 70
[150] Nöhbauer 50
[151] Czysz 138
[152] Hubensteiner 14
[153] Kornemann 641
[154] Friedländer 884, Tacitus Hist II, 61
[155] Kornemann 600 und 640
[156] A. Weitnauer 83
[157] Bleibrunner 65
[158] Kornemann 626 und 640 sowie 679
[159] Kornemann 685
[160] Kraus 18
[161] Hubensteiner 15, Nadolny 137 ff.
[162] Rekonstruktion: Czysz 80 und 88
[163] Nöhbauer 1987, 36, Rekonstruktion: Czysz 87, Kornemann 689
[164] Nöhbauer 1987, 54

[165] SZ 11.8.2000, S. L6
[166] Bavaria III, 294 f.
[167] Nöhbauer 1987, 31, Kornemann 646 f.
[168] Schmidkunz 314
[169] Kornemann 649
[170] Nöhbauer 1987 31, Domaszewski II, 225
[171] Dannheimer/Dobsch 26
[172] Nöhbauer 1987, 13
[173] Derungs 1995, 273
[174] Dannheimer/Dobsch 22
[175] Dannheimer/Dobsch 22, Kornemann 874 f.
[176] Kornemann 733
[177] Dannheimer/Dobsch 29
[178] Brown 1996, 180
[179] Aubin in Hübinger 1968, 46
[180] Nöhbaurer 1979, 97
[181] Nöhbauer 1987, 38
[182] Wolfram/Schwarcz I, 107
[183] Jones/Pennick 1997, 46
[184] Friedländer 892, 886 und 894
[185] Müller/Wunderlich 289
[186] Fischer 46
[187] Friedrich Lotter in: Wolfram/Schwarcz I, 57
[188] Dannheimer/Dobsch 56
[189] Fischer 41
[190] Fischer 36 ff.
[191] Wolfram/Schwarcz I, 140
[192] Nöhbauer 1987, 23
[193] Kolmer 20
[194] Schindler 23
[195] Hubensteiner 18
[196] Kornemann 583
[197] Kolmer 34
[198] Dannheimer/Dobsch 32
[199] Fischer 1988, 122
[200] Pirchegger 14, Andree 6, Prinz 1988, 383
[201] Höfler 132
[202] Meyer-Sickendiek 255
[203] Prinz 347
[204] Bavaria I, 372, A. Weitnauer 73
[205] Hubensteiner 31
[206] Meyer-Sickendiek 54
[207] Birkhan 475
[208] Hubensteiner 34
[209] Brown 1996, 182 ff
[210] Brown 1996, 188
[211] Meyer-Sickendiek 263
[212] Brown 1996, 310 f.
[213] Botheroyd 247 ff.
[214] Vgl. das „Bergwerk der Bilder" in Michael Endes „Unendlicher Geschichte"
[215] Prinz 1988, 381
[216] Meyer-Sickendiek 178
[217] Bauerreiß 48 spricht sehr unzutreffend von den Iren als „landfremden Kelten"
[218] Botheroyd 81
[219] Simon 1985
[220] Getty 1993,87

[221] Meyer-Sickendiek 43
[222] A Weitnauer 1961, 92, vgl. auch Andree 22
[223] Bavaria III, 304
[224] Heinz Büttner: Sagen, Legenden und Geschichten aus der Fränkischen Schweiz, Nr 155
[225] Franz Leskoschek: Heilige Quellen und Wunderbrunnen in Steiermark, in: Blätter für Heimatkunde 21, Graz 1947, 3-24.
[226] Bavaria II 248
[227] Bavaria III, 940
[228] Hartinger 1992, 143, Sartori III, 29 ff.
[229] Rüttner-Cova, 86 f.
[230] Bleibrunner 104 f.; Strauss 152 f.
[231] Lukan 1989, 148, Müller/Wunderlich 673
[232] Müller/Wunderlich 669 und 673.
[233] Ernst L. Rochholz: Wassergöttin Verena, in Derungs 1998, 53
[234] Derungs 1998, 53
[235] E. Rocholz, in Derungs 1998, 43; den Verenabrunnen im Aargau erwähnt auch Sepp 1890, 379
[236] Derungs 1998, 47
[237] Rüttner-Cova 92. Heinz Deuschle/Thomas Riedmiller (Hg.) 2000, 38
[238] Höfler 133
[239] Sepp 1890, 80
[240] A. Weitnauer 1961, 71
[241] Dannheimer/Dobsch 283
[242] Hubensteiner 32 , Bleibrunner 104, Prinz 1988, 357.
[243] Fischer 76
[244] Brown 1996, 244
[245] Brown 1996, 297
[246] See 11
[247] Hubensteiner 34
[248] Haller I,290 und 297
[249] Nöhbauer 1979, 188 ff. Dannheimer/Dobsch 285, Prinz 1988, 381
[250] Strauss 1987, 38 f.
[251] Nöhbauer 1979, 193 ff., vgl. Kolmer 61 f.
[252] Haller I,286
[253] Dannheimer/Dobsch 286
[254] Febvre 87
[255] Haller I,285
[256] Haller I, 289
[257] Kozljanic 2000
[258] Sepp 1890, 380
[259] A. Weitnauer 42
[260] Sepp 1890, 408 vgl. Koran XVII, 14
[261] Störl 27
[262] Störl 29
[263] Bauer 12 f.
[264] Scheltema 1964, 20, ders. Die Kegelmadonna, in: Antaios, Band II Nr 5 1961.
[265] Kutter 117 ff., 276 und 301 f., Czysz 418
[266] Kutter 276
[267] Kapfhammer 155
[268] Claude Lecouteux: Nicchus-Nix, in Müller/Wunderlich II, 439-448
[269] A. Weitnauer 48
[270] Sepp 1890, 354
[271] A. Weitnauer 91 f.
[272] Sepp 1890, 332 ff., Nöhbauer 77
[273] Bleibrunner 102 f.
[274] Andree 39 ff.; Kapfhammer 34
[275] Kapfhammer 90

[276] Kapfhammer 80
[277] Kapfhammer 59 f.
[278] Höfler 101
[279] Andree 1904
[280] Pirchegger 14, Bavaria III, 297
[281] A. Weitnauer 75, Bavaria III, 297
[282] Vgl. Bavaria III, 933 f.
[283] Eisler 441 f.
[284] Z.B. Bavaria III, 303 f.
[285] Rüttner-Cova 95
[286] Legenda Aurea 240
[287] Eisler 267 und 527
[288] Deuschle/Riedmiller 22
[289] A. Weitnauer 94
[290] Sepp 1893, 78 und 148
[291] Steinbach 8 f.
[292] Derungs 1998, 78 ff.
[293] Eisler 545
[294] Andree 9
[295] Die Johannesapokalypse basiert diesbezüglich auf der Legende vom drachengestaltigen Götterfeind Typhon, der in der Höhle von Korykos (Kilikien) verortet wurde.
[296] Andree 8
[297] Bleibrunner II, 148
[298] Botheroyd 244. Andree 13
[299] Brönnle 1998, 106 f.
[300] Schon der Begründer der Matriarchatsforschung, J. J. Bachofen hat das Motiv des Seilflechters behandelt.
[301] Bauchhenß 213-228
[302] Aristoteles: cael I p 268a 12, zit. in: Bauchhenß 137
[303] Kutter 112 und 230
[304] Verhagen 124 ff. und Kutter 1997
[305] Sepp 1890, 347
[306] Kutter 269 ff.
[307] Störl 34
[308] A. Weitnauer 92
[309] Carina Weiß: Deae fata nascentibus canunt, in Kotinos, Festschrift für Erika Simon, Mainz 1992, 366-374, hier 366
[310] Kutter 151, vgl. ganz ähnliche Sage zum Wilischberg unweit Kreischa (Brönnle 1998, 115 f.).
[311] Febvre 52
[312] Bavaria II 243 f.
[313] Bavaria III, 929 f., vgl. auch 938
[314] Sepp 1893, 304
[315] Friedländer 927
[316] Mannhardt II,129
[317] Eisler 280 und 307
[318] Mannhardt II, 37
[319] Mannhardt II, 149, unter Berufung auf Panzer, Beiträge zur deutschen Mythologie II 48-63
[320] Eine niederbayrische Version bei Hartinger 1996, 220
[321] Mannhardt II, 133 und 149
[322] Bavaria II 245, diverse Motive der keltischen Sage, dazu: Emma Jung 1955, 96
[323] Höfler 141
[324] Mannhardt I, 28 ff. und II, 12
[325] Mannhardt II, 28 und 24, Sueton Vespasian 5, Tacitus Historien II, 78.
[326] Höfler 107
[327] Mannhardt I, 50 unter Berufung für Bayern auf Panzer I, 266, 165
[328] Wales 1953, 44

Anmerkungen

[329] Mannhardt I, 58

[330] Bavaria I, 372

[331] Höfler 152

[332] Rudolf Much: Die Germania des Tacitus - Erläuterungen 3. Aufl. Heidelberg 1967, 482

[333] Sepp 1895, 32; Die „Widerlegung" durch E. Schieder (1983, 147) ist nicht einleuchtend. Zur Kontinuität Wotan - Kaiser im Berg: Kammerhofer 1991, 25 und 45. Neuerdings: Rey-Flaud 1985

[334] Steub 390 ff.

[335] Sepp 1893, 552 f. unter Hinweis auf Herodot I, 107

[336] Wilhelm Kaltenstadler: Das Haberfeldtreiben, München 1999

[337] Kapfhammer 169

[338] Vgl. Max Seefelder: Folklorismus - Chance oder Gefahr? In: Studientagung zur Kulturarbeit in Niederbayern 19.7. 1997, 49-60 hier 57; demnach stammt die Zeichnung der Geiß aus dem Mittelalter. Zur Habererkirche ausführlicher: Georg Spitzelberger: Natur und Geschichte im Steinkart, in: Ostbairische Grenzmarken 24 (1982), 195

[339] W. Feldhütter: Die Altbaiern, in: Bayern Land und Volk, Die Volksstämme, München 1952, 139 und 129

[340] Lukan 1989, 192

[341] Mannhardt 422 ff.

[342] Dietz-Rüdiger Moser 141 f.

[343] Moser 206; M. Rumpf (124 ff.), auf die er sich beruft, läßt ausdrücklich offen, daß der älteste Kern der Perchtenvorstellung keltischen Ursprungs sein könnte, wofür ihrer Meinung nach die frühe Erwähnung durch Caesarius von Arles und das auffällig begrenzte Verbreitungsgebiet spricht. Das hindert den Ideologen Moser nicht, sie zur Kronzeugin dafür zu machen, daß domina perchta nur ein Name des Lasters Luxuria sei.

[344] Moser 221 und 223

[345] Dannheimer/Dobsch 282

[346] Noelle 54

[347] Dannheimer/Dobsch 34

[348] Kolmer 24

[349] Dannheimer/Dobsch 34

[350] Dannheimer/Dobsch 36

[351] Aventinus 75

[352] Chronik 47; Hubensteiner 28 f., Prinz 361

[353] Prinz 1988, 365

[354] Prinz 1988, 383

[355] Braumann/Grill 118

[356] Illing

[357] Hartinger 1992, 21

[358] Nöhbauer 1987, 57

[359] Müller/Wunderlich 671

[360] Weißmann 2001, 122 f.

[361] Haller 22

[362] R. Pernoud 1988, 323

[363] A. Weitnauer 168

[364] Pirchegger 17.

[365] Michael Toch: Peasants of the mountains, peasants of the Valleys and medieval state building, in: Berge Flüsse Wälder in der Geschichte, Hindernisse oder Begegnungsräume, St. Katharinen 1989, 65-70

[366] Haller 35

[367] Haller 41

[368] Haller 50

[369] Nöhbauer 1987, 81

[370] Nöhbauer 1987, 82

[371] Nöhbauer 1987, 86

[372] Haller 63

[373] Und weil wir eben aus dem Mittelalter fast nur die Vorstellung der Mönche kennen, allenfalls

noch des Adels, deshalb könnte das Bild vom christlichren Mittelalter trügen.
[374] Ausführlicher: Falter 1994
[375] Marsilius von Padua: Der Verteidiger des Friedens, Stuttgart 1971, 13
[376] Delekat 1954, 488
[377] Montesquieu XVIII, 1 und XVI, 13
[378] Watsui Tetsuro 101
[379] Hartinger 1996, 215
[380] Hartinger in: Becker / Chroback 1992, 122 und 125
[381] Bavaria III, 301
[382] Behringer 414
[383] Behringer 429
[384] Behringer 425
[385] Birkhan 1989, 97 ff.
[386] Kammerhofer 244
[387] Kammerhofer 247
[388] Bavaria I, 318 f.
[389] Bemerkenswert ist der Anklang an den Oselberg bei Dinkelsbühl, wo eine frauenköpfige Schlange wohnen soll (Andrian 362; Grimm I, 542)
[390] F. Bieringer: Die Sage von Hero und Leander, in Globus 1906, 94-97 hier 96
[391] Hartinger 1996, 220
[392] L. Malten: Motivgeschichtliche Untersuchungen zur Sagenforschung III, in Rheinisches Museum 93 (1950), 65-81 hier 80; vgl zu Versionen in Bayern, Thüringen, Schweiz etc: F. Biehringer, in GLOBUS 89, 1906, 95 f.
[393] Malten 79
[394] Kutter 229
[395] Bleibrunner II, 125 ff.
[396] Eisler 83
[397] Hartmann 216
[398] Gockerell 284
[399] Ücker 1984, 63
[400] France 1920
[401] Andree 25
[402] Friedell 301
[403] Sepp 1895, 189; Deuschle / Riedmiller 52 ff.
[404] Sälzle 283
[405] Sepp 1895, 198
[406] Hartinger 1996, 210
[407] Hartinger, in: Becker / Chroback 1992, 133
[408] Lukan 1995, 126.
[409] Deuschle / Riedmiller 80 bzw 198
[410] Ücker 1984, 102
[411] Hartinger In: Becker / Chroback 1992, 134
[412] Ücker 1984, 101
[413] Ücker 1984, 107
[414] Ücker 1984, 111
[415] Gockerell 151
[416] Gockerell 272
[417] Spindler, zit. Ücker 1984, 89
[418] Weißmann 2001, 147
[419] Ücker 1984, 82
[420] Bavaria I, 378
[421] Bavaria I, 376 f.
[422] Lessing 53
[423] Falter 1990
[424] Lessing 24
[425] Schindler 455 ff.

[426] Knaut 13
[427] Schindler 455
[428] Riehl 80
[429] Schindler 459
[430] Nolte 519
[431] Gockerell 125
[432] Hofer 2001
[433] Andersen/Falter in Prinz & Kraus 1988, 295-300; Falter 1990
[434] Schindler 521
[435] Ücker 183
[436] Hubensteiner 310
[437] Schindler 470, Prinz 1993, 55
[438] Prinz 1993, 83
[439] Ücker 1984, 145
[440] Hartmann 434 ff.
[441] Prinz 1993, 72 f.
[442] Gockerell 146
[443] Prinz 1993, 39
[444] Hubensteiner 308
[445] Sepp 1895, 197
[446] Falter 2001, 236
[447] Prinz 1993, 59
[448] Boser 134
[449] Kleine 320
[450] Gauweiler/Stölzel 292
[451] Falter 1994
[452] Hüneke 105
[453] Ulla Egbringhoff: Heidnisches Hetärentum Alfred Schuler und Franziska zu Reventlow, in; Müller (Hg.) 2000, 104
[454] dazu: Hofer 2001
[455] Falter: Halbierter Goethe, in: Natur und Mensch 6/2000, 22-29
[456] Klages 1972, 1141
[457] Klages 1973, 22 f.
[458] Klages 1902, 37
[459] Klages 1940, 29
[460] Lankheit 1983, 263 ff.
[461] Hartmann 478
[462] vgl. dazu Spengler 1139
[463] Hubensteiner 339. Hoegner in: Schindler 523
[464] Ücker 1991, 132
[465] Hartmann 475
[466] Bauer 280
[467] Weißmann 1999, 230
[468] Hoegner in: Schindler 524; Hartmann 506
[469] Vgl: Wolfram Selig: Ermordet im Namen des Führers. Die Opfer des Röhm-Putsches in München, in: Becker/Chroback (Hg.) 341-356
[470] Schmitz 340
[471] Schmitz 275
[472] vgl. das erste Kapitel dieses Buches
[473] Ücker 1991, 130
[474] Wolf 41
[475] Wolf 44
[476] Ücker 1991, 151
[477] Wolf 52
[478] Sebastian Beck: Niedergang des hohen Hauses in SZ Nr 148 (30. Juni 2001), S. 57
[479] Wolf 60

[480] Mintzel 1975, 240
[481] Mintzel 1975, 246
[482] Mintzel 1975, 484
[483] Königslöw 312
[484] Münchner Merkur 19/20.8.2000
[485] Beben ohne Erschütterung - Die Implosion des europäischen Konservativismus, in SZ vom19./ 20.2.2000, S. 17
[486] Ücker 1984, 69
[487] Weiss 1999
[488] Gockerell 134
[489] Linse & Falter 1989
[490] A und K. Lintzmeyer: Info zur Irschenberger McDonald´s Saga (Febr. 2000, S. 6)
[491] Sitzung des Umweltausschusses des bayr. Landtags vom 15.4.99
[492] Günter Heinritz: Regionsbewußtsein in der Hallertau, in: Berichte zur Deutschen Landeskunde 66 (1992), 303- 333, hier 324
[493] SZ Magazin Nr 33 17.8.2001 S 17 ff.
[494] Pohl 82
[495] Heinritz 324 f.
[496] Seifert 1997, 83
[497] Hartinger 1992, 169
[498] Strasser in SZ am Wochenende 16./17.9.2000, S. II
[499] Zur Fünfzigjahrfeier des Deutschen Naturschutzrings im Herbst 2000 im Münchner Prinz- regentheater
[500] Hartinger 1992, 28
[501] Hartinger 1992, 31
[502] Hartinger 1992, 26. Dieselbe Taktik findet sich schon bei Bauerreiß 1949, 36 f.
[503] Mit Recht wertet Hermann Aubin (Hübinger 1968, 39 und 59) das Weiterwirken der Matronen- verehrung im Rheinland als Beleg für Kontinuität in der Bevölkerung
[504] Hartinger 1992, 38
[505] Hartinger 1992, 53
[506] Hartinger 30
[507] Hartinger 1992, 16
[508] Falter: Das Christentum, Stuttgart 2000
[509] Hartinger 58 Anm 202
[510] Hartinger 1992, 9
[511] vgl. dazu Heidegger 391
[512] Otto 163
[513] vgl. Spengler 612 ff.

LITERATUR

William **Anderson**: Der grüne Mann, Solothurn 1993.

Richard **Andree**: Votive und Weihegaben des katholischen Volks in Süddeutschland, Braunschweig 1904.

L F. **Barthel**: Die Ostfranken, in: Bayern Land und Volk, Die Volksstämme, München 1952.

Georges **Battaile**: Der heiligeEros, Berlin 1979.

Gerhard **Bauchhenß** (Hg.): Matronen und verwandte Gottheiten, Köln 1987.

Reinhard **Bauer**/Ernst **Piper**: München, die Geschichte einer Stadt, München 1993.

Robert **Bauer**: Die bayerische Wallfahrt Altötting, München 1970.

Romuald **Bauerreiß**: Kirchengeschichte Bayerns, Bd. 1, St.Ottilien 1949.

Winfried **Becker**/Werner **Chroback** (Hg.): Staat, Kultur, Politik, Beiträge zur Geschichte Bayerns und des Katholizismus, Festschrift zum 65. Geburtstag von Dieter Albrecht, Kallmünz 1992

Wolfgang **Behringer**: Hexenverfolgung in Bayern, München 1988.

Helmut **Birkhan**: Irland, Insel der Heiligen, Rosenheim 1989.

H. **Birkhan**: Die Kelten, Wien 1997.

Hans **Bleibrunner**: Kulturgeschichte des bayerischen Unterlandes, Landshut 1979.

Arno **Borst**: Barbaren, Ketzer und Artisten, Welten des Mittelalters, München 1990.

Elisabeth **Boser**: FreiLichtMalerei - der Künstlerort Dachau, Dachau 2001.

Silvia **Botheroid**/Paul **Botheroid**: Lexikon der keltischen Mythologie, München 1992.

Franz **Braumann** & Heinz **Grill**: Österreich von der Urzeit bis zu den Babenbergern, Innsbruck 1978.

Stefan **Brönnle**: Die Kraft des Ortes, Niedernhausen 1998.

Jaques **Brosse**: Mythologie der Bäume, Freiburg 1990.

Peter **Brown**: Die Entstehung des christlichen Europa, München 1997.

Walter **Burkert**: Homo necans, Berlin 1972.

Josef **Campbell:** Die Mythologie des Westens, München 1996.

W. **Czysz** (Hg.): Die Römer in Bayern, Stuttgart 1995.

H. **Dannheimer**/H. **Dopsch**: Die Bajuwaren, München 1988.

Friedrich **Delekat**: Die Umsetzung der Grundprinzipien der Reformation in die Grundprinzipien der konstitutionellen Demokratie, in: Evangelische Theologie 14 S. 485-498.

W. **Delius**: Geschichte der irischen Kirche bis zum 12 Jhd., 1954.

Kurt **Derungs** (Hg.): Mythologische Landschaft Schweiz, Bern 2. Auflage 1998.

K. **Derungs** (Hg.): Keltische Frauen und Göttinnen, Bern 1995.

Heinz **Deuschle**/Thomas **Riedmiller** (Hg.): Magnus, Drache Bär und Pilgerstab, Lindenberg 2000.

Bernhard **Diekmann**: Judas als Sündenbock, München 1991.

Peter **Dinzelbacher**: Judastraditionen, Wien 1977.

Peter **Dörfler**: Unser Schwabenland, in Bayern, Land und Volk. Die Landschaft, München 1952.

Alfred v. **Domaszewski**: Geschichte der römischen Kaiser, 2 Bde., Leipzig 1909.

Emil **Egli**: Mensch und Landschaft, Zürich 1975.

Mircea **Eliade**: Schamanen, Götter und Mysterien, Freiburg 1992.

Robert **Eisler**: Weltenmantel und Himmelszelt, München 1910.

Reinhard **Falter**: Harlaching - Stadterweiterung und Naturschutz an der Isar, in: Giesing, vom Dorf zum Stadtteil, München 1990, S. 210-228.

R. **Falter**: Der Genius Loci Münchens, in: Novalis 8/9 u. 10 /11 1994, kürzere Fassung in: Hagia Chora 6/2000, 36-40.

R. **Falter**: Das 20. Jahrhundert als Vollendung eines Jahrtausends, in: Novalis 11/99 S. 15-18.

R. **Falter**: Die Götter der Erfahrungsreligion neu verstehen, in: Der Blaue Reiter 10/2000

R. **Falter**: Das Christentum und die Dynamik der Säkularisierung = Der Europäische Sonderweg, Bd. 5, Stuttgart 2000.

R. **Falter**: Halbierter Goethe - Kritik der anthroposophischen Naturauffassung, in: Natur und Mensch 6/2000, S. 22-29.

R. **Falter**: Der Berg als Gott, in: Berg 2001, Alpenvereinsjahrbuch Bd. 125, S. 222-237.

Lucien **Febvre**: Der Rhein und seine Geschichte, Frankfurt 1994.

Thomas **Fischer**/ Sabine **Rieckhoff-Pauli**: Von den Römern zu den Bajuwaren, Stadtarchäologie in Regensburg, München 1982.

Thomas **Fischer**: Römer und Bajuwaren an der Donau, Regensburg 1988.

R.H. **France**: München, die Lebensgesetze einer Stadt, München 1920.

Egon **Friedell**: Kulturgeschichte der Neuzeit, München 1969.

Ludwig **Friedländer**: Sittengeschichte Roms, Wien 1934.

Peter **Gauweiler**/ Christoph **Stölzl** (Hg.): Bayerische Profile, München 1995.

Adele **Getty**: Göttin, Mutter des Lebens, München 1993.

Nina **Gockerell**: Das Bayernbild in der literarischen und „wissenschaftlichen" Wertung durch fünf Jahrhunderte, München 1974.

Romano **Guardini**: Hölderlin, Leipzig 1939.

Johannes **Haller**: Das Papsttum Idee und Wirklichkeit, Bd. I. Die Grundlagen, Reinbekh 1965.

Johannes **Haller**: Die Epochen der deutsche Geschichte, München 1962.

Walter **Hartinger**: Religion und Brauch Darmstadt 1992

W. **Hartinger**: Historische Volkskultur in Niederbayern -

Fiktion oder Realität? in: Universität Passau (Hg.): Sprache an Donau, Inn und Ems, Linz 1996.

Peter Claus **Hartmann**: Bayerns Weg in die Gegenwart, Regensburg 1989.

Vaclav **Havel**: Versuch in der Wahrheit zu leben, Reinbek 1978.

Martin **Heidegger**: Sein und Zeit, Stuttgart 1984.

Christoph **Heilmann**: Landschaft als Geschichte, Carl Rottmann 1797-1850, München 1998.

Günter **Heinritz**: Regionsbewußtsein in der Hallertau, in: Berichte zur Deutschen Landeskunde 66 (1992), 303- 333.

Willy **Hellpach**: Deutsche Physiognomik. Grundlegung einer Naturgeschichte der Nationalgesichter, Berlin 1942.

Paul **Herrmann**: Nordische Mythologie, Berlin 1992.

Max **Höfler**: Wald und Baumkult in Beziehung zur Volksmedizin Oberbayens, München 1892.

Veronika **Hofer** (Hg): Gabriel von Seidl, München 2001

W. **Hübener**: Die Nominalismuslegende in: Spiegel und Gleichnis, Festschrift für Jacob Taubes, Würzburg 1983.

Andreas **Hünecke:** Der Blaue Reiter, Dokumente einer geistigen Bewegung, Leipzig 1989.

Johan **Huizinga**: Homo Ludens, Vom Ursprung der Kultur im Spiel, Hamburg 1956.

Paul Egon **Hübinger** (Hg.): Kulturbruch oder Kulturkontinuität im Übergang von der Antike zum Mittelalter, Darmstadt 1968.

Hans **Jonas**: Philosophische Untersuchungen und metaphysische Vermutungen, Frankfurt 1992.

Prudence **Jones** / Nigel **Pennick**: Heidnisches Europa, Engerda 1997.

Emma **Jung**, Die Anima als Naturwesen, in: Festschrift zum 80. Geburtstag von C.G. Jung, Zürich 1955.

H. **Junghans**: Ockham im Lichte der neueren Forschung, Berlin 1968.

Ulrike **Kammerhofer-Aggermann** (Hg.): Sagenhafter Untersberg. Die Untersbergsage in Entwicklung und Rezeption: Salzburger Beiträge zur Volksk., Bd. 5, 1991/92.

Wilhelm **Kaltenstadler**: Das Haberfeldtreiben, München 1999.

Günther **Kapfhammer**: St Leonhard zu Ehren, Rosenheim 1977.

Jochen **Kirchhoff**: Räume, Dimensionen, Weltmodelle, München 1999.

Ludwig **Klages**: Stefan George, Berlin 1902.

L. **Klages**: Alfred Schuler, Leipzig 1940.

L. **Klages**: Die Sprache als Quell der Seelenkunde, Zürich 1948.

L. **Klages**: Der Geist als Widersacher der Seele, Bonn 1972.

L. **Klages**: Vom kosmogonischen Eros, 9. Aufl. Bonn 1988.

L. **Klages**: Mensch und Erde, Gesammelte Abhandlungen, Stuttgart 1973.

Gisela **Kleine**: Gabriele Münter und Wassily Kandinski, Biographie eines Paares, Frankfurt 1990

Lothar **Kolmer**: Machtspiele, Bayern im frühen Mittelalter, Regensburg 1990.

Ernst **Kornemann**: Weltgeschichte des Mittelmeerraums, München 1967.

R. **Kozljanic**: Zeit Ort Geist: Zur Kulturgeschichte des Genius Loci, in: Hagia Chora Nr. 6 (2000), S. 16-19.

Otto **Kraus**: Bis zum letzten Wildwasser, Aachen 1952.

Erni **Kutter**: Der Kult der drei Jungfrauen, eine Kraftquelle weiblicher Spiritualität, München 1997.

Klaus **Lankheit**: Wassily Kansinski- Franz Marc, Briefwechsel, München 1983.

Waldemar **Lessing**: Georg von Dillis, München 1951.

Ulrich **Linse**, Reinhard **Falter** u.a.: Von der Bittschrift zur Platzbesetzung, Konflikte um technische Großprojekte, Bonn 1988.

Konrad **Lorenz**: Der Abbau des Menschlichen, München 1983.

Karl **Lukan**: Wanderungen in die Vorzeit, Wien 1989, 2. Aufl. 1995.

Karl **Lukan**: Seltsame Kultstätten, sonderbare Heilige. Wien 1995.

Wilhelm **Mannhardt**: Wald-und Feldkulte, Berlin 1875.

Franz **Marc**: Briefe Schriften Aufzeichnungen, Leipzig 1980.

Ingeborg **Meyer-Sickendiek**: Gottes gelehrte Vaganten, Düsseldorf 1996.

Alf **Mintzel**: Die CSU, Anatomie einer konservativen Partei, Opladen 1975.

A. **Mintzel**: Die CSU-Hegemonie in Bayern, Passau 1998.

Montesquieu: Vom Geist der Gesetze, eingeleitet, ausgewählt und übersetzt von Kurt Weigand, Stuttgart 1965.

Dietz-Rüdiger **Moser**: Fastnacht-Fasching-Karneval. Das Fest der verkehrten Welt, Graz 1986

H. **Moser**: Die Pumpermetten. Ein Beitrag zur Geschichte der Karwochenbräuche, in: Bayr. Jb für Volkskunde, Regensburg 1956, 80-98.

Baal **Müller** (Hg.): Alfred Schuler. Der letzte Römer, Neue Beiträge zur Münchener Kosmik, = Castrum Peregrini 49 Jg. Heft 242-243, Amsterdam 2000.

Ulrich **Müller** & Werner **Wunderlich**: Mittelalter Mythen Bd. I, Helden, Herrscher Heilige, St Gallen 1996.

U. **Müller** & W. **Wunderlich**: Mittelalter Mythen Bd. II, St. Gallen 1999.

U. **Müller** & W. **Wunderlich**: Mittelalter Mythen Bd. III, St Gallen 2001.

Lewis **Mumford**: Mythos der Maschine, Frankfurt 1977.

Sten **Nadolny**: Ein Gott der Frechheit, München 1994.

Kora **Neuser**: Anemoi - Studien zur Darstellung des Windes und der Windgottheiten in der Antike, Rom 1982.

Hans **Nöhbauer**: Die Bajuwaren, München 1979

Hans **Nöhbauer**: Die Chronik Bayerns, München 1987

Hermann **Noelle**: Die Kelten, Wiesbaden 1974.

Ernst **Nolte**: Der Faschismus in seiner Epoche, München 1963.

W.F. **Otto**: Dionysos, Frankfurt 1933.

W.F. **Otto**: Mythos und Welt, Stuttgart 1962.

R. **Paque**: Das Pariser Nominalistenstatut, Berlin 1970.

Regine **Pernoud**: Die Heiligen im Mittelalter. Frauen und

Männer, die ein Jahrtausend prägten, Bergisch-Gladbach 1988.

Will Erich **Peuckert**: Deutscher Volksglaube des Spätmittelalters, Stuttgart 1942.

Hans **Pirchegger**: Geschichte der Steiermark, Graz 1996.

Jürgen **Pohl**: Regionalbewußtsein als Thema der Sozialgeographie, Kallmünz 1993.

Friedrich **Prinz**: Frühes Mönchtum im Frankenreich, 2. Auflage, München 1988.

F. **Prinz**: Gestalten und Wege bayerischer Geschichte, München 1982.

F. **Prinz**: Ludwig II. Ein königliches Doppelleben, Berlin 1993.

F. **Prinz**/M. **Kraus** (Hg.): München - Musenstadt mit Hinterhöfen - Die Prinzregentenzeit, München 1988.

Paul Ernst **Rattelmüller**: Matthäus Klostermeyer vulgo Der Bayrische Hiasl, München 1971.

Henri **Rey-Flaud**; Le Charivari, Paris 1985.

Wilhelm Heinrich **Riehl**: Die Naturgeschichte des Deutschen Volkes, zusammengestellt und herausgegeben von Gunther Ipsen, Leipzig 1935.

Sigmund von **Riezler**: Geschichte der Hexenprozesse in Bayern, Stuttgart 1984.

Ernst L. **Rochholz**: Drei Gaugöttinnen, Walburg, Verena und Gertrud als deutsche Kirchenheilige, Leipzig 1870.

A. **Rowley**: Dialekte und regionale Kultur - Sprache als Symbol des Ortsbewußtseins, in: Arbeitsmaterialien zur Raumordnung und Raumplanung Heft 43 = Regionales Bewußtsein und regionale Identität als Voraussetzung der Regionalpolitik, Bayreuth 1985.

Birgit **Rückert**: Die Herme im öffentlichen und privaten Leben der Griechen, Regensburg 1998.

Sonja **Rüttner-Cova**: Frau Holle, die gestürzte Göttin, München 1998.

M. **Rumpf**: Perchta in der Sage und in mittelalterlichen Quellen, in: Probleme der Sagenforschung, Freiburg 1973; S. 112-138.

Renate von **Scheliha**: Die Wassergrenze im Altertum, Breslau 1931.

Erwin **Schleich**: Die zweite Zerstörung Münchens, Stuttgart 1978.

Manfred **Seifert**: Brauchtum, Überlegungen zu einem zentralen Begriff der Volkskunde, in: Studientagung zur Kulturarbeit in Niederbayern 19.7.1997, S.81-98.

Johannes **Sepp**: Die Religion der alten Deutschen, München 1890.

J. **Sepp**: Religionsgeschichte von Oberbayern in der Heidenzeit, Periode der Reformation und Epoche der Klosteraufhebung, München1895.

J. **Sepp**: Altbayerischer Sagenschatz, München 1893.

Karl **Sälzle**: Tier und Mensch, Gottheit und Dämon, 1965.

Paul **Sartori**: Sitte und Brauch, 3. Bde., Leipzig 1910-1914.

Frederik Adama **Scheltema**: Antike - Abendland, Parallelen und Gegensätze Schweinfurt 1964

E. **Schieder**: Das Haberfeldtreiben, Ursprung, Wesen, Deutung, München 1983.

Herbert **Schindler**: Bayerische Sinfonie, München 1967.

Walter **Schmidkunz**: Alpine Geschichte in Einzeldaten, in: Alpines Handbuch, Leipzig 1931.

Hermann **Schmitz**: Adolf Hitler in der Geschichte, Bonn 1999.

Klaus von **See**: Barbar, Germane, Arier. Die Suche nach der Idendität der Deutschen, Heidelberg 1994.

Erika **Simon**: Die Götter der Griechen, München 1985.

Oswald **Spengler**: Der Untergang des Abendlandes, München 1972.

Wolfgang **Spickermann**: Aspekte einer neuen regionalen Religion und der Prozeß der Interpretatio im römischen Germanien, Rätien und Noricum, in: Hubert Cancik/ Jörg Rüpke (Hg): Römische Reichsreligion und Provinzialreligionen, Tübingen 1997, 145-167.

Max **Spindler** (Hg.): Handbuch der bayrischen Geschichte, 4 Bde., München 1967-75.

Franz **Steinbach**: Studien zur westdeutschen Stammes-

Literatur

und Volksgeschichte, Darmstadt 1962.

Ludwig **Steub**: Wanderungen im bayerischen Gebirge - Alpenleben aus der Zeit um 1860, Wambach 2001.

Wolf-Dieter **Störl**: Pflanzendevas, Zürich 1997.

Heidemarie und Peter F. **Strauss**: Heilige Quellen zwischen Donau, Lech und Salzach, München 1987.

Christa **Tuczay**: Die aventurehafte Dietrichepik, = Göppinger Arbeiten zur Germanistik Nr 599, Göppingen 1999.

Bernhard **Ücker**: Bayern - der widerspenstige Freistaat, München (7. erg. Auflage) 1984.

B. **Ücker**: Lieber bayrisch frei als preußisch reich - Ein weißblaues Contra aus dem widerspenstigen Freistaat, München 1991.

Britta **Verhagen**: Die uralten Götter Europas, Tübingen 1999.

Marten **Vermaseren**: Der Kult der Kybele und des Attis im römischen Germanien, Stuttgart 1979.

Watsui **Tetsuro**: FUDO, Wind und Erde, Darmstadt 1992.

Horace Geoffrey **Wales**: The Mountain of God, London 1953.

Martin **Wähler** (Hg.): Der deutsche Volkscharakter. Eine Wesenskunde der deutschen Volksstämme und Volksschläge, Jena 1937.

Dieter J. **Weiss**: Grundlinien des politischen Konservativismus in Bayern ZBLG 62 (1999) S. 523-541.

Karlheiz **Weißmann**: Der Nationale Sozialismus, Ideologie und Bewegung 1890-1933, München 1998.

Karlheinz **Weißmann**: Nation? Bad Vilbel 2001.

Alfred **Weitnauer**: Keltisches Erbe in Schwaben und Baiern, Kempten 1961.

Verena **Weitnauer**: Geheimnisvoller Auerberg, Kempten 1968.

Lorenz **Westenrieder**: Beschreibung der Haupt- und Residenzstadt München (1786) Neuausgabe München 1970.

Ulrich v. **Wilamowitz**; Der Glaube der Hellenen, Darmstadt 1982.

Konstanze **Wolf**: CSU und Bayernpartei, Köln 1982.
Herwig **Wolfram** & Andreas **Schwarcz**: Die Bayern und ihre Nachbarn, Wien 1985.
Iohannes **Zwicker**: Fontes Historiae Religionis Celticae, 3. Bde. Berlin 1934 ff.
Wolfgang **Zorn**: Bayerns Geschichte im 20. Jahrhundert, München 1986.

Bayerische Schatztruhe:

Maximilian Schmidt
Die Fischerrosl von St. Heinrich
Ein Lebensbild vom Starnberger See um 1840
Herausgegeben und mit einem Nachwort von Dirk Heißerer.
Erzählung, 192 Seiten gebunden; 25,80 DM;
ersch. 11/2000; ISBN 3-935115-11-3
Im Auftrag König Ludwigs II. im Jahre 1884 als eine von vier
„Starnbergersee-Geschichten" geschrieben, ist diese Erzählung –
als Liebesgeschichte verwoben mit lokalen Sagen und Legenden –
bis heute das beste Kulturbild der Seenlandschaft aus der Zeit um
1840, also *vor* Dampfschiff und Eisenbahn, geblieben.
Die junge Fischerrosl von St. Heinrich trifft mit ihrem Ger nicht
nur die Waller des Starnberger Sees. Ihre Anmut trifft auch mitten
ins Herz des Jägers Castl – und des Fischers Toni. Die zarten Lie-
besbande aber, die bald sich zwischen Castl und Rosl knüpfen,
zerreißen durch tragische Mißverständnisse...

Ludwig Steub
Wanderungen im bayerischen Gebirge
Alpenleben aus der Zeit um 1840
Mit einem Nachwort von Eberhard Dünninger. 422 Seiten gebunden; 34,80 DM;
ersch. 07/2001; ISBN 3-935115-12-1
Ludwig Steubs Schilderungen sind eine herrliche, oft augen-
zwinkernde Wanderung durch die Welt des Alpen- und Voralpen-
landes um 1860. Zwischen Bad Reichenhall und Bayrischzell, zwischen Starnberg und Rosenheim hat sich schon damals viel Alltäg-
liches und gar Kurioses abgespielt. Das Buch ist ein historisches
Kleinod, mit dem man in eine lebendige Vergangenheit aufbricht
und die beschriebenen Orte und Plätze heute im Lichte ihrer Geschichten sogleich wird neu entdecken wollen. Feinsinniger Humor und ein Schuß nötiger Kritik sind Steubs Begleiter.

327

Johann Schiltbergers Irrfahrt durch den Orient

Der aufsehenerregende Bericht einer Reise, die 1394 begann und erst nach über 30 Jahren ein Ende fand.

Neu herausgegeben und kommentiert von Markus Tremmel. 196 S. gebunden; 34,80 DM; ersch. 06/2000; ISBN 3-935115-03-2

Als 1396 die berühmte Schlacht von Nikopolis geschlagen wird, ist ein bayerischer Knappe dabei – Hans Schiltberger aus Freising. Das christliche Heer unterliegt den Türken, Schiltberger wird gefangen. Sechs Jahre später siegt der gefürchtete Tatarenherrscher Timur gegen die Osmanen, mit im Feld – Hans Schiltberger. Die Tataren siegen, Schiltberger wird als Kriegsbeute weiter nach Osten geführt. Dreißig Jahre lang ist er im Orient gefangen, zieht durch Persien bis nach Indien, vom Schwarzen Meer in die Weiten Rußlands. Er lernt die Völker des Morgenlandes kennen, ihre Sitten, ihre Religionen, ihre Geschichten. 1427 gelingt ihm die Flucht, und der Knappe, der mit 16 Jahren ausgezogen war, kehrt als gealterter Mann in seine bayerische Heimat zurück... Und schreibt einen einzigartigen und sensationellen Tatsachenbericht.

Ulrich Schmidels Fahrt in die Neue Welt

Die Reise eines Straubingers, der 1534 aufbrach, die Welt zu entdecken, und 20 Jahre später zurückkam.

Neu herausgegeben von Markus Tremmel, Einleitung Wolfgang Odzuck. 173 S. gebunden; 29,80 DM; ersch. 12/2000; ISBN 3-935115-03-2

Spanier und Portugiesen dringen im 16. Jahrhundert auf den südamerikanischen Kontinent vor. Unter ihnen ein Straubinger: Ulrich Schmidel. Ihr Ziel ist der Rio de la Plata, dort wo der Parana und der Uruguay in das Meer münden. Dort, wo nicht nur die Indianer auf die Eroberer warten... Ulrich Schmidel wird Buenos Aires und Asuncion gründen, wird eine unbekannte Welt entdecken und erst nach 20 Jahren nach Bayern zurückkehren. In seinem weltweit berühmten Tatsachenbericht schildert Schmidel die abenteuerlichen Ereignisse der Jahre 1534-1554.